maquiagem perfeita em

5 10 15 20 minutos

maquiagem perfeita em

5 10 15 20 minutos

segredos de um profissional

beauty

robert jones

Quarto Editora

Publicado pela primeira vez nos Estados Unidos em 2012 por
Fair Winds Press, uma empresa do
Quayside Publishing Group
100 Cummings Center
Suite 406-L
Beverly, MA 01915-6101
www.fairwindspress.com

Título original: *Makeup makeovers in 5 10 15 20 minutes: expert secrets for stunning transformations*

Editora de projeto: Ellen Phillips
Produção e maquiagem: Robert Jones
Assistente de maquiagem: John Ball
Representante: Seaminx Artist Management, www.seaminx.com
Fotografia: Larry Travis
Produzido por MB Assets

Agradecimento especial a todas as mulheres da minha vida, que são minha inspiração.
www.robertjonesbeauty.com

Publicado no Brasil em 2014 e distribuído com exclusividade por Brasil Franchising
CNPJ 07.923.034/0004-40 • Av. Sagitário, 138 • 25º andar • Alpha Square Mall • Torre London
Alphaville • Barueri/SP • CEP 06473-073

Tradução: Priscila Aoki

ISBN: 978-0-85762-362-1

Impresso na China/*Printed in China*

Este livro é dedicado às mulheres que acordam todos os dias buscando sua mais profunda beleza. E também a três pessoas muito importantes: Carolyn Scoville, minha avó e minha primeira inspiração de beleza; Chip McFadin, o amor da minha vida e minha fortaleza; e Melissa Brumley, cujo apoio foi fundamental para a realização deste projeto.

introdução: só tinha de ser para você

Tenho uma certeza absoluta: a maquiagem pode mudar a sua vida. Não no sentido de que lhe dará uma casa ou irá curar uma doença, mas sim de que poderá modificar sua forma de enxergar o mundo e a si mesma. Sentir-se linda lhe confere uma confiança incomparável. E todos sabemos que a verdadeira beleza depende disso.

Meu objetivo sempre foi ensinar as mulheres a amarem a quem são de verdade, e não a quem gostariam de ser. Escrevi vários *best-sellers* justamente sobre esse assunto. Ame quem você é hoje e todos os dias. Descubra o que a torna especial e admire isso. Ame o tom de sua pele; aceite suas linhas de expressão. Experimente técnicas e cores, brinque com elas e se encontre.

Não importa com quantas mulheres trabalhei, quantas palestras já ministrei ou quantos livros escrevi: sempre acho difícil comunicar o que desejo às pessoas e o que espero que consigam. Sim, tenho uma opinião sobre como é possível revelar sua verdadeira beleza, e estou sempre disposto a compartilhá-la. Mas você está pronta para ouvi-la?

Todos temos noções pré-formadas do que é belo e do que nos torna mais atraentes. Porém, infelizmente, muitas vezes nossa percepção é enganadora (pense na sua amiga que usa o mesmo corte de cabelo desde a época do colegial). Sempre sugiro experimentar algo novo, porque isso é o que a deixará mais bonita.

Refleti muito ao escrever este livro: "Como posso expressar o que a maquiagem e sua aplicação correta fazem por você?" Decidi perguntar a opinião de algumas mulheres com quem tinha trabalhado. Eu havia mudado suas formas de pensar sobre beleza, como se enxergavam, e também mostrei a elas como poderiam modificar a forma como os outros as viam. Gostaria de compartilhar com você como esses segredos e dicas transformaram suas vidas.

> "Para ter olhos belos, procure ver o lado bom das pessoas; para lábios atraentes, diga apenas palavras doces; e, para a boa postura, caminhe com a certeza de que nunca estará sozinha."
>
> — Audrey Hepburn

Eu poderia citar nomes de celebridades para impressioná-la, contudo, isso não a ajudaria a entender como mudar a sua própria realidade, nem como encontrar a ***sua*** beleza. Por outro lado, acredito que mulheres iguais a você – aquela maravilhosa moça na fila, sua linda vizinha, a mãe mais atraente da escola de seu filho ou simplesmente uma mulher deslumbrante que passa na rua – são as pessoas que podem auxiliá-la a encontrar seu potencial. Confira alguns depoimentos a seguir:

Uma das qualidades mais importantes do Robert é que ele encontra beleza em todas as mulheres. Ele consegue visualizar imediatamente as características que precisam ser realçadas e como disfarçar um traço menos atraente. É diferente de qualquer pessoa que já conheci, pois é capaz de fazer tudo isso com perfeição, além de ensinar... Adquiri confiança e coragem quando ele me mostrou como mudar meu look de acordo com a ocasião, enquanto mantinha meu estilo e tipo de pele naturais. Aprendi que posso tentar novas maquiagens, bem como confiar nele quando me diz que algo não fica bem em mim, porque o Robert sempre tem razão!"

— Pamela (a mãe mais atraente de uma escola)

"Mais do que ensinar e demonstrar como produzir um look, o Robert explica o porquê dos passos da maquiagem. E é assim que se aprende de verdade. Isso também permite dominar tal arte para si mesma e para compartilhar com os outros. Quando se entende o "porquê", o "como" se torna mais fácil e natural. O Robert apresenta os passos extras para assegurar que você entenda o "porquê" deles, detalhando tudo em etapas simples."

— Julianne (uma linda vizinha)

"Robert Jones tem a habilidade incrível de deixar as mulheres lindas e fazer se sentirem lindas. Ele não considera a maquiagem como algo superficial, mas como um recurso para fortalecê-las e ajudá-las a ganhar confiança."

— Karen (uma maravilhosa moça na fila atrás de você)

"Após comprar os livros de Robert, fiquei fascinada pelo jeito como ele criava beleza em todos os tipos de mulher – mulheres de verdade, com desafios reais de beleza... Ele me ofereceu as dicas certas para maquiagens transformadoras. Produções comuns se tornavam looks deslumbrantes! O conhecimento que adquiri ao trabalhar com Robert mudou minha vida como artista e mulher."

— Christy (uma profissional magnífica)

Espero que você perceba por meio desses depoimentos reais como a maquiagem pode mudar a sua vida. Os looks no livro são fáceis, divertidos e apresentados passo a passo. Independentemente de sua disponibilidade de tempo, você verá que a beleza está a seu alcance todos os dias. Enxergo sua beleza! Agora, *você* é quem precisa reconhecê-la! E prometo que, com este livro, você conseguirá!

1

o que vale é a beleza interior

Ao acordar, você acredita que hoje será igual a ontem ou que será diferente? Para muitas pessoas, os dias são iguais. Contudo, para você, cada dia *pode ser* novo – e lindo.

Entendo que seu tempo é escasso e que há dias em que você dorme 10 minutos a mais porque quer e precisa, o que a deixa com menos tempo para se preparar e sair. Compreendo que há noites em que você tem apenas 5 minutos em casa para se aprontar. O objetivo deste livro é ajudá-la a aproveitar seu tempo disponível ao máximo.

“Não tenha medo de experimentar. Tente todos os looks. Por que não?”

A vida inteira você ouviu a frase: “O que vale é a beleza interior”. Neste caso, é também a mais pura verdade. Os looks neste livro foram criados a partir do tempo que você tem para se produzir e estão organizados para mostrar facilmente os resultados finais. Prometo-lhe que, em 5 ou 15 minutos, você pode estar sempre linda, seja com uma maquiagem natural ou mais requintada, buscando sua marca registrada ou apenas experimentando produções diferentes. Cada dia é uma nova chance para você ficar o mais deslumbrante possível.

A maquiagem pode mudar o seu dia e como você se sente nele. Criei a maioria dos looks com a intenção de demandar pouco ou nenhum tempo, e outros para quando você tiver alguns minutos a mais. Cada um apresenta instruções e fotos para orientá-la em todo o processo. Não tenha medo de experimentar. Tente todos... por que não, certo?

"Acredito sinceramente que todas as mulheres são lindas."

em breve, em um espelho perto de você

Nas próximas páginas, apresentarei tudo o que você precisa para criar esses looks em casa. Demonstrarei os tipos de maquiagem e aplicação básicos no capítulo 2 e, no capítulo 3, revisaremos os acessórios essenciais para se ter sempre à mão. Como você verá, o pincel correto para uma aplicação específica faz muita diferença! Você perceberá que utilizo uma paleta com poucas cores de maquiagem a fim de mostrar que não é preciso muito para conseguir uma grande quantidade de produções rápidas e maravihosas.

Você aprenderá a aplicar a base perfeita, e então conseguirá fazer qualquer maquiagem sobre ela. Descobrirá como disfarçar o que quer esconder e como realçar o que quer enfatizar. Obterá dicas e segredos que tornam a aplicação rápida e prazerosa. Criar a ilusão da perfeição é sempre divertido!

No entanto, a diversão realmente se inicia depois que os passos básicos forem dominados e você passar a criar os looks. Espere até começar a brincar com cores, experimentar técnicas e, o melhor, a ficar deslumbrante como nunca antes.

Acredito sinceramente que todas as mulheres são lindas. É apenas uma questão de encontrar o que a deixa especial e bonita e trabalhar isso. Não me importa se tiver 5 minutos ou todo o tempo do mundo: juntos, podemos fazê-la ficar e se sentir deslumbrante.

Há looks para todas no livro, seja para produções de 5 minutos para o dia ou para a noite, de 20 minutos para o período da manhã, ou de 15 minutos para um evento noturno. O que você estiver procurando estará aqui para ser experimentado. E, repito, experimente!

Com todo o conhecimento deste livro, você terá o destino de sua beleza nas mãos. E juntos revelaremos sua graça singular. Prepare os acessórios, deixe o rosto limpo e vamos nos divertir!

2

aplicação da base perfeita

base

O que serve de apoio para algo; a primeira camada com que se recobre uma superfície para torná-la apta a receber as demais camadas.

Sabemos que, para obter o melhor resultado de uma maquiagem, é preciso aplicar uma base perfeita antes de começá-la. Neste capítulo, mostrarei como criar a paleta ou base ideal para cada look do livro. Sem esta etapa, nenhuma produção ficaria perfeita. Confira o que a aplicação correta da base é capaz de fazer, sem qualquer toque final. É surpreendente!

base

Antes de aprender as especificidades, é preciso conhecer algumas informações fundamentais para a aplicação da base, como o tipo de pele, os benefícios e a cobertura.

tipo de pele: dependendo de seu tipo (seca, oleosa, mista ou normal), sua base deverá ter características diferentes. Por exemplo, para peles secas é preciso uma base com hidratante. Para as oleosas, um produto que absorva oleosidade. Para as mistas, convém decidir se a pele requer hidratação ou absorção de oleosidade. E, para as normais, não há restrições. Independentemente de sua escolha ou necessidade, o importante é que a base seja de fórmula não oleosa.

benefícios: decida quais benefícios você quer de sua base. As opções incluem FPS, anti-idade, fórmula não oleosa, resistente e de cobertura transparente a total.

cobertura: de que tipo de cobertura você precisa? Uma base transparente ou total? Há muitas opções no mercado. Escolha sua preferida, embora eu acredite que, quanto menos cobertura, mais natural ficará a maquiagem. Isso não significa que algumas mulheres não fiquem lindas com uma cobertura total, porém utilize a quantidade realmente necessária.

fórmulas de bases

líquida: a mais comum, é encontrada em um leque de opções para todos os tipos de pele. Dependendo da fórmula, oferece coberturas de transparente a total, porém a maioria proporciona uma cobertura moderada.

cremosa: disponível nos tipos compacta e em bastão. Normalmente, oferece cobertura de moderada a total, embora a aplicação possa mudar esse aspecto, como no caso de qualquer fórmula. Se pouca quantidade for aplicada, a cobertura será translúcida; se muita base for usada, a cobertura ficará mais espessa. É comum ser também hidratante.

mousse: é diferente da compacta. Esta versão proporciona uma cobertura mais transparente do que a compacta (com cobertura translúcida a total), e pode incluir um hidratante. Adoro a versatilidade desta base: a aplicação é que determina a cobertura.

cremosa e em pó (2 em 1): proporciona uma cobertura total. Algumas mulheres acham esta fórmula conveniente porque dispensa o uso do pó após a aplicação da base cremosa para fixação, além de ser portátil. Recomendada para peles normais.

hidratante colorido: oferece a cobertura mais translúcida. Trata-se de um hidratante com um toque de cor. É perfeito para quem precisa apenas uniformizar um pouco a pele. Ótimo para peles de normais a secas.

pó mineral: cria uma cobertura translúcida, porém esta base também pode ser construída (com várias camadas) para a obtenção de uma cobertura moderada. Este pó solto é muito popular atualmente por ser conveniente e por oferecer uma cobertura translúcida. É importante ressaltar que não é o mais indicado para quem tem muitas linhas de expressão. E, pessoalmente, prefiro uma fórmula sem proteção solar, porque esse ingrediente pode deixar a maquiagem com aparência quebradiça.

pó compacto: idêntico ao pó mineral, só que compacto. Proporciona uma cobertura translúcida, porém pode ser trabalhado para criar coberturas mais espessas.

"Quanto menos cobertura, mais natural ficará a maquiagem."

a escolha da cor

Para escolher a cor certa da sua base, é preciso considerar dois fatores importantes: o tom da pele e suas nuances. O tom da base (e da sua pele) é o quanto escura ou clara ela parece. Quanto mais clara parecer, mais claro será o tom; quanto mais escura, mais escuro o tom. É bem simples.

O mais complicado é compreender as nuances da pele. Para explicar essa questão detalhadamente, classificarei as mulheres em duas categorias: marfim/bege e bronze/ébano.

As moças de pele marfim/bege apresentam três matizes possíveis: amarelo, rosa e oliva. As de pele bronze/ébano mostram basicamente três matizes também: amarelo (dourado), laranja-dourado ou marrom-quente.

Seja qual for a sua pele, a melhor forma de encontrar a combinação perfeita da base é pelo teste de faixas, em que você aplica várias cores do produto na pele para verificar qual se harmoniza com o tom e as nuances. É necessário passar as bases a partir da mandíbula até o pescoço, porque assim as cores se estendem de modo a garantir uma uniformização total.

Muitas mulheres de pele marfim/bege apresentam uma tonalidade rosada ou avermelhada no rosto, mas não no pescoço. Lembre-se de que o objetivo é uniformizar o tom do pescoço. Neste caso, você precisa de uma tonalidade amarela para equilibrar o rosa ou o vermelho, a fim de que a cor do rosto combine com a do pescoço. Um tom de rosa será usado apenas quando ambos, o rosto e o pescoço, exibirem uma matiz rosada.

As nuances das peles bronze/ébano são muito particulares, então é fundamental conseguir uma combinação perfeita para elas. No teste de faixas para esse tipo de pele, a base deve ser aplicada das bochechas até a mandíbula, porque esta apresenta mais variações de tom no rosto. Contudo, lembre-se de que você ainda precisa combinar a cor do pescoço.

dica

Ao escolher uma base, o importante é uniformizar o tom do pescoço. Assim, não será necessário aplicá-la além da linha da mandíbula.

corretivo

O corretivo é provavelmente o elemento principal para o alcance da perfeição (ou, como prefiro dizer, a ilusão da perfeição). As fórmulas desse produto são fundamentais, pois proporcionam níveis diferentes de cobertura, além de serem designadas para usos diferentes.

fórmulas de corretivo

em bastão: é o mais comum e conhecido. Oferece ótima cobertura, e sua fórmula é geralmente equilibrada entre molhada e seca, perfeita para camuflar qualquer descoloração.

líquido: apresenta a fórmula mais hidratante por ser fluida. Sua textura versátil permite criar uma cobertura espessa ou, se usada em menor quantidade, uma correção translúcida.

cremoso: oferece uma cobertura total, e suas fórmulas variam de cremosas a secas. Dependendo de sua escolha, é possível encontrar uma que atenda a todas as suas necessidades.

fluido com aplicador: é o mais translúcido de todos os corretivos. Proporciona uma cobertura mínima, porém se mistura facilmente, sendo uma ótima opção para maquiagens com base leve e quando forem necessárias apenas correções pequenas.

lápis: proporciona uma correção total e rápida para pontos e veias. Sua textura seca o mantém na pele o dia todo e, por ser em forma de lápis, aplicá-lo no lugar certo é muito fácil. Não vivo sem ele.

caneta: não é um corretivo no sentido de cobrir imperfeições, porém é um recurso a mais para criar a ilusão da perfeição. Caso sua pele seja áspera, de textura irregular ou apresente linhas de expressão, a caneta pode fazer maravilhas quando usada com um corretivo. Este produto possui partículas refletoras de luz que ajudam a preencher pequenas cavidades no rosto. Aplique-o onde houver esses tipos de marca para obter uma aparência de pele macia.

opções de cor de corretivo

O tom de pele e suas nuances são importantes. Com relação ao tom, o ideal é escolher um corretivo igual à cor da base, ou um pouco mais claro. Essa é a teoria. Admito que costumo usar uma cor um pouco mais clara porque uniformizará algo mais escuro do que o tom de sua pele. Lembre-se de que, quanto mais escura for a imperfeição, mais claro o corretivo deverá ser. Assim, considere ter um ou dois corretivos mais claros que a sua base.

Para as nuances de cor da pele, é preciso dividir novamente as mulheres em duas categorias. Aproveite todas as vantagens dos corretivos em tons de amarelo. Essa é a melhor cor para corrigir as descolorações intensas em peles marfim/bege, pois disfarça a maioria das imperfeições, como olheiras, manchas marrons de envelhecimento e qualquer vermelhidão. Quanto mais relevante a imperfeição – por exemplo manchas cor de vinho ou olheiras muito escuras –, mais amarelo deverá ter o seu corretivo.

Nas peles bronze/ébano, os corretivos laranja-dourados para os tons de pele de claros a médios funcionam perfeitamente. Para as tonalidades escuras de ébano, um corretivo marrom-quente oferece uma correção melhor. Quanto mais intensa for a descoloração da pele, mais intenso deverá ser o tom do produto.

Caso você use um corretivo que combine exatamente com o seu tom de pele, é possível aplicá-lo antes ou depois da base. Contudo, se utilizar um mais claro do que a base, é melhor aplicá-lo antes.

pó facial

Há muitas opções de pó facial, cada um com seus benefícios e objetivos particulares. Assim como para a base e o corretivo, é preciso considerar a fórmula e o tom antes de escolher seu produto. A função do pó facial é fixar as aplicações cremosas e líquidas e manter a aparência de pele fresca e não oleosa.

fórmulas de pó facial

solto: em forma de pó solto, é perfeito para fixar toda e qualquer aplicação líquida ou cremosa. Lembre-se, quanto mais fino, melhor. Quanto mais aveludada for a sensação dele no tato, mais fino ele é. Esta fórmula é também a que mais controla a oleosidade, proporcionando, assim, um acabamento opaco e uma aparência atraente duradouros.

compacto: é o pó prensado compacto. Esta fórmula também é ótima para fixar aplicações líquidas e cremosas, além de ser conveniente para retoques durante todo o dia.

cor de pó facial

Escolha uma cor de pó facial que combine com sua base. Dessa forma, o pó facial reforçará tudo o que foi aplicado antes (base, corretivo, caneta corretiva). É possível também usar um pó translúcido, ideal para os tons de pele claros, embora o termo não signifique que o produto não tenha cor alguma. Esse pó não é invisível. É menos opaco que os outros, porém tem cor, e muitas vezes deixa a aparência da pele artificial e quebradiça nos tons de pele bege-escuro, oliva, bronze e ébano.

aplicação da base

Você pode ter qualquer produto que desejar, porém, se não souber usá-lo, ele não será muito útil. Embora as aplicações sejam bastante básicas, é essencial revisar algumas técnicas.

aplicação de corretivo

Na maioria das vezes, o corretivo é utilizado antes da base. Nesta seção, explicarei quando é melhor aplicá-lo depois da base.

O segredo da correção é colorir tudo dentro das linhas, como você fazia quando era criança e aprendeu a pintar. Repito, você ***deve*** colorir dentro das linhas!

Há muitas opções de pincéis e acessórios para uma aplicação perfeita do corretivo. É preciso apenas fazer as escolhas certas.

A seguir estão alguns casos específicos de uso do corretivo.

olheiras

1. Com um pincel nº 53, aplique o corretivo em toda a extensão da linha demarcada onde a descoloração começa na pele. Espalhe para cima, sobre toda a área descolorida, usando o pincel. Nunca faça a aplicação além da linha de demarcação (na pele que está tentando uniformizar). Caso isso ocorra, a pele que está com a cor correta ficará mais clara, e você terá novamente dois tons contrastantes.
2. Use o dedo para passar o corretivo com toques leves e repetidos na linha da demarcação. Isso uniformizará a textura do corretivo com a pele, deixando-o invisível.
3. Se necessário, corrija qualquer parte escura nos cantos internos dos olhos ou das pálpebras.

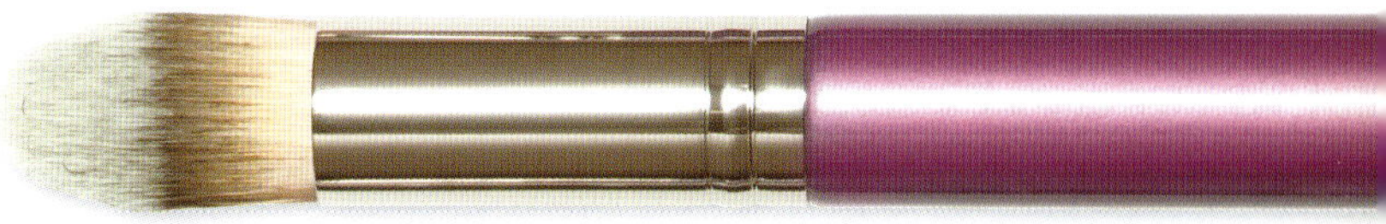

manchas

1. Primeiro, aplique a base. Este é um caso em que se mostra melhor aplicá-la *antes* do corretivo, pois isso torna o processo muito mais fácil.
2. Escolha um corretivo de textura seca e outro cujo tom não seja mais claro do que o da base. A cor do corretivo deve combinar exatamente com a da pele. Um produto mais claro fará a mancha parecer maior. Use o pincel nº 53 e passe o corretivo direto na mancha.
3. Agora, use o dedo e o corretivo para uniformizar o contorno de toda a mancha com a pele, fazendo toques leves e repetidos, o que deixará a textura do produto invisível.

dica

Sempre que aplicar base sobre uma área em que um corretivo acabou de ser usado, passe-a com toques leves e repetidos. Nunca a espalhe de forma brusca, pois assim o corretivo poderá ser removido!

bolsa sob os olhos

1. Primeiro, aplique a base. Tudo o que você precisa fazer para disfarçar a bolsa sob os olhos acontece depois da aplicação da base.
2. Passe uma caneta corretiva logo abaixo da bolsa, onde há uma sombra. Cuidado para não aplicar o produto até a área da bolsa, pois isso a deixará com a aparência mais inchada. As propriedades refletoras de luz da caneta dão a impressão de que a região aprofundada está uniforme com todo o rosto, camuflando-a.
3. Agora, use o dedo para uniformizar a cor e a textura da caneta com a pele, fazendo toques leves e repetidos, o que deixará o produto invisível.

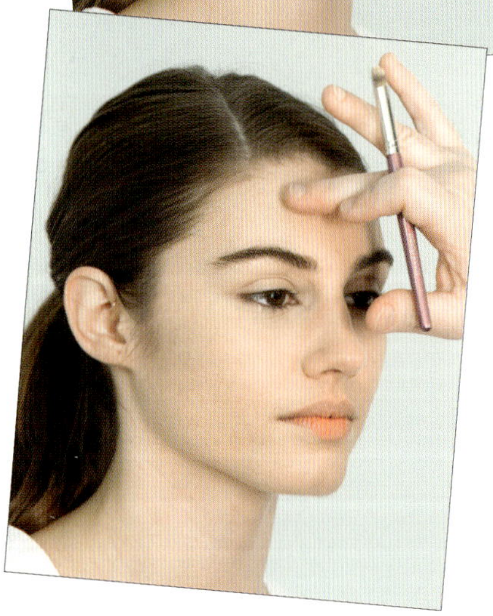

hiperpigmentação (também conhecida como melasma, manchas senis ou cloasma gravídico)

1. Para uma correção precisa, use o pincel nº 53 (para manchas maiores, utilize uma esponja ou os dedos) a fim de aplicar o corretivo apenas nas áreas escuras, colorindo dentro das linhas. Caso haja muitas manchas, corrija cada uma separadamente.
2. Use o dedo para uniformizar o contorno externo de todas as manchas corrigidas, o que combinará a textura do produto com a pele, tornando a aparência perfeitamente natural.

veias ou capilares rompidos

1. Com um pincel nº 50, desenhe uma linha de corretivo ao longo de todo o capilar ou veia rompido. Como não é possível camuflar a área inteira, é preciso aplicar o produto apenas na veia. Não faça a aplicação além do contorno da veia ou do capilar rompido, pois isso deixará mais clara a região da pele que está sendo corrigida. O pincel para corretivo, por ser preciso, facilita esse processo. O lápis também é um acessório incrível para isso: você precisa apenas desenhar uma linha por toda a veia com ele.
2. Agora, use a ponta do dedo para uniformizar a cor e a textura do corretivo com a pele, fazendo toques leves e repetidos, o que deixará a aparência natural.

rosácea

1. Para equilibrar a vermelhidão da rosácea, é necessário usar um corretivo de tom amarelo. Aplique uma fina camada do produto em toda a área, o que disfarçará a mancha geral, embora provavelmente alguns pontos vermelhos mais escuros ainda sejam vistos. Não se preocupe, pois cuidaremos deles mais adiante.
2. Passe mais uma camada do mesmo corretivo apenas nos pontos visíveis dessas manchas mais escuras. A cobertura em duas etapas não deixará uma camada grossa na maior parte do rosto, tornando a aparência da pele mais natural.
3. Usando a ponta do dedo, uniformize a textura do corretivo com a pele fazendo toques leves e repetidos em torno da borda externa da área corrigida.

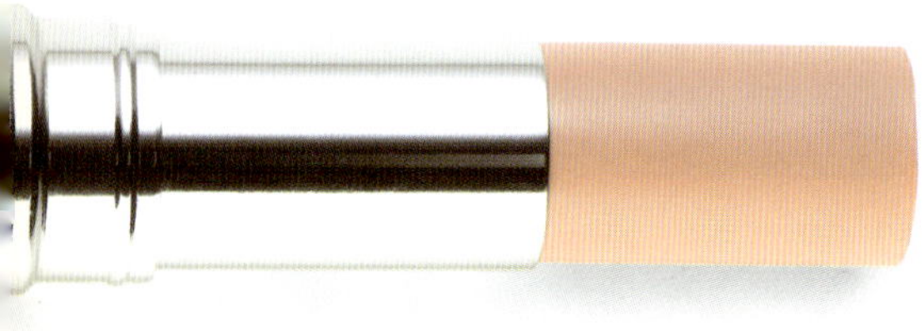

área dos olhos

Há mais uma área a ser trabalhada. Para utilizar sombra e deixar os olhos maravilhosos, é preciso corrigir a pálpebra antes da aplicação da maquiagem. Passe uma pequena quantidade de corretivo da linha dos cílios até a sobrancelha, seguido de um pouco de pó. Isso criará a base neutra perfeita para colorir. Todas as mulheres apresentam alguma descoloração nas pálpebras, e a melhor técnica para corrigi-la é com o uso de corretivo e pó.

Para as peles bronze/ébano, principalmente as mais escuras, sugiro aplicar um corretivo de cor um pouco mais clara do que o tom da pele, permitindo que as nuances da sombra fiquem mais realçadas. Como toda a pálpebra será maquiada, não há problema se ela estiver mais clara no início.

dica

Não tenha vergonha de pedir amostras em lojas de cosméticos e, caso tenha escolhido um produto errado, não tenha medo de trocá-lo!

aplicação da base

Os produtos para a aplicação da base são os mais difíceis de escolher, e também os mais importantes para comprar. Por isso, recomendo que você invista o quanto puder na base, no corretivo e no pó facial, pois eles são essenciais para qualquer look que você tente fazer. Economize nos outros itens de maquiagem!

Três acessórios básicos são necessários para aplicar as bases cremosa e líquida:

Esponjas são provavelmente a opção mais utilizada. Umedeça-as sempre antes do uso para que deslizem pela pele mais facilmente e não absorvam muito do produto. Se usá-la com toques leves e repetidos, você obterá mais cobertura; se passá-la suavemente pelo rosto, terá menos cobertura. Você é quem controla!

Pincéis **espalham** bem os produtos, proporcionando uma ótima cobertura. Hoje, a cabeça da maioria dos pincéis para aplicação de base são afinadas e pontiagudas, a fim de promover uma cobertura homogênea e suave. Além disso, a única ocasião em que um pincel é melhor do que uma esponja é para retocar a maquiagem depois que você a usou o dia todo e não quer começar tudo de novo. Se usá-lo com toques leves e repetidos, a cobertura será maior; se passá-lo pelo rosto, a cobertura será menor. Lembre-se de que esses pincéis têm cerdas sintéticas para não absorver o produto.

Não tem um pincel ou esponja? Não se preocupe, pois a terceira opção de instrumento são os seus **dedos**. Certifique-se de lavar as mãos após passar hidratantes e outros itens de tratamento de pele, e antes de aplicar a base. Os resíduos desses produtos podem comprometer a integridade de sua base.

Independentemente do que usar, a melhor técnica para a aplicação da base é espalhá-la do meio do rosto para fora. Você pode pegar um pouco do produto com o instrumento escolhido e aplicá-lo diretamente na pele; ou passar pequenos pontos nas bochechas, na testa, no queixo e no nariz e depois espalhá-los para fora. Sempre finalize passando a base para baixo a fim de garantir que os pelos faciais fiquem na horizontal.

Após a aplicação, deixe o produto secar por alguns segundos. Em seguida, finalize a secagem suavemente com um lenço de papel, apenas para absorver qualquer excesso de umidade, mesmo se um pó facial for utilizado. Esse passo pode realmente aumentar a fixação da base.

"O pó é fundamental!"

aplicação de pó facial

Para mim, o pó facial é fundamental: fixa qualquer base líquida ou cremosa e mantém sua aparência impecável o dia inteiro. Portanto, use-o, mesmo que seja apenas na zona T. Há muitas maneiras de aplicar o pó solto e o compacto.

O **pincel** é o acessório mais comum e utilizado, proporcionando coberturas de translúcidas a moderadas. É ótimo para uniformizar. A fim de obter uma cobertura homogênea e suave, aplique um pouco de pó aos poucos com o pincel, em vez de passar tudo de uma só vez.

A **esponja para pó** oferece uma cobertura total. Pressione-a no pó, bata-a delicadamente na palma da mão para remover o excesso de produto e depois passe-a na pele. Para finalizar, remova o excesso de pó do rosto com um pincel, em gestos suaves de cima para baixo.

A **ponta do dedo** é indicada para as aplicações leves. É ótima para o uso do pó sob os olhos ou em qualquer outra área em que você queira disfarçar as linhas de expressão. Passe-a no pó solto e remova o excesso do produto na palma da mão. Em seguida, percorra o dedo sobre a área que deve ser fixada.

A **esponja** é excelente para as partes esticadas do rosto e para a aplicação em pontos específicos.

"Qualquer rosto pode ficar com aparência mais oval apenas com o uso de base e pó facial."

iluminação e contorno

Esta é uma técnica que pode fazer uma grande diferença para deixar seu rosto bem definido e radiante. É uma etapa opcional, porém, depois que você perceber seus benefícios, irá adorá-la!

A iluminação e o contorno do rosto são para um maquiador artístico o equivalente a uma ilusão de ótica, porque tudo o que for realçado (ou iluminado) ficará evidente, e tudo o que for contornado (ou escurecido) desaparecerá.

O formato de rosto considerado mais perfeito é o oval, e, com esta técnica, é possível deixar a sua aparência mais ovalada. Ou seja, seu rosto pode parecer mais fino e esculpido. Você se surpreenderá com o quanto este processo moldará seu rosto. Com ele, você ilumina a área do rosto que quer mostrar (a parte oval) e camufla a que quer esconder. Assim, o contorno que faz seu rosto parecer redondo demais é minimizado.

Além de ter o formato aperfeiçoado, seu rosto também ganhará cor e vida. Você ficará empolgada ao ver como esse efeito sutil iluminará sua pele.

E qualquer rosto pode ficar com aparência mais oval apenas com o uso de base e pó facial.

a escolha dos tons certos

Antes de começar, é preciso selecionar três tons de base e pó facial, em três níveis diferentes.

1. O primeiro tom deve combinar exatamente com o de sua pele. É a sua cor de base verdadeira.
2. O segundo tom, de iluminação, deve ser um nível mais claro que o primeiro, de preferência com a mesma nuance.
3. O terceiro tom, de contorno, deve ser um nível mais escuro que o primeiro, de preferência com a mesma nuance.
4. Quanto mais marcante você quiser que o resultado final seja, mais contrastantes devem ser as nuances entre os três tons. Por exemplo, para um contorno mais evidente, é possível usar um tom duas ou três vezes mais escuro do que o de sua cor natural. Para criar contraste em peles ébano mais escuras, você pode aplicar um tom de iluminação duas ou três vezes mais claro do que a cor natural da pele, a fim de causar mais impacto ao esculpir o rosto. Lembre-se, porém, de que, quanto mais contrastantes forem as escolhas, mais cuidado será necessário para harmonizar os tons.

dica

Não se esqueça desta regra simples: em peles marfim/bege, contorne mais do que ilumine; em peles bronze/ébano, ilumine mais do que contorne.

como esculpir o rosto

Esta aplicação inclui apenas quatro passos:

1. Passe o primeiro tom de base, ou sua cor verdadeira, sobre o rosto inteiro. Em seguida, visualize um formato oval nele. A largura do formato são suas cavidades oculares; a altura e o comprimento incluem a extremidade da testa até a ponta do queixo. Este passo ajuda a definir onde clarear e contornar.
2. Aplique o segundo tom de base, o de iluminação, nos pontos altos do formato oval, incluindo a testa, a área sob os olhos em cima das maçãs do rosto e a ponta do queixo. As características enfatizadas serão as primeiras a serem notadas. Portanto, caso seu rosto seja muito redondo, você chamará a atenção para a região estreita no meio dele, e não para as partes mais cheias.

"Com a técnica de realce e contorno, seu rosto pode parecer mais fino e esculpido."

3. Por fim, use o tom de contorno nas áreas externas ao formato oval, incluindo as têmporas, ao longo da linha superior do cabelo e das laterais das bochechas até a mandíbula. Ao escurecer as regiões externas, a aparência do rosto se torna mais estreita e ovalada.
4. Combine muito bem os tons de forma harmônica. Esse é o segredo para um resultado natural.

Em peles marfim/bege, contorne mais do que ilumine o rosto. Principalmente se o tom natural for pálido, você não desejará clarear ainda mais a sua pele! O contorno é o que proporcionará uma maquiagem mais marcante. Em peles bronze/ébano, ilumine mais do que contorne o rosto. Nas peles bronze/ébano mais escuras, em particular, o contorno não será percebido. No entanto, a região que você iluminar deixará sua pele mais radiante e cheia de vida.

Quando terminar a aplicação dos três tons de base, passe uma cor de pó facial igual a de sua pele natural. Isso fixará tudo perfeitamente.

Para resultados mais marcantes, é possível finalizar com três tons de pó: um de cor idêntica a da base verdadeira, outro que combine com o tom de iluminação e outro, mais escuro ou opaco, para harmonizar com a cor do contorno. Isso reforçará o efeito final e proporcionará uma maquiagem lindamente moldada e tridimensional, tornando qualquer formato de rosto mais oval e deixando sua aparência ainda mais radiante.

pó iluminador

1. Prefiro usar um pó iluminador translúcido sem brilho.
2. Aplique-o com seu pincel para pó pequeno nº 76 sob os olhos, acima das maçãs do rosto.
3. Agora, passe-o no meio da testa.
4. Aplique-o na ponta do queixo.
5. Então, é possível visualizar se a aplicação está adequada.
6. Com o pincel para pó nº 73, espalhe o excesso do produto para fora.

pó para contorno

Você pode usar tanto um pó bronzeador quanto um de tom mais escuro.

7. Aplique o pó bronzeador opaco com o pincel para pó/blush nº 73, começando da parte externa das maçãs do rosto até o meio das bochechas. Em seguida, volte com o pincel, em direção às orelhas. Isso deve colorir a área certa.
8. Agora, com o mesmo pincel, passe o pó na direção oposta (para cima e para baixo). Certifique-se de uniformizar bem o produto na pele; caso contrário, não ficará natural.
9. Não se esqueça de aplicar um pouco do produto nas têmporas para ajudar a moldar o rosto. Passe-o em torno das têmporas e cavidades oculares.
10. Por fim, aplique-o em toda a linha da mandíbula para esculpir melhor o rosto.

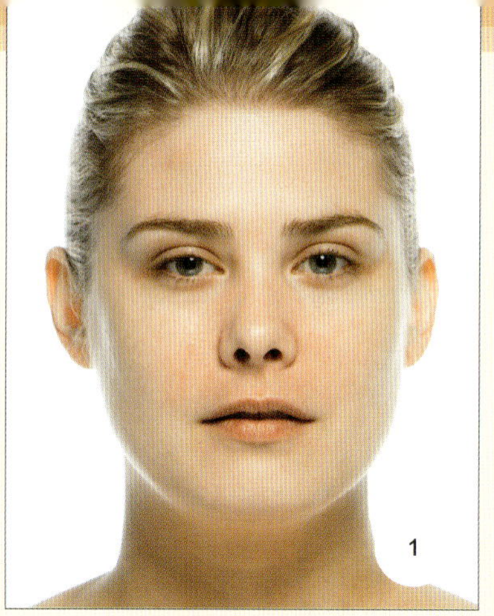

1

antes

ver para crer

As fotos nas páginas 38 a 41 apresentam o objetivo e a posição da aplicação dos três tons. Lembre-se de que nestas fotos a iluminação e o contorno estão exagerados para que você visualize melhor onde aplicar as cores. Harmonize bem os três porque isso é fundamental para o rosto ficar bem moldado.

1. Meu objetivo é deixar este rosto mais bronzeado e fino.
2. Este é um exemplo de iluminação e contorno com base.
3. Passei uma camada de pó sobre a base para exagerar o efeito e mostrar onde a iluminação e o contorno devem ser aplicados. Lembre-se de harmonizar as cores! Se vários tons de pó forem usados sobre as cores da base, você obterá um resultado mais marcante.
4. Eu sei, é normal ficar espantada. Sente e relaxe.

2

3

4

depois

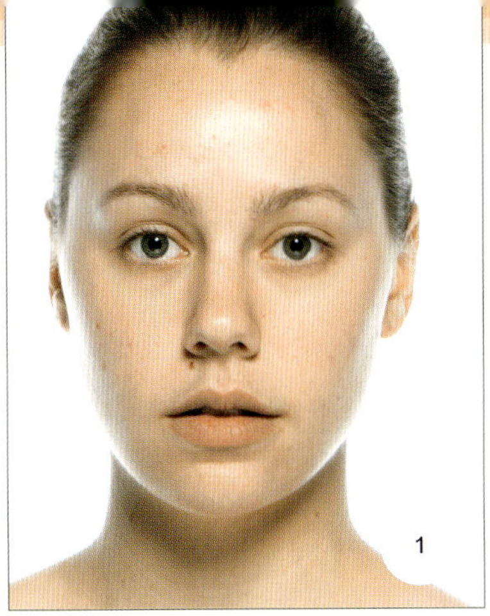

antes

1. Meu objetivo é realçar as maçãs do rosto pelo método de contorno, que também iluminará o rosto.
2. Mais uma vez, exagerei os efeitos com o uso da base. Lembre-se de que, para as peles marfim/bege, esta forma de aplicação da base é muito mais vantajosa.
3. Agora, os efeitos foram reforçados com pó para mostrar como realmente moldar as maçãs do rosto.
4. O resultado: as maçãs do rosto realçadas.

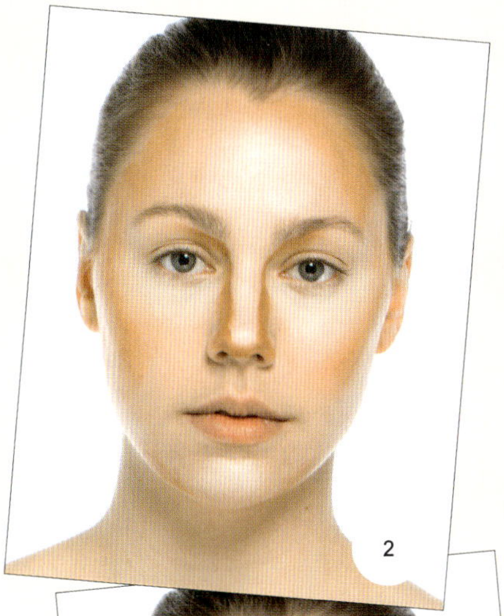

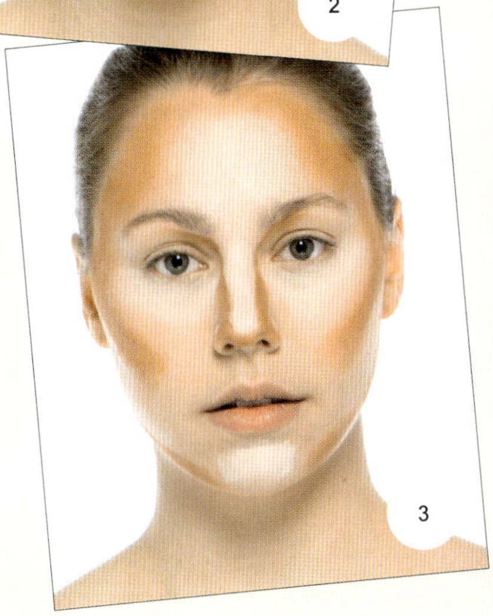

depois

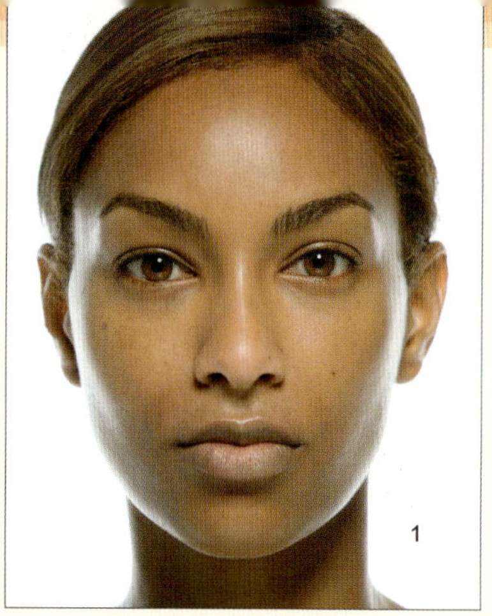

antes

1. Neste caso, não afinarei o rosto: tentarei iluminá-lo.
2. A base está demonstrando os pontos certos para a iluminação. O efeito exagerado para causar mais impacto na pele bronze/ébano. Quanto mais escura a pele, menos necessário será o contorno, e mais a iluminação deixará o rosto atraente.
3. Passei pó facial para exagerar ainda mais o efeito e mostrar onde o contorno deve ser aplicado.
4. Parece que acendemos as luzes: a pele está radiante!

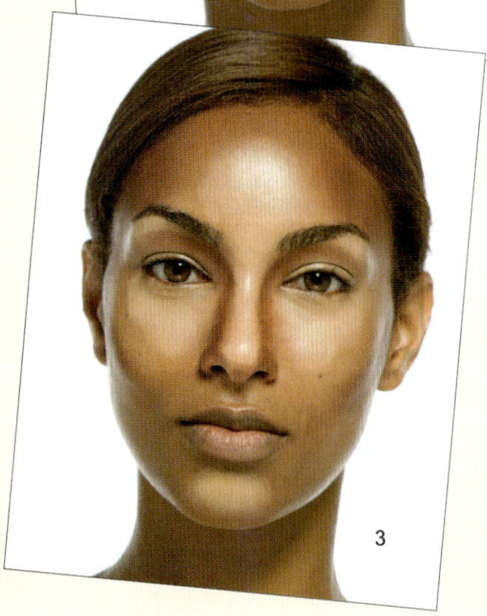

depois

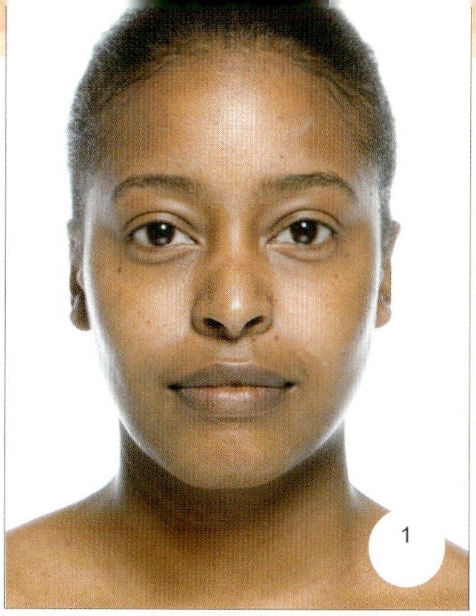

antes

1. Aqui, tentarei criar a impressão de afinamento do rosto, realçando o meio da face (a área para iluminação).
2. A base está demonstrando os pontos certos para a iluminação. O efeito está exagerado, porém perceba os resultados na pele bronze/ébano. Apliquei iluminação porque essa é uma forma fácil de obter um ótimo efeito em peles escuras. Geralmente, uso esta técnica apenas nesse tipo de pele.
3. A base exagerada apresenta os pontos onde aplicar a iluminação e o contorno. Como essa pele é bem escura, o contorno não causa muito efeito, então a iluminação é fundamental.
4. Utilizei vários tons de pó facial. O pó iluminador apresenta uma nuance laranja-dourada.
5. Essa técnica deixou o rosto moldado e com um brilho maravilhoso.

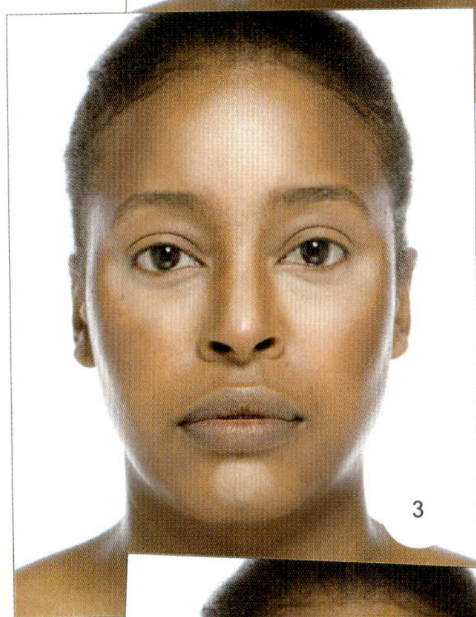

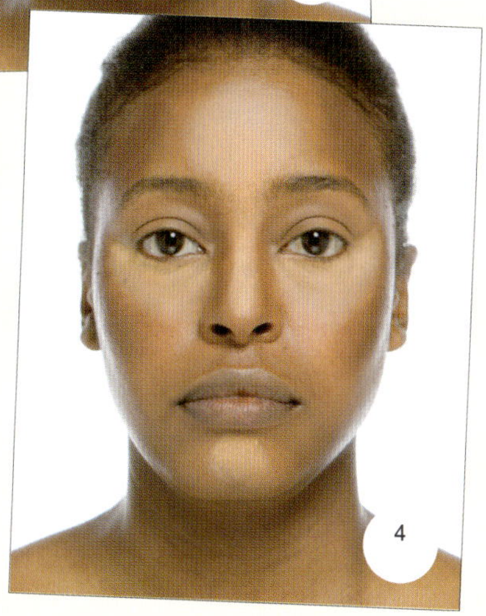

depois

"Não há método mais rápido e barato de deixar a aparência mais jovem do que modelar os cílios!"

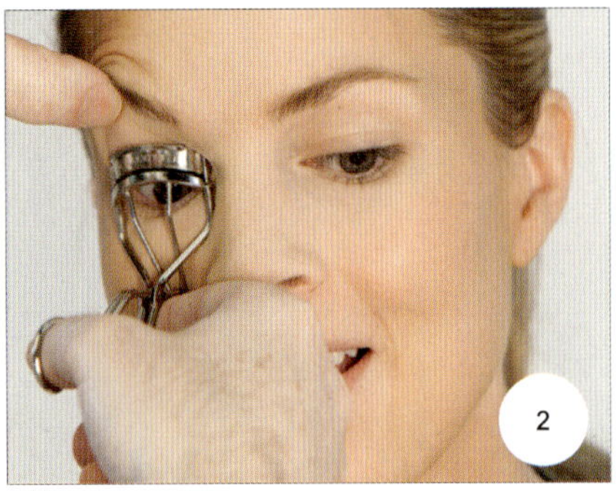

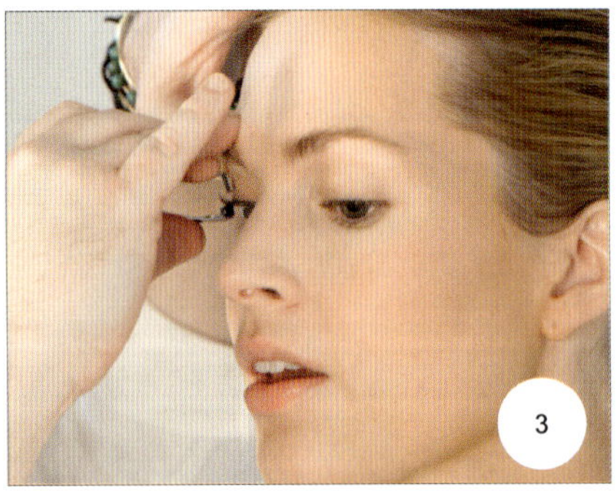

cílios deslumbrantes

Tenho apenas uma coisa a dizer sobre os cílios: curve-os. Não há método mais rápido e barato de deixar a aparência mais jovem do que modelar os cílios. Isso proporcionará um efeito de olhos mais abertos e elevará as pálpebras. É um passo indispensável.

Atualmente, existem muitas formas e acessórios para conseguir cílios modelados. Do aparelho mais clássico ao mais preciso – o meu preferido é o curvador térmico. Independentemente de sua escolha, curve seus cílios!

Caso escolha o **curvador clássico**, utilize-o somente antes da aplicação da máscara, nunca depois. O truque para curvar os cílios corretamente com esse aparelho é usá-lo mais uma vez na linha dos cílios. Portanto, aperte o curvador por todo o comprimento dos cílios, sempre fechando, abrindo e movendo-o diversas vezes até a ponta dos cílios. Algumas mulheres conseguem curvar uma vez, outras, três vezes (veja as fotos 1 e 2).

O **curvador de precisão** funciona da mesma forma que o clássico: você o pressiona nos cílios para curvá-los. A diferença é o tamanho: ele tem apenas um quarto da largura do clássico, o que facilita a modelagem da raiz dos cílios (veja a foto 3).

Agora, há também uma opção para quem tem reservas quanto aos aparelhos comuns: o **curvador de cílios térmico**. Esse instrumento é usado após a aplicação da máscara, e tal recurso é interessante porque, depois que a máscara é aplicada, muitas vezes ela diminui um pouco a curvatura. Comece o processo na raíz dos cílios, movimente o curvador para a frente e para trás e de um lado para o outro, para que os cílios se encaixem na linha do aparelho. Em seguida, empurre-o para cima e enrole-o para dentro, na direção dos cílios, que ficarão perfeitamente curvados.

"A máscara é o item de maquiagem mais importante, pois cílios modelados, volumosos, intensos e longos significam 80% da batalha vencida."

máscara

Este item é provavelmente o produto de maquiagem mais importante para você ter. É o primeiro passo para a definição dos olhos. Acredito que cílios modelados, volumosos, intensos e longos significam 80% da batalha vencida.

Todas as mulheres deveriam desejar cílios longos e volumosos. Você controlará esse efeito a partir da técnica de aplicação escolhida.

cílios volumosos: comece a aplicação na raiz dos cílios e segure a escovinha da máscara em posição horizontal, movimentando-a de lado a lado até chegar no fim dos pelos. Isso faz as partículas da máscara cobrirem as laterais dos cílios, tornando sua aparência mais volumosa.

cílios longos: segure a escovinha em posição vertical. Comece a aplicação na raiz dos cílios; empurre a escovinha para cima e para fora, até chegar no fim dos pelos. As partículas da máscara cobrirão as pontas, tornando a aparência dos cílios muito mais alongada.

Para conseguir ambos os efeitos – e você merece os dois! – aplique várias camadas do produto das duas maneiras. Por exemplo, passe a primeira camada para volume (horizontalmente), depois deixe-a secar. Aplique a segunda camada para alongamento (verticalmente), deixe-a secar, e assim por diante. Para obter cílios à prova d'água, aplique esse tipo de camada por último.

Por fim, recomendo que todas apliquem mais que uma camada de máscara. Você deve sempre passar, no mínimo, duas camadas nos cílios superiores (pessoalmente, prefiro pelo menos três camadas nos cílios superiores e uma nos inferiores). Com certeza você encontrará um método para conseguir a aplicação perfeita de várias camadas!

dica

O segredo para a aplicação de várias camadas de máscara com resultado natural é passar camadas finas e deixar cada uma secar totalmente antes da próxima.

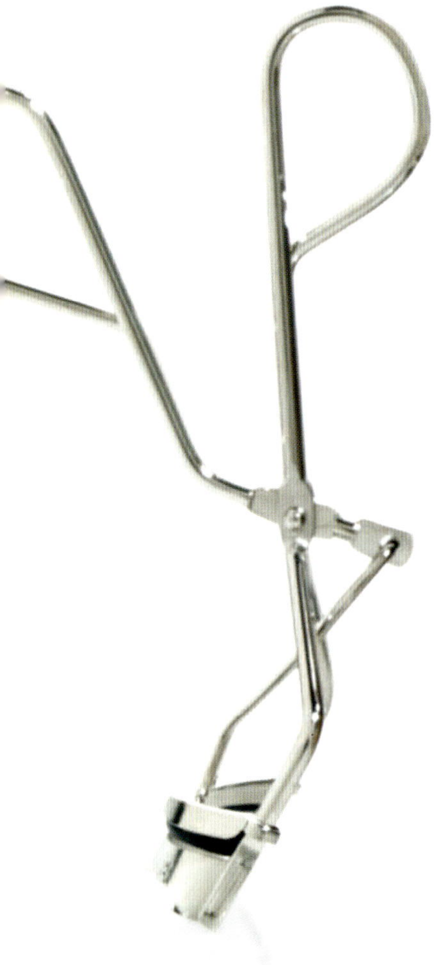

cílios duradouros

Confira a melhor forma de aplicação de várias camadas de máscara para obter cílios duradouros:

1. Use um curvador de cílios clássico, pois ele proporciona um efeito de olhos maiores e mais abertos (caso escolha utilizar um curvador térmico, faça-o depois que a máscara aplicada estiver totalmente seca).
2. Puxe a escovinha para fora do frasco e limpe-a na borda do próprio recipiente ou em um papel toalha para remover o excesso de máscara. Não tenha medo de remover muito produto.
3. Aplique a pouca quantidade de máscara que restou na escovinha em seus cílios.
4. Alinhe os cílios com um pente apropriado antes que a máscara seque. Isso deixará os cílios separados e evitará que fiquem empelotados.
5. Deixe cada camada secar antes da aplicação seguinte, o que pode levar alguns minutos. Tenha paciência, pois elas devem estar totalmente secas; caso contrário, os cílios ficarão engrumados.
6. Quando uma camada estiver seca, repita o processo de limpar o excesso de produto da escovinha e aplicar a seguinte, quantas vezes for necessário.

O segredo para a aplicação de várias camadas de máscara com resultado natural é passar camadas finas e deixar cada uma secar totalmente antes da próxima.

sobrancelhas maravilhosas

Sobrancelhas são a moldura do rosto; são o toque final que completa e refina qualquer look que você produza ou crie. Sempre me perguntam se todas as mulheres precisam pintar as sobrancelhas: acredito que 95% delas necessitam de pelo menos um pouquinho de cor. Contudo, antes de colorir as sobrancelhas, você deve cortar o excesso de pelos e delineá-las.

corte de pelos

Geralmente, os pelos da sobrancelha são mais longos do que parecem, porque a ponta deles é mais clara e, quando atingem certo comprimento, eles curvam. O corte diminui o volume e os pelos enrolados, deixando-os retos.

Escove-os para cima e corte qualquer pelo separado que esteja ultrapassando a linha superior da sobrancelha. Em seguida, escove-os de volta aos seus lugares. Repare como se alinham melhor e como aparentam estar mais sedosos no rosto.

Lembre-se de que o corte dos pelos deve ser feito antes da depilação com pinça. Caso contrário, você pode estragar a linha da sobrancelha pinçando pelos que estavam muito longos, mas que deveriam ter sido deixados no lugar.

delineamento da sobrancelha

Por onde começar? Basta localizar três pontos de referência para visualizar onde e o que remover com a pinça. Após determiná-los, siga as instruções abaixo a fim de obter sobrancelhas perfeitas!

ponto A: segure um lápis ou o cabo de um pincel verticalmente contra a lateral do nariz, observando onde ele encontra a sobrancelha; é nesse ponto que ela deve começar.

ponto B: segure um lápis contra a narina e movimente-o diagonalmente ao longo da metade externa da íris do olho. Observe onde o lápis encontra a sobrancelha: esse é o melhor ponto para o ápice do arco. Se você depilar do ponto A ao ponto B, afinando um pouco a linha em direção ao ápice, o formato ideal de sobrancelha será criado. É um leve afinamento usando a largura natural no começo da sobrancelha (ponto A) e uma remoção gradativa de pelos até a aproximação do arco (ponto B).

ponto C: segure um lápis contra a narina, porém, desta vez, estenda-o diagonalmente para o canto externo do olho. O ponto onde ele encontra a sobrancelha é o melhor lugar para terminá-la. Se você depilar do ponto B ao ponto C, afinando a linha ainda mais, obterá o melhor formato de sobrancelha para o seu rosto.

cor da sobrancelha

A cor da sobrancelha é escolhida como a dos cabelos. Você deve aproveitar essa facilidade, principalmente quando quiser uma aparência mais jovem. A regra geral é que o tom da sobrancelha deve ser muito próximo ao do cabelo, seja este natural ou colorido. É preciso, contudo, detalhar esse aspecto um pouco melhor, pois ele não é tão simples. Abaixo estão as cores perfeitas para as sobrancelhas de acordo com o cabelo:

louro-claro: mesma cor que a do cabelo ou um tom mais escuro

louro a louro-escuro: mesma cor que a do cabelo

ruivo: mesma cor que a do cabelo

castanho-claro: mesma cor que a do cabelo ou um tom mais claro

castanho a castanho-escuro: mesma cor que a do cabelo ou um tom mais claro

castanho muito escuro a preto: um tom mais claro que o da cor do cabelo

prateado ou acinzentado: para peles marfim/bege, utilize um louro ou castanho-acinzentado suave e, para peles bronze/ébano, use um castanho-dourado claro (um tom prateado ou acinzentado nas sobrancelhas para combinar com o da cor do cabelo deixaria a aparência lavada e envelhecida).

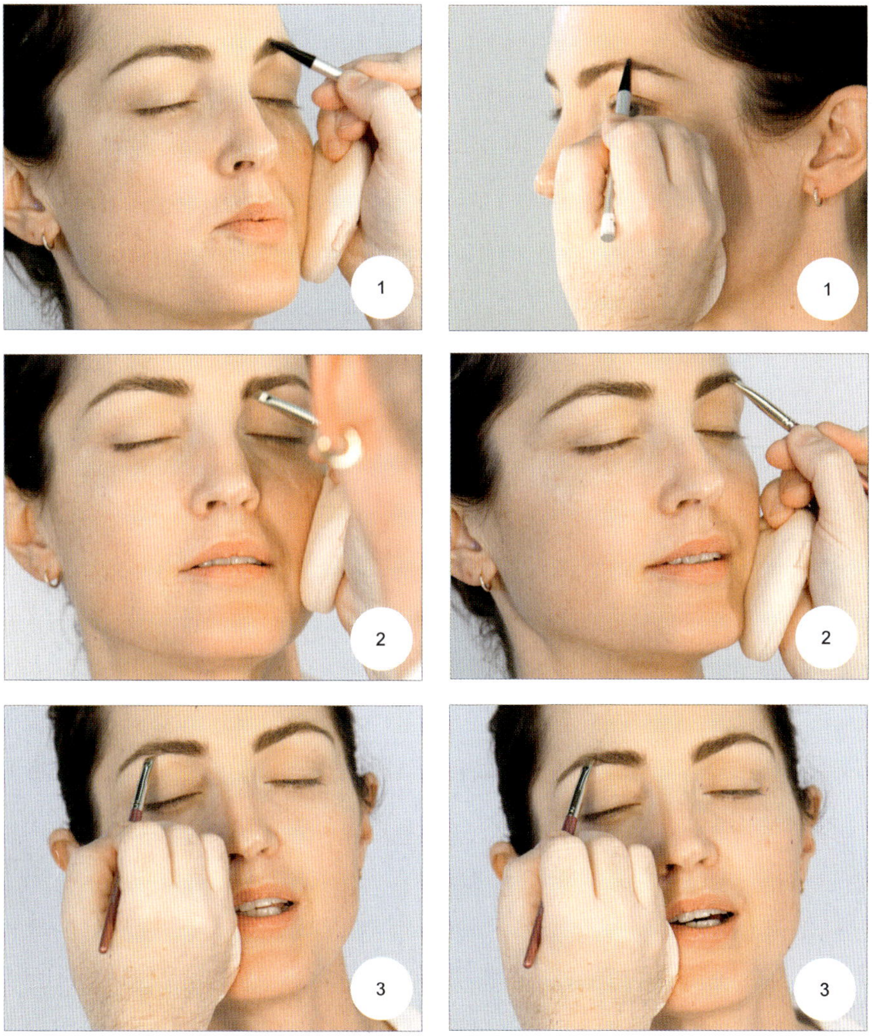

aplicação

É hora de usar as cores!

1. Faça movimentos curtos e iguais aos de um pincel com o lápis, que deve estar inclinado no mesmo ângulo de crescimento dos pelos. Seus movimentos precisam seguir o contorno natural dos pelos: nunca desenhe uma linha reta contínua.
2. Passe um pincel chanfrado pequeno sobre o lápis aplicado, repetindo os movimentos curtos descritos acima. Isso uniformizará ainda mais a cor, deixando a aparência bem natural.
3. Passe o pincel no pó para sobrancelha e faça movimentos iguais aos do primeiro passo, no mesmo ângulo de crescimento dos pelos. Certifique-se de cobrir toda a sobrancelha. O pó e o lápis aplicados em camadas oferecem uma cobertura total, ajudam a manter a cor por mais tempo e deixam a aparência natural.
4. Ao preparar as sobrancelhas, finalize-as sempre com um pincel próprio (meu preferido tem formato de escova de dentes) a fim de escovar os pelos para cima e para fora. Isso garantirá que eles fiquem no lugar certo e com cor harmonizada, resultando em um acabamento absolutamente natural.

Agora que conhece todas as técnicas necessárias para criar uma base perfeita, você aprenderá no próximo capítulo sobre os acessórios essenciais.

62
robert jones

3

acessórios essenciais

Junte todos os seus acessórios de maquiagem para criar um look arrasador. Neste capítulo, apresentarei como utilizar os tons e os pincéis em suas produções. Usei uma paleta de cores simples para você perceber que poucos itens são necessários para fazer várias maquiagens diferentes. Não é preciso ter todos os tons de sombra do mundo: muito looks podem ser criados apenas com os essenciais.

Lembre-se de que você pode sempre substituir as cores e usar a mesma aplicação para personalizar sua maquiagem.

o poder dos olhos

Primeiro, a maquiagem dos olhos. São necessários três tons para moldá-los: um iluminador (o que for iluminado ficará realçado), um intermediário (uma cor natural que é a extensão de sua pele) e um de contorno (a cor para efeito dramático). Desse modo, dividi as cores seguindo esta classificação.

sombra em pó

É possível criar todos os looks neste livro com uma combinação dos tons a seguir.

Iluminador

bege opaco

cor da pele opaca

champanhe cintilante

branco cintilante

dourado cintilante

dourado-pêssego cintilante

verde-limão cintilante

intermediário

marrom-acinzentado opaco

marrom-acinzentado escuro opaco

caramelo opaco

bege rosado opaco

"São necessários três tons para moldar os olhos: um iluminador, um intermediário e um de contorno."

contorno

roxo cintilante com reflexos prismáticos

roxo cintilante

azul-esverdeado cintilante

azul-escuro cintilante

verde-escuro cintilante

vinho cintilante

cobre cintilante

terracota cintilante

bronze cintilante

cinza rosado cintilante

marrom-dourado cintilante

marrom-escuro opaco

marrom-escuro cintilante

cinza-escuro cintilante

preto opaco

“Acredito muito no marrom e no preto, porque as cores básicas têm o melhor resultado.”

sombra creme a pó

O objetivo da sombra cremosa, na maioria das vezes, é intensificar a cor e aumentar o benefício. Portanto, aplique-a primeiro, e depois passe a sombra em pó.

bege opaco

bege cintilante

dourado cintilante

dourado-pêssego cintilante

verde-limão cintilante

azul-claro cintilante

azul opaco

delineador

Poucos tons de delineador são usados aqui. Acredito muito no marrom e no preto, porque as cores básicas têm o melhor resultado no delineamento dos olhos. Aplico cor apenas nas maquiagens de olhos bem coloridas.

lápis delineador de olhos

azul-esverdeado

roxo

vinho

marrom-escuro

preto

delineador líquido

preto

encanto do blush

Minha paleta de blush é muito básica, pois o objetivo dele é criar uma coloração delicada. Você não precisa de muitas cores, apenas das mais naturais. Dependendo da intensidade do look desejado, você passa mais ou menos blush; também é possível aplicar uma camada de creme e pó para um efeito mais marcante.

blush em pó

Três cores de blush são suficientes para realçar a beleza do tom de pele das mulheres. O que acho do rosa e do vermelho? Acredite em mim: não são as mais indicadas para o melhor resultado! Experimente usar tons abaixo delas para obter um look lindo e natural.

pêssego

damasco

uva

blush creme a pó

Para uma maquiagem mais intensa, escolha um destes tons naturais de blush creme a pó:

pêssego

damasco

"O objetivo do blush é criar uma coloração delicada."

lábios sedutores

Selecionei uma paleta reduzida de tons para as produções neste livro. Você perceberá que não são necessárias milhares de cores para criar uma grande quantidade de looks. Experimente-as e divirta-se!

delineador labial

O delineador define o contorno dos lábios. Assim como o blush, deve criar um efeito natural, e não uma linha escura que destaca a si mesma em vez dos lábios maravilhosos!

nude

nude rosado

nude marrom-
-acinzentado

cor de pele escuro

rosa-claro

rosa intenso

uva

vinho

batom

A aplicação do batom permite brincar com as cores, de tons pálidos a nuances de vermelho-escuro. Confira os looks nos capítulos 4 a 7 para ver como as cores dos lábios combinam com cada produção.

nude

nude rosado

nude pêssego

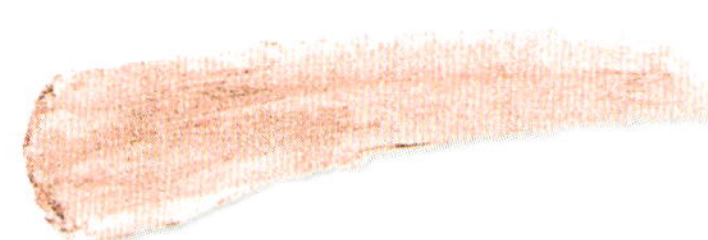

rosa-claro

“Não são necessárias milhares de cores para criar uma grande quantidade de looks.”

pêssego

avelã

bege rosado claro

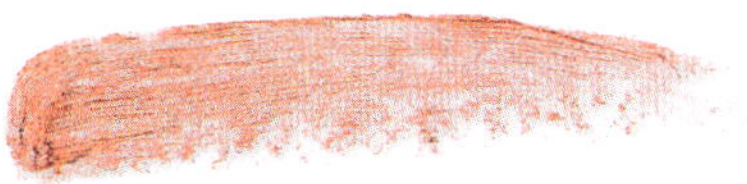

rosa-púrpura

orquídea rosa

vermelho

marrom-avermelhado

orquídea escura

vermelho-escuro

amora

gloss

O gloss finaliza a produção dos lábios e confere um brilho sensual.

pêssego

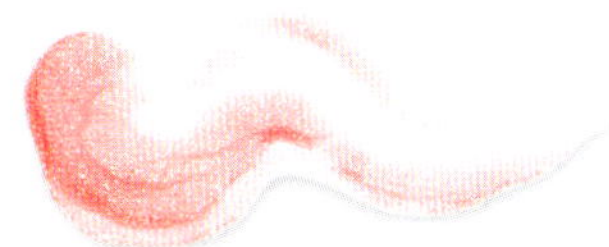

rosa

marrom rosado

nude

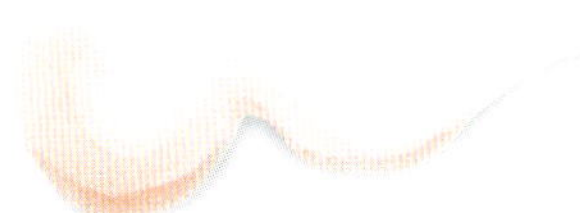

bege-areia

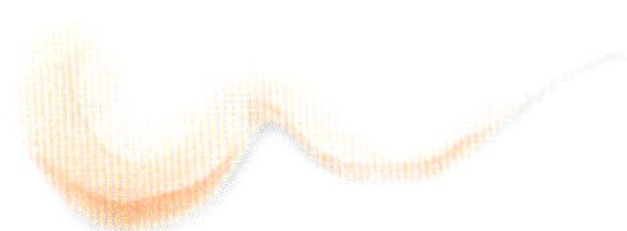

uva

orquídea

vinho

amora

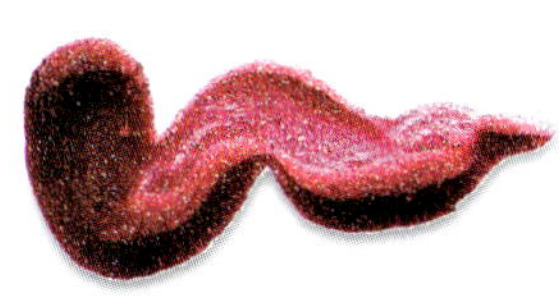

pincéis

As várias opções de formato, tipo e tamanho de pincéis podem dificultar a escolha certa desses acessórios. E as pontas diversas produzem resultados muito diferentes. Portanto, criei pincéis para todos os acabamentos e objetivos que você deseja obter. Descreverei cada tipo e, com as fotos correspondentes, você será capaz de decidir quais os melhores pincéis para comprar.

Para este livro, usei pincéis da minha própria coleção de acessórios de maquiagem, robert jones beauty, (www.robertjonesbeauty.com, em inglês), na qual você pode encontrar qualquer formato.

pincéis para sobrancelha/cílios

nº 1: é perfeito para o delineamento das sobrancelhas e para a aplicação de cor. Suas cerdas curtas, firmes e naturais e sua ponta angulada proporcionam uma aplicação precisa. A firmeza desse pincel é muito importante para a utilização exata da cor. Seus ângulos também são afinados para suavizar as cores e harmonizá-las.

pincel para sobrancelha: parece uma escova, mas não é. Tem o formato perfeito para arrumar e delinear as sobrancelhas. É ótimo para remover o excesso de pelos, por escovar toda a sobrancelha. Excelente também para a harmonização após cada aplicação de cor.

pente para cílios nº 3: é indispensável na composição de cílios perfeitos. Escová-los após a aplicação da máscara separa cada pelo e remove qualquer grumo. Os dentes finos de metal promovem um resultado preciso.

pincéis para sombra

nº 11: este pincel de cerdas naturais e ponta afinada aplica o tom intermediário na dobra dos olhos com precisão, do canto externo ao interno. Seu formato possibilita que a cor seja passada no lugar exato, além de ajudar a harmonizá-la.

nº 13: este pincel de cerdas naturais de formato preciso é indicado para a aplicação de seu tom de sombra preferido em toda a linha inferior dos cílios, proporcionando um efeito esfumado e harmônico, sem linhas duras. Também é usado para criar uma linha bem definida de cor na dobra dos olhos.

nº 14: este pincel de cerdas naturais é recomendado para a aplicação do tom de iluminação no canto interno do olho e em toda a linha inferior dos cílios, que proporciona uma aparência jovem e de olhos bem abertos. Também é usado para a esfumação do delineador e aplicação detalhada de cor.

nº 22: utilize este pincel profissional de cerdas naturais para sombra para a aplicação precisa do tom de iluminação nas pálpebras e no osso das sobrancelhas. Também é perfeito para o uso de cor na região do olho quando você quiser uma pincelada mais vigorosa. Por ser mais firme, facilita o controle da aplicação.

nº 27: este pincel de cerdas naturais tem o tamanho e o formato adequados para a aplicação de cor em uma grande área da pálpebra. É um acessório indispensável para produzir olhos esfumados por sua maciez e flexibilidade.

nº 28: este pincel macio e de cerdas naturais é indicado para uniformizar toda a aplicação. É essencial quando se usa mais de um tom para os olhos. Mantenha-o limpo, sem cores, para poder combinar vários tons de sombra com ele impecavelmente. Após aplicar as cores de sombra, utilize-o para harmonizá-las em toda a pálpebra, o que proporcionará uma maquiagem de tons combinados, porém não densos.

nº 30: este pincel de precisão, de cerdas naturais e ponta afinada para uniformização, é usado para a aplicação do tom mais intenso de sombra em toda a linha dos cílios e no canto externo da dobra dos olhos. Seu formato é ideal para a criação de uma enorme variedade de looks e efeitos.

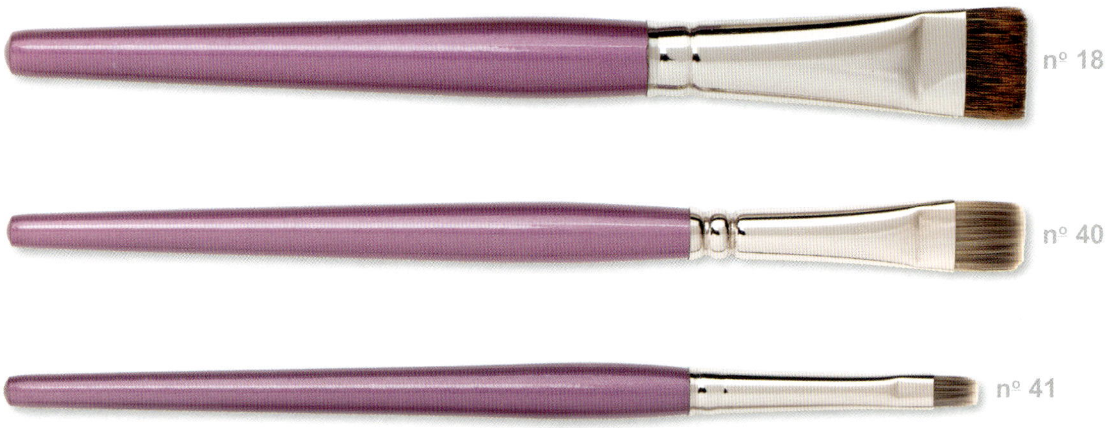

pincéis delineadores

nº 18: use este pincel achatado e largo de cerdas naturais para aplicar com precisão uma linha fina ou grossa de cor na linha dos cílios e para harmonizá-la até as pálpebras. Seu formato facilita o uso: basta posicionar o pincel horizontalmente nas pálpebras, ao longo da linha dos cílios, e escovar para cima. É ótimo para ajudá-la a criar um look intenso na linha dos cílios em olhos esfumados.

nº 40: este pincel achatado de cerdas sintéticas é utilizado para definir os olhos com sombra ou para aplicar pó sobre a linha do lápis delineador, o que proporciona um efeito mais sutil. Também é indicado para uniformizar o lápis sem o uso de cor: escove a linha de lápis passada para suavizá-la e aperfeiçoá-la. É excelente para uso molhado ou seco.

nº 41: minha arma secreta para produzir olhos atraentes de sutil perfeição é um pequeno pincel que oferece grandes resultados. Utilize este acessório para levar cor até a linha dos cílios, o que enfatizará o efeito nos olhos e deixará os cílios volumosos. Também é recomendado para criar linhas delicadas.

dica

Lembre-se de que, para a aplicação de um produto em pó, é preciso utilizar um pincel de cerdas naturais, e, para o uso de maquiagem cremosa, um de cerdas sintéticas; os dois tipos podem ser empregados com os produtos creme a pó.

pincéis para refinamento do rosto/pele

nº 50: use este pincel de cerdas sintéticas para a aplicação precisa de corretivo. Sua ponta fina permite cobrir áreas pequenas do rosto sem o trabalho excessivo com o corretivo. É um acessório indispensável.

nº 53: este formato atualizado de pincel com ponta é incrível para as correções. Suas cerdas sintéticas são perfeitas para corrigir áreas grandes ou curvas do rosto. Sua aplicação é rápida e perfeita!

nº 54: utilize este pincel de ponta arredondada e de cerdas sintéticas para a aplicação de base cremosa ou líquida de maneira uniforme e impecável. É o melhor acessório para os retoques do fim do dia, quando você não quer fazer uma nova maquiagem, mas apenas corrigi-la.

nº 60: este é o melhor pincel para blush e pó bronzeador, pois suas cerdas naturais são ultramacias. Seu formato volumoso e de ponta arredondada permite uma aplicação profissional.

nº 64: este pincel perfeito para blush é feito com as melhores cerdas macias naturais. Seu formato volumoso e de ponta arredondada proporciona uma aplicação excelente nas maçãs do rosto, sem contornos grosseiros ou marcados. Criado para uso perfeito com o blush creme a pó.

nº 70: este pincel de cerdas naturais é grande e macio. Indicado para a aplicação de pó solto de maneira uniforme e translúcida. Sua ponta levemente arredondada facilita a maquiagem.

nº 73: este pincel de cerdas naturais é versátil e insubstituível. Recomendado para diversos usos rápidos. É perfeito para a aplicação de pó solto e compacto, incrível para a remoção de excesso de pó solto após sua utilização com a esponja e inigualável para trabalhar o blush e o contorno no rosto.

nº 76: indicado para a aplicação delicada de pó, este pincel de cerdas naturais é sensacional para a maquiagem de áreas pequenas, como as pálpebras e a região sob os olhos, graças ao seu tamanho e formato. É o melhor para a aplicação precisa de pó para iluminação.

pincéis para lábios

nº 80: este pincel de ponta estreita e fina é perfeito para a aplicação de batom e gloss. Quando o batom é passado com pincel, sua duração é maior, e, quando o gloss é aplicado assim, ele fica mais brilhante.

dica

O pincel correto é o verdadeiro segredo para uma maquiagem maravilhosa. É um dos principais fatores que tornam um look profissional.

higienização dos pincéis

É preciso limpar os pincéis regularmente, caso contrário, a aplicação e a definição das cores serão prejudicadas. Quanto mais limpo estiver o pincel, melhor ficará a maquiagem. Há dois produtos para higienização:

loção de limpeza: é a opção mais simples. Há produtos profissionais que funcionam muito bem. Uma de suas vantagens é que a maioria proporciona uma secagem rápida, o que os torna convenientes. Basta molhar o pincel na loção, removê-la com uma toalha e pronto! O pincel estará completamente limpo.

xampu: como os pincéis são feitos de cerdas (naturais ou sintéticas), é possível lavá-los com xampu. No entanto, a secagem é mais demorada. Umedeça o pincel com água, coloque um pouco de xampu na palma da mão (aqueles para bebês, mais neutros, são melhores e menos prejudiciais), lave o pincel com ele e enxágue. Recomendo passar um pouco de condicionador no pincel após a lavagem (um creme sem enxágue é mais indicado por ser mais leve, porém lembre-se de enxaguá-lo depois). Por fim, remova todo o excesso de umidade (deixando as cerdas na forma correta para secar) e coloque o pincel sobre uma toalha em posição horizontal.

"Quanto mais limpo estiver o pincel, melhor ficará a maquiagem."

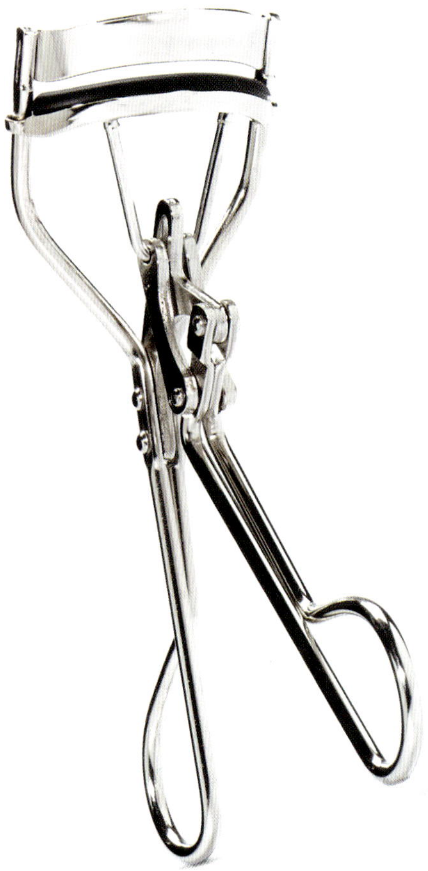

"Os curvadores de cílios deixam a aparência mais jovem, então, use-os!"

curvadores de cílios

Todas as mulheres deveriam ter um ótimo curvador de cílios. Há muitas opções disponíveis, graças à tecnologia moderna. Independentemente de sua escolha, o objetivo é o mesmo: modelar os cílios e deixar a aparência mais jovem.

Há três tipos básicos: o clássico, o de precisão e o imprescindível curvador térmico:

curvador clássico: este modelo mais comum e conhecido (geralmente de metal) deve ser utilizado somente antes da aplicação da máscara, nunca depois. As pinças emborrachadas devem ter bordas curvas para modelar adequadamente, em vez de criar frisos. Lembre-se de trocar este acessório pelo menos uma vez por ano, e sua borracha, a cada seis meses. Consulte a página 42 para aprender as técnicas de modelagem dos cílios.

curvador de precisão: funciona como o clássico, porém sua largura permite alcançar a raiz dos pelos. É excelente, pois modela os cílios a partir dos cantos interno e externo. Também pode ser usado em cílios muito curtos.

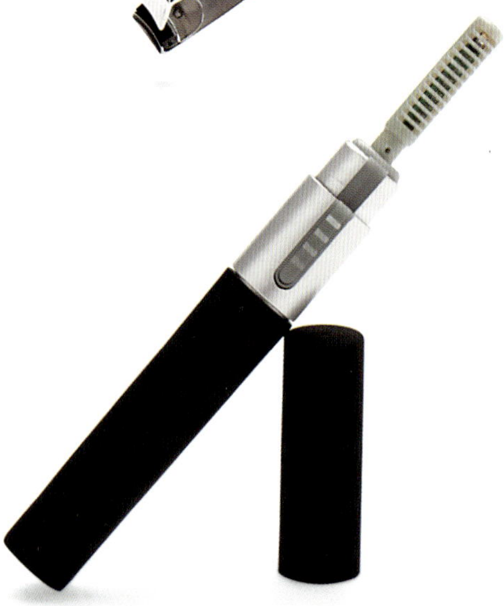

curvador térmico: este acessório miraculoso é imprescindível! Sua maior vantagem é ser utilizado após a aplicação da máscara (tenho certeza de que algumas mulheres perceberam que a máscara pode estender os cílios que acabaram de ser curvados). Se você tentar usar um curvador clássico ou de precisão após a máscara, eles poderão estragar os cílios. Na verdade, este aparelho térmico utiliza a máscara como um catalisador de modelagem, ajudando a manter o formato o dia inteiro. Ele curva até os pelos mais teimosos. Consulte a página 42 para as intruções de uso.

esponjas

Algumas considerações devem ser feitas antes de se escolher uma esponja. Em primeiro lugar, observe a textura e a qualidade. Quanto melhor ela for, mais impecável será a aplicação. Portanto, o preço é definitivamente importante. O formato também pode afetar o desempenho, dependendo de seu tipo de uso: formas diferentes facilitam a maquiagem em pontos específicos. O material de que ela é constituída determinará a perfeição da aplicação.

Existem muitas opções de esponja atualmente, incluindo a triangular tradicional, a oval e a redonda. Uma de minhas preferidas mais recentes é a em forma de ovo, chamada ***Beauty Blender***. Seu formato e textura são incríveis, permitindo criar um acabamento refinado na base. Além disso, ela não contém látex, o que é ótimo para as alérgicas a esse produto.

Pronta para começar a maquiagem? Excelente! No próximo capítulo apresentarei como utilizar os acessórios e as técnicas para criar um look novo arrasador, em apenas 5 minutos. Eu disse 5? Pode apostar que sim!

5 minutos

15 minutos, página 178

20 minutos, página 286

4

5 minutos para ficar linda

Você já parou alguma vez na rua, no shopping ou até mesmo no trânsito ao ver uma mulher deslumbrante e confiante, ficou enciumada e pensou "Eu nunca teria tempo para produzir um look impecável como esse"? Você se enganou: não é preciso demorar horas para ficar maravilhosa. Isso pode levar apenas 5 minutos!

Confira as maquiagens que criei para este capítulo e experimente. Você vai concordar comigo. Imagine a emoção de ficar linda em 5 minutos! Vá em frente!

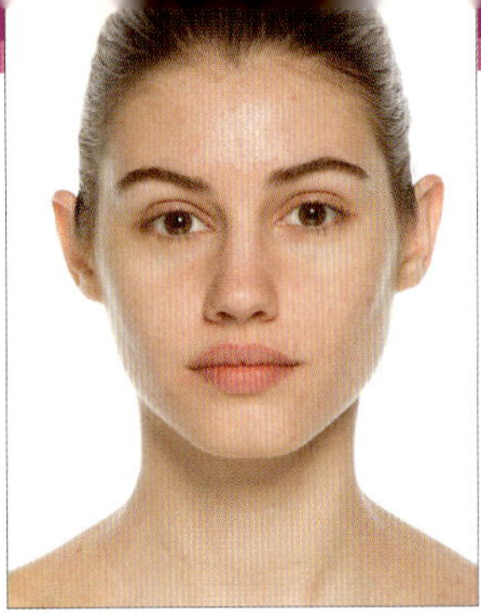

cores suaves

Adoro este look porque, além de ser alegre e colorido, é também rápido e simples. É muito fácil de produzir, pois requer apenas uma camada suave de cor, embora o resultado seja deslumbrante! Lembre-se de que em maquiagens leves como esta a escolha do tom certo enfatizará a cor de seus olhos. A definição não será marcante, porém, como você verá, os olhos se sobressaem.

Veja aqui como conquistar esse look:

olhos

1. Comece definindo a dobra dos olhos. Com o pincel para tom intermediário nº 11, passe suavemente a sombra do canto externo da dobra ao interno. Use um tom marrom-acinzentado opaco (uma nuance um pouco mais escura do que a cor da pele) para obter uma definição sutil.
2. Continue esta maquiagem sempre com o pincel para mistura de sombras nº 28, o qual deve ser mantido limpo para uso imediato. Harmonize o tom intermediário na pele para que não fique com contrastes destoantes.
3. Em seguida, utilize o pincel nº 30 para definir a terça parte externa das pálpebras com o tom de sombra intermediário.
4. Use novamente o pincel nº 28 para harmonizar a maquiagem. Aqui começa a definição das pálpebras.
5. Com o pincel para sombra nº 27, aplique um roxo com reflexos prismáticos sutil a partir da base da linha dos cílios. Em seguida, passe-o sobre toda a pálpebra e para cima, na dobra dos olhos. Mais uma vez, comece do canto externo em direção ao interno, para que a cor mais intensa fique na parte externa da pálpebra.

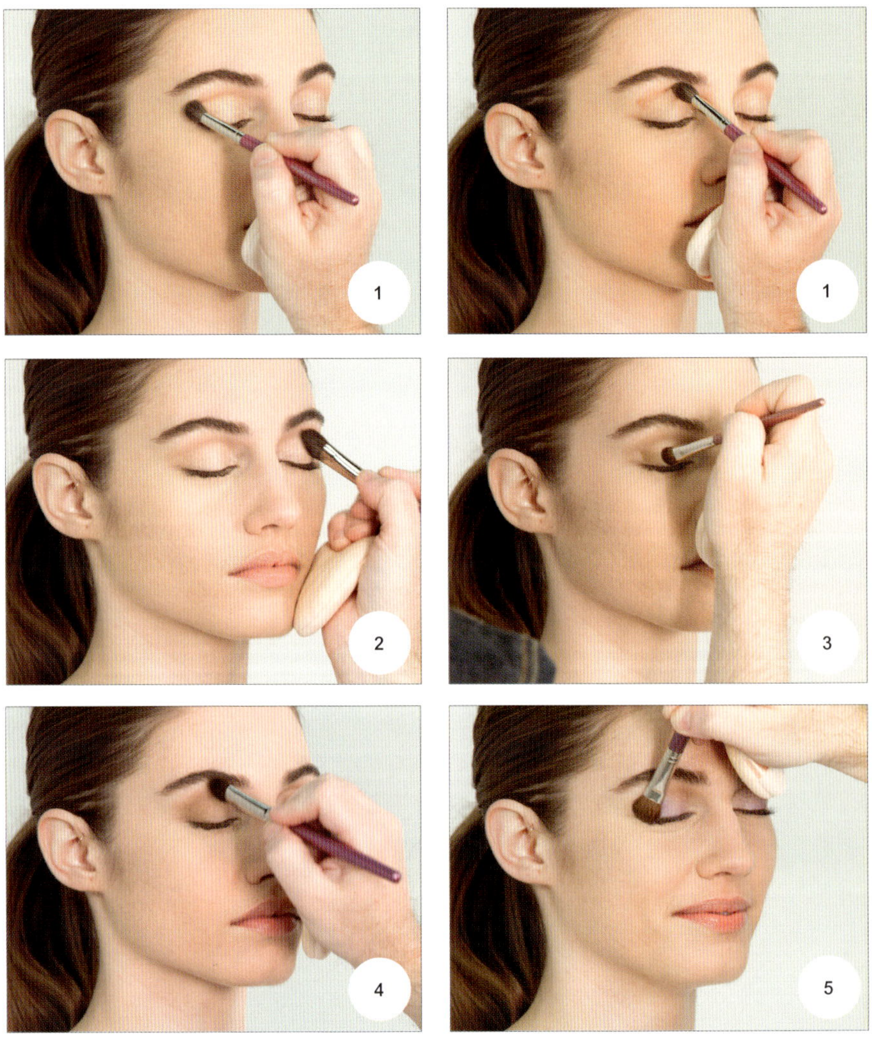

6. Utilize o pincel nº 28 de novo para harmonizar a área onde o tom de contorno encontra o intermediário.
7. Este é o momento certo para aplicar a primeira camada de máscara na linha de cílios superior. À esta altura, você já sabe que deve modelá-los primeiro! (consulte a página 42 para rever esta técnica).
8. Com o pincel para detalhes dos olhos nº 13, passe o tom de sombra intermediário ao longo de toda a linha de cílios inferior. Mais uma vez, comece do canto externo para o interno.
9. Em seguida, aplique uma camada da sombra roxa sutil exatamente sobre o tom de sombra intermediário na linha de cílios inferior.
10. Finalize com mais uma camada de máscara nos cílios superiores, e depois defina os cílios inferiores também com máscara (consulte a página 44 para rever esta técnica).

bochechas

Para simplificar o processo, apenas um pó bronzeador opaco será utilizado para definir e colorir as bochechas. No geral, esse produto proporciona a quantidade perfeita de cor, principalmente quando combinado com um olhar intenso.

1. Com o pincel para pó/blush nº 73, aplique o pó bronzeador da parte de trás das maçãs do rosto até a parte da frente delas. Em seguida, passe o pincel para trás, em direção à orelha.
2. Agora, passe o pincel para cima e para baixo a fim de harmonizar a cor na pele. Uniformize bem, ou a aparência não ficará natural.

3. Lembre-se de aplicar um pouco do pó bronzeador nas têmporas para ajudar a definir o rosto. Passe-o para cima, em torno das têmporas e da cavidade ocular. Isso proporcionará mais cor e brilho para o rosto.
4. É possível também aplicar o pó ao longo da mandíbula, o que ajudará a delinear o rosto e a deixá-lo ainda mais atraente.

lábios

Nesta produção, as bochechas ganharam um realce mínimo, e os olhos foram enfatizados com uma camada suave de cor, portanto, os lábios podem ficar bem definidos.

1. Marque os lábios com um delineador nude quase imperceptível, começando pelo V do arco "do cupido". Em seguida, passe-o em torno das curvas do arco e sobre elas.
2. Em seguida, partindo dos cantos externos, passe o lápis em direção à curva central.
3. No lábio inferior, primeiro intensifique sua curva inferior. Depois, passe o lápis nos cantos externos, seguindo em direção ao meio. Delineie o lábio inteiro: aplique a cor até quase a linha invisível na borda da parte colorida dos lábios.
4. Com o mesmo lápis, preencha metade dos lábios, em direção ao meio deles. Isso ajudará a manter a cor por mais tempo, além de deixar o delineador mais natural.
5. Use o pincel para lábios nº 80 a fim de harmonizar o delineador antes da aplicação do batom. Além de facilitar esse processo, isso prolonga a duração da cor.
6. Com o pincel, preencha todo o lábio com o batom pêssego perfeito. Harmonize muito bem o batom sobre o delineador.
7. Como sempre, gosto de finalizar com uma camada de gloss pêssego translúcido para conferir mais brilho. Aplique-o com o pincel para lábios nº 80, pois isso o deixará ainda mais reluzente.

"O segredo para criar um look fácil e rápido é usar poucos produtos."

beleza radiante

Este look dá a impressão de que a maquiagem foi aplicada e, em seguida, alvejada pela exposição ao sol. Ele proporciona uma aparência brilhante à pele.

Obviamente, a pele é o foco desta produção. Contudo, seus olhos ainda serão definidos com perfeição e, assim, também ficarão em evidência! Utilize esta produção quando quiser exibir uma beleza reluzente de verão, em qualquer época do ano.

Confira o método abaixo:

olhos

1. Um dos aspectos principais desta produção é o realce dos olhos. Com o pincel para iluminação nº 22 e uma sombra bege pálida opaca, ilumine as pálpebras e a parte côncava dos olhos, ou seja, a área logo abaixo do arco da sobrancelha.
2. Em seguida, aplique uma camada de branco cintilante sobre o tom opaco, porém apenas nas pálpebras. Prefiro iluminá-las um pouco mais do que a parte côncava dos olhos. O brilho sobre o opaco proporcionará um realce mais dramático.
3. Para uma definição bem suave da linha dos cílios, use o pincel para delineador nº 41 e passe uma sombra preta na base dessa linha.
4. Defina a dobra dos olhos com um pouco de pó bronzeador opaco. Usando o pincel nº 11, comece a aplicação do canto externo da dobra, passando-o até o canto interno. Assim, a dobra ficará sutilmente delineada.

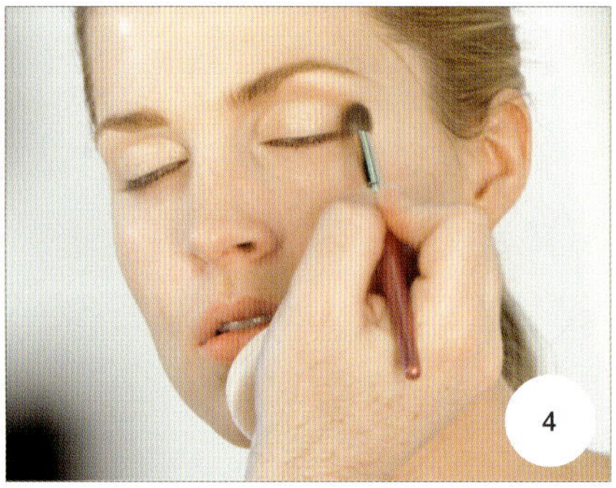

5. Agora, curve os cílios e aplique a primeira camada de máscara na parte superior (consulte a página 42 para rever esta técnica).
6. Com o pincel nº 14, aplique a sombra branca cintilante em toda a linha de cílios inferior, do canto interno ao externo.
7. Usando um lápis corretivo, delineie a linha d´água, ou linha interna inferior localizada sobre a linha de cílios inferior. Este passo não é muito comum, porém neste look ele é imprescindível para criar o estilo praia.
8. Para finalizar, passe mais uma camada de máscara nos cílios superiores e outra nos inferiores (consulte a página 44 pra rever esta técnica).

bochechas

1. O pó bronzeador é bastante utilizado nesta maquiagem. Aplique um de tom opaco usando o pincel nº 73. Passe da parte de trás da maçã do rosto até a parte da frente dela. Em seguida, aplique a cor de volta, em direção à orelha.

"Este look é perfeito para exibir uma aparência radiante de verão."

2. Para harmonizar, passe o pincel na direção oposta (para cima e para baixo). Uniformize bem a cor no rosto, caso contrário, não ficará com aspecto natural.
3. Não se esqueça de aplicar um pouco nas têmporas para ajudar a definir o rosto. Espalhe o pó para cima, em torno das têmporas e das cavidades oculares. Isso sempre confere mais cor e brilho à maquiagem.
4. É possível também aplicar um pouco de pó bronzeador ao longo da mandíbula. Isso também torna o rosto mais reluzente, além de suavizar o formato.

3

lábios

1. Para completar o look, é importante que os lábios também apresentem um tom alvejado pelo sol. É preciso então primeiro disfarçar sua cor original e criar neles um tom nude natural.
2. Marque os lábios com um delineador nude quase imperceptível, começando pelo V do "arco do cupido". Em seguida, passe-o em torno das curvas do arco e sobre elas.
3. A partir dos cantos externos, aplique-o em direção ao meio dos lábios.
4. No lábio inferior, primeiro enfatize sua curva inferior. Em seguida, aplique o lápis a partir dos cantos externos, passando-o em direção ao meio. Lembre-se de maquiar todo o lábio, até quase a linha sutil da borda da parte colorida dele.
5. Certifique-se de preencher pelo menos metade dos lábios em direção ao meio. Isso confere uma aparência mais natural ao delineador, além de manter a cor por mais tempo.
6. Para que fique ainda mais natural, harmonize a cor nos lábios com o pincel para lábios nº 80.
7. Usando esse pincel, aplique um batom nude claro perfeito nos lábios inteiros. Harmonize-o muito bem sobre o delineador.
8. Finalize com a aplicação de um gloss nude perfeito para deixar os lábios brilhantes e atraentes. Passe-o com o pincel nº 80, para que o resultado seja ainda mais radiante. Aproveite o verão!

1

2

4

4

5

6

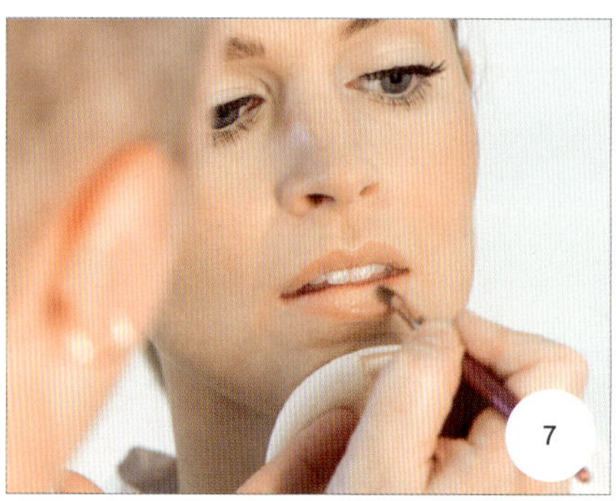
7

8

bronze e belo

Às vezes, as mulheres de pele bronze/ébano buscam um look bronzeado com brilho natural. O segredo desta produção está na pele radiante, nos olhos suavemente definidos e nos lábios nude brilhantes. Nesta maquiagem, você escolherá cores quase imperceptíveis e as aplicará com a intensidade perfeita. Lembre-se de que natural não significa nu: as opções de cor é que determinarão esse aspecto. Agora, é o momento de aprender alguns truques para definir os olhos e, ao mesmo tempo, fazê-los parecer estar sutilmente maquiados. E não se esqueça dos lábios com brilho natural.

Confira o método abaixo:

olhos

1. Com o pincel para iluminação nº 22, aplique um pó iluminador dourado cintilante nas pálpebras e na parte côncava dos olhos, ou seja, na área logo abaixo do arco da sobrancelha.
2. Agora, curve os cílios e aplique a primeira camada de máscara nos superiores (consulte a página 42 para rever esta técnica).
3. Em seguida, aplique uma sombra de tom intermediário opaca com o pincel nº 11, passando-a do canto externo da dobra do olho até o canto interno. Utilize uma cor bege rosada opaca (uma nuance um pouco mais escura do que o seu tom de pele) para obter uma definição suave e atraente.

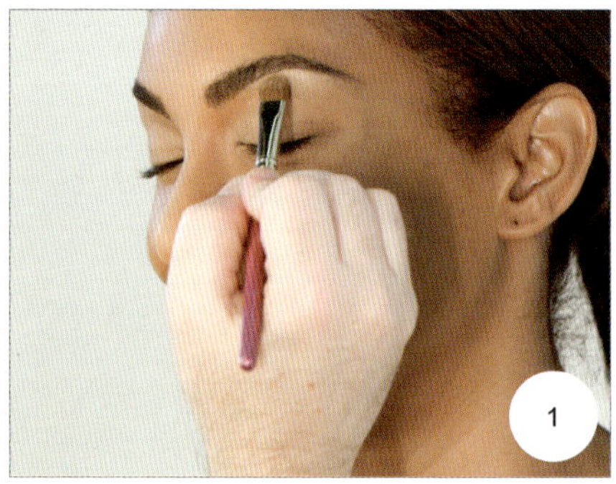

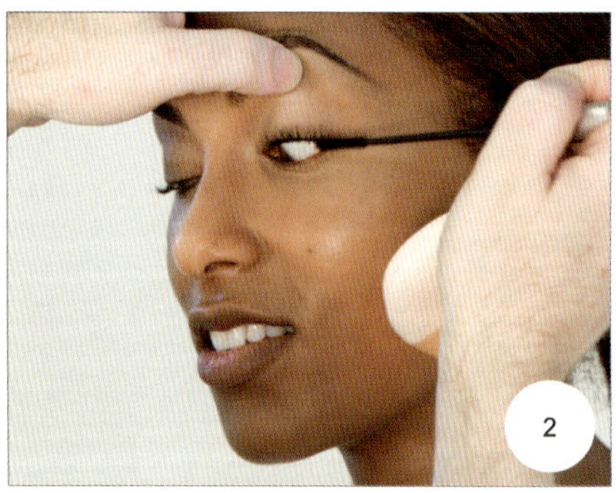

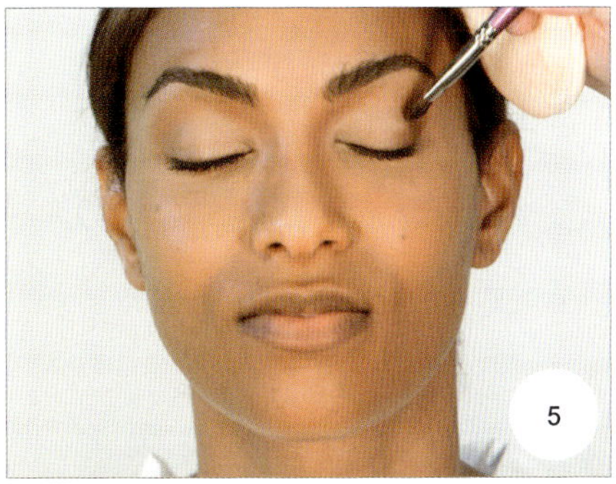

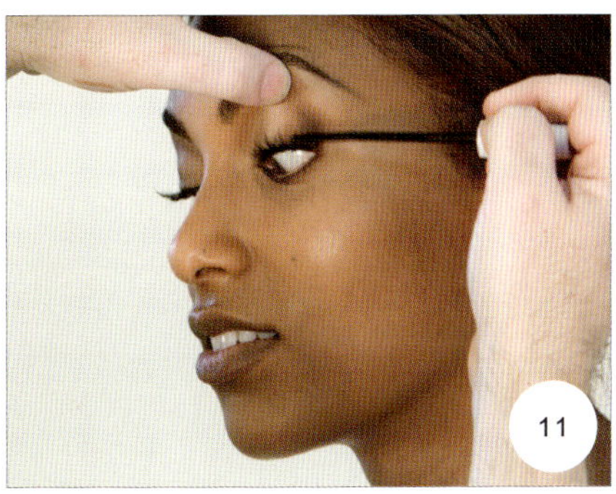

4. Com o pincel nº 28, harmonize o tom intermediário na pele para que não haja contrastes destoantes.
5. Defina a terça parte externa das pálpebras usando o pincel nº 30 e a sombra de tom intermediário.
6. Em seguida, harmonize a cor com o pincel nº 28. Esse é o começo da definição das pálpebras.
7. Para a maquiagem sutil da linha dos cílios, utilize o pincel para delineador nº 41 e passe sombra preta em sua raiz.
8. Aplique a sombra de tom intermediário com o pincel para detalhes dos olhos nº 13 ao longo de toda a linha de cílios inferior. Passe-a do canto externo ao interno.
9. Com o pincel para iluminação nº 14, enfatize o canto interno da linha de cílios inferior. Este passo confere um verdadeiro brilho a essa área, além de um efeito de olhos bem abertos.
10. Agora, uma dica: com o lápis corretivo, delineie a linha d´água, ou a linha interna localizada sobre a linha de cílios inferior. Isso deixará os olhos com a aparência de bem abertos.
11. Aplique mais uma camada de máscara nos cílios superiores e outra nos inferiores. Após finalizar o restante da maquiagem, passe mais uma camada nos cílios superiores. Lembre-se de que é importante ter cílios sensuais nesse look, portanto, não tenha medo de aplicar camadas de máscara nos cílios superiores (consulte a página 44 para rever esta técnica).

bochechas

1. O segredo desta produção é apresentar maçãs do rosto perfeitamente coradas. Para isso, aplique camadas de blush, começando com o creme a pó. Usando o pincel nº 64, passe um blush damasco brilhante nas maçãs do rosto, da frente delas para trás.
2. Em seguida, aplique um pouco de pó solto ou compacto.
3. Agora, para reforçar o efeito corado, sorria e passe o blush em pó damasco translúcido brilhante perfeito com o pincel nº 74 nas maçãs do rosto, da frente delas para trás.

lábios

1. Escolhi usar o delineador labial para uniformizar a cor natural dos lábios e ajudar a mantê-la por mais tempo. Comece delineando o V do "arco do cupido", depois passe-o em torno das curvas do arco e sobre elas.
2. Em seguida, a partir dos cantos externos, passe-o em direção ao meio dos lábios.
3. No lábio inferior, primeiro enfatize a curva inferior. Depois, passe o lápis a partir dos cantos externos até o meio dele. Lembre-se de maquiar todo o lábio, aplicando a cor até a borda da parte colorida dele.
4. Preencha pelo menos metade dos lábios em direção ao meio deles. Isso confere uma aparência mais natural ao delineador, além de manter a cor por mais tempo.
5. Agora, harmonize-o com o pincel nº 80 para obter um look ainda mais natural.
6. Finalize com uma camada de gloss pêssego translúcido perfeito. Aplique-o com o pincel para lábios, o que proporcionará um resultado mais brilhante.

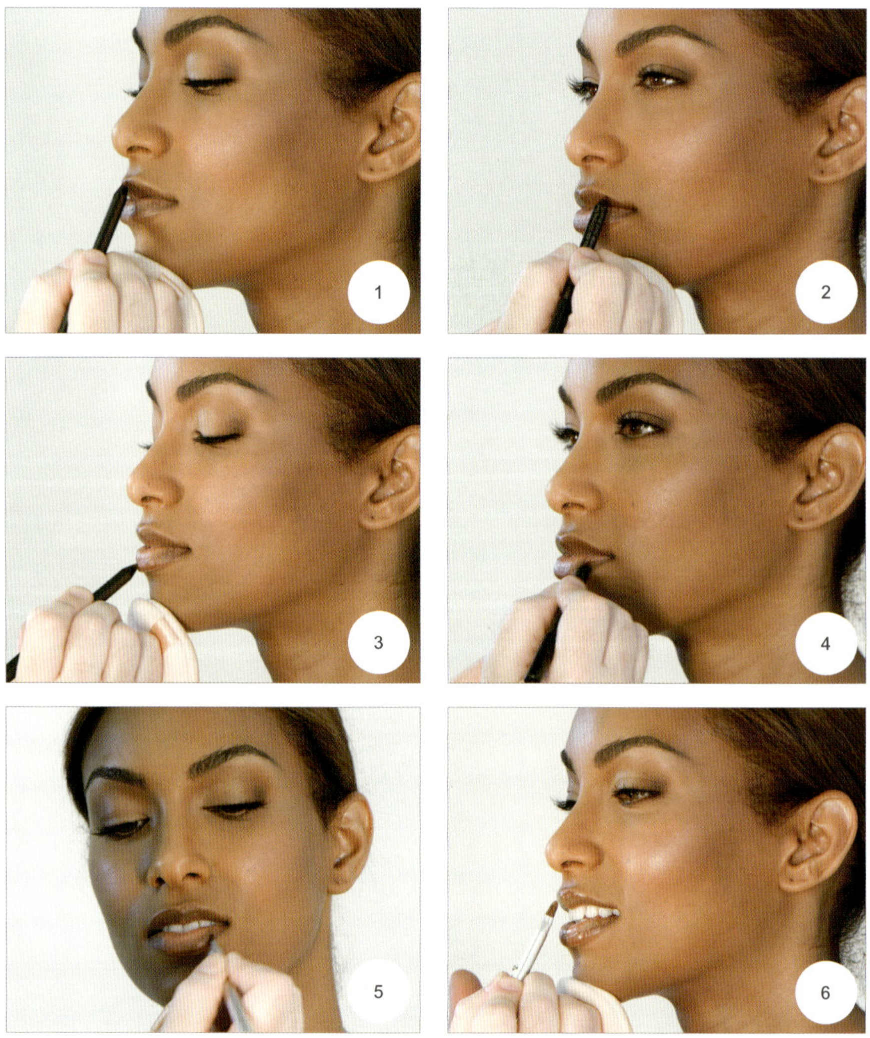

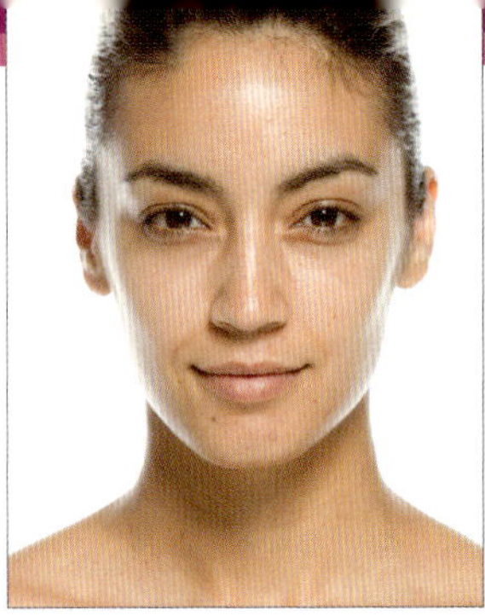

lábios luxuosos

Uma maquiagem discreta nos olhos e uma cor deslumbrante nos lábios compõem um dos melhores looks noturnos. Esta é uma produção rápida e versátil, ideal para qualquer ocasião à noite, além de ser perfeita para valorizar o seu vestido preto básico. É também uma boa opção para aqueles dias em que você precisa estar apresentável, porém despendendo pouco tempo para isso. Aprenda a técnica e brinque com as possibilidades de criar estes lábios, tornando-os duradouros.

Confira o método abaixo:

olhos

1. Como os lábios são a parte principal desta produção, os olhos devem ficar sutis. Primeiro, aplique uma sombra branca opaca nas pálpebras e na parte côncava dos olhos com o pincel para iluminação nº 22. O objetivo é deixar os olhos definidos, porém sem aparentarem estar maquiados. A aplicação dos tons de sombra intermediário e de iluminação criará um contraste que moldará as pálpebras.
2. Aplique uma sombra de tom intermediário opaca com o pincel nº 11, começando do canto externo da dobra do olho até o canto interno. Use um tom caramelo opaco suave (uma nuance mais escura do que o tom de pele) para conseguir uma definição sutil.
3. Use o pincel nº 28 para harmonizar o tom intermediário e não deixar contrastes destoantes.
4. E, antes de prosseguir com a maquiagem, curve os cílios e aplique a primeira camada de máscara nos superiores (consulte a página 42 para rever esta técnica).

Deixaremos a máscara secar e aplicaremos mais uma camada dela no fim da produção.

bochechas

1. Aplique um pó bronzeador opaco com o pincel nº 73, passando-o a partir da parte de trás das maçãs do rosto até a frente delas. Em seguida, passe o pincel de volta, em direção às orelhas.
2. Agora, passe o pincel para cima e para baixo a fim de uniformizar a cor na pele. Harmonize bem para que a aparência fique natural.
3. Não se esqueça de aplicar um pouco de pó nas têmporas para ajudar a definir o rosto.

lábios

1. Como os lábios são tudo nesta maquiagem, é preciso deixá-los com a aparência exuberante e macia. Portanto, antes de começar, passe um pouco de lip balm neles para hidratá-los.
2. Deixe o produto agir por alguns minutos e, em seguida, remova o excesso com um lenço de papel para que o batom possa durar por mais tempo nos lábios.
3. Sempre que você escolher uma cor forte para os lábios, utilize um delineador um pouco mais escuro, o que criará uma borda melhor para eles. Passe um lápis delineador vinho começando pelo V do "arco do cupido". Em seguida, trabalhe em torno das curvas do arco e sobre elas.
4. Agora, passe-o a partir dos cantos externos até o meio dos lábios.
5. Enfatize a curva inferior do lábio inferior. Depois, aplique-o dos cantos externos ao meio do lábio. Lembre-se de maquiar o lábio inteiro, passando o lápis até a linha quase invisível da borda da parte colorida dele.

6. Agora, preencha os lábios inteiros, exceto o meio dos superior e inferior. Isso formará a base da cor e ajudará a mantê-la por mais tempo.

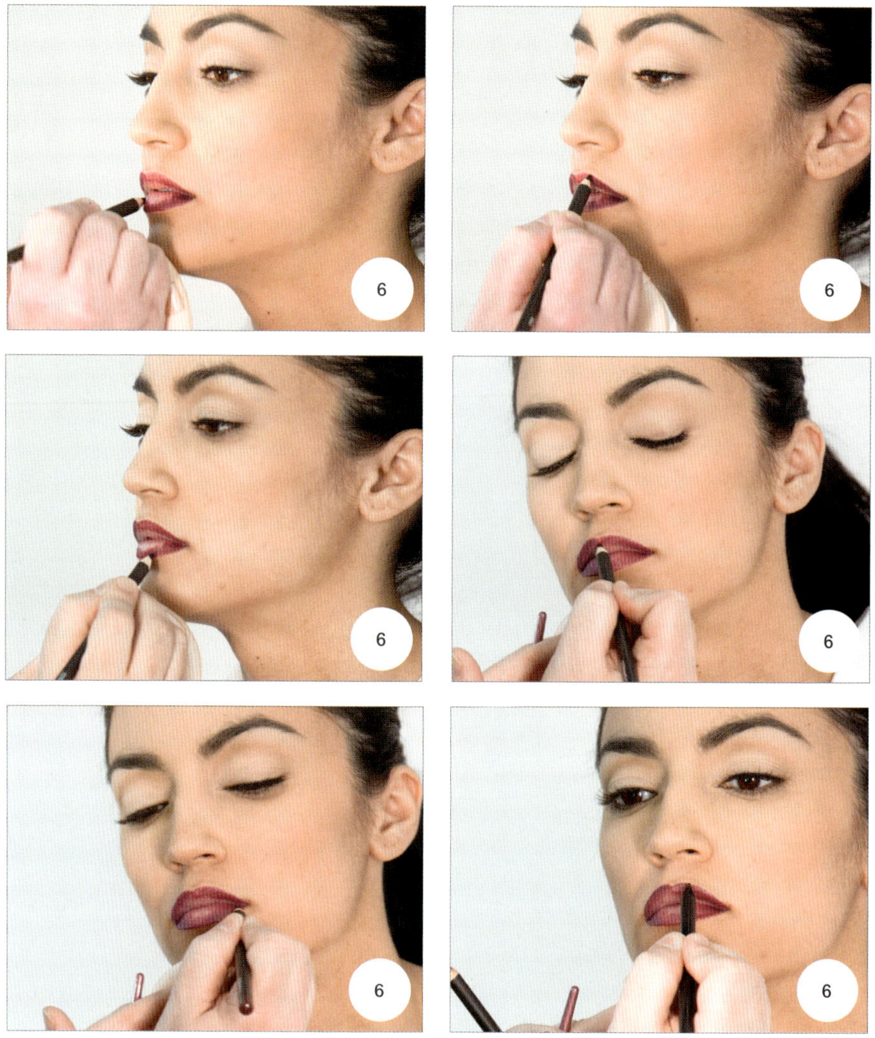

"Este look é perfeito para valorizar o seu vestido preto básico."

7. Harmonize a cor com o pincel nº 80 para obter um look ainda mais natural.
8. Aplique o batom orquídea rosa perfeita com o pincel nos lábios inteiros. Harmonize-o muito bem sobre o delineador.
9. Finalize com uma camada leve do gloss orquídea translúcido, realçando o meio dos lábios. Isso confere ainda mais brilho à maquiagem, porém sem causar manchas.

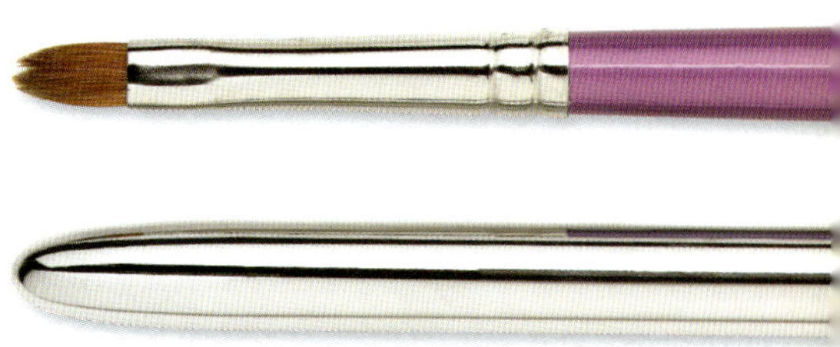

olhos

Este é o último passo para a maquiagem dos olhos.

5. Aplique mais uma camada de máscara nos cílios superiores e outra nos inferiores. Após terminar o restante da maquiagem, passe ainda mais uma camada nos superiores. É importante ter cílios sensuais neste look, portanto, não tenha medo de passar algumas camadas de máscara nos superiores (consulte a página 44 para rever esta técnica).

"Uma maquiagem discreta dos olhos e uma cor deslumbrante nos lábios compõem um dos melhores looks noturnos."

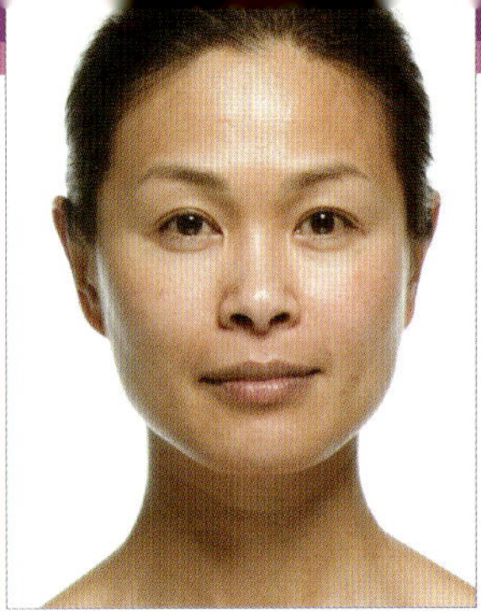

pronta para brilhar

Há manhãs em que você deseja ter apenas uma aparência suave e radiante. Pálpebras brilhantes e cílios volumosos são um look fácil e divertido de se criar e produzir; esta é uma maquiagem rápida e simples porque os tons são pouco contrastantes, o que facilita a harmonização. Lembre-se de que é importante não maquiar os olhos excessivamente, portanto, deixe os lábios sutis e em tom pastel.

Confira o método abaixo:

olhos

O objetivo desta maquiagem é criar brilho. Isso é facil de se conseguir, pois o contraste entre os tons é baixo e não é necessária muita harmonização.

1. É preciso passar algumas camadas de sombra para que o brilho fique realçado. Para isso, aplique um tom bege pálido opaco com o pincel nº 22 nas pálpebras e na parte côncava dos olhos, que é a área logo abaixo do arco da sobrancelha.
2. Com o mesmo pincel, passe uma camada de sombra branca cintilante sobre o bege opaco.

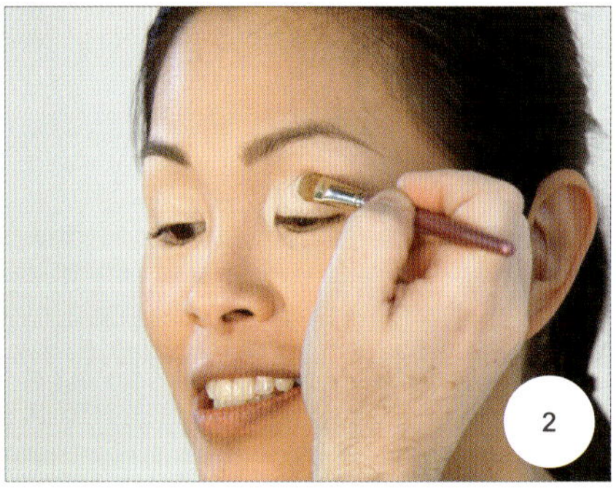

3. Em seguida, aplique uma sombra de tom intermediário opaca com o pincel nº 11: passe-a do canto externo da dobra dos olhos até o canto interno. Utilize uma cor marrom-acinzentada opaca (uma nuance um pouco mais escura do que o seu tom de pele) para obter uma definição sutil.
4. Use um pincel nº 28 para harmonizar o tom intermediário na pele a fim de que não haja contrastes destoantes.
5. Aplique uma sombra cinza rosada cintilante com um pincel nº 30 na terça parte externa da pálpebra. Em seguida, harmonize a cor na pele com o pincel nº 28.

6. Agora, curve os cílios e aplique a primeira camada de máscara nos superiores (consulte a página 42 para rever esta técnica).
7. Aplique a sombra de tom intermediário com o pincel nº 13 em toda a linha inferior dos cílios. Novamente, passe o pincel a partir do canto externo da dobra dos olhos até o canto interno.
8. Realce o canto interno da linha inferior de cílios com o pincel para pó iluminador nº 14.
9. Delineie a linha d´água, ou a linha interna sobre a linha de cílios inferior, com um delineador branco. Isso ajuda a criar o look de tom pastel para os olhos.
10. Aplique mais uma camada de máscara nos cílios superiores e outra nos inferiores. Após terminar o restante da maquiagem, passe ainda mais uma camada nos superiores. É importante ter cílios sensuais neste look, portanto, não tenha medo de passar algumas camadas de máscara nos cílios superiores (consulte a página 44 para rever esta técnica).

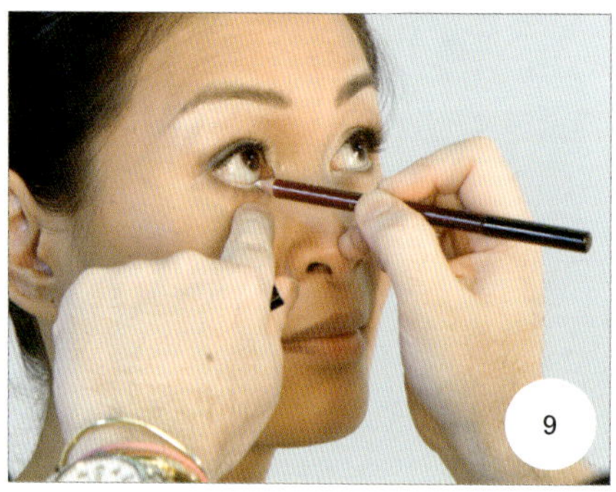

"Há manhãs em que você deseja ter apenas uma aparência suave e radiante."

bochechas

1. Aplique o pó bronzeador opaco com o pincel para pó bronzeador/blush nº 73 da parte de trás das maçãs do rosto até a frente delas. Em seguida, passe o pincel de volta, em direção às orelhas.
2. Agora, passe o pincel para cima e para baixo a fim de harmonizar a cor na pele. Uniformize bem, caso contrário, a aparência não ficará natural.
3. Aplique um pouco do pó nas têmporas para ajudar a definir o rosto. Passe-o em torno das têmporas e cavidades oculares. É possível usar também um pouco de pó na mandíbula, o que definirá melhor o rosto e conferirá ainda mais brilho a ele.
4. Para deixar as bochechas levemente coradas e o look mais radiante, aplique algumas camadas de blush, começando com o creme a pó. Usando o pincel nº 64, passe um blush pêssego cintilante nas maçãs do rosto, da frente delas para trás.
5. Em seguida, aplique um pouco de pó solto ou compacto.
6. Para um efeito mais corado, sorria e passe o blush em pó pêssego translúcido brilhante perfeito com o pincel nº 74 nas maçãs do rosto, da frente delas para trás.

lábios

1. Para não competir com a maquiagem dos olhos, os lábios devem apresentar uma cor suave. Para isso, comece corrigindo sua cor natural e a linha dos lábios.
2. Delineie os lábios com um lápis labial rosa-claro natural, começando pelo V do "arco do cupido". Em seguida, passe-o em torno das curvas do arco e sobre elas.
3. Em seguida, a partir dos cantos externos, passe-o em direção ao meio dos lábios.
4. No lábio inferior, primeiro enfatize a curva inferior. Depois, passe o lápis a partir dos cantos externos até o meio dele. Lembre-se de maquiar todo o lábio, aplicando a cor até a borda da parte colorida dele.

5. Preencha pelo menos metade dos lábios em direção ao meio deles. Isso confere uma aparência mais natural ao delineador, além de manter a cor por mais tempo.
6. Agora, harmonize a cor com o pincel nº 80 para obter um look ainda mais uniforme.
7. Passe o batom rosa-claro perfeito nos lábios inteiros usando o pincel para lábios, pois isso permite uma aplicação melhor e aumenta a duração da cor. Uniformize-o muito bem sobre o delineador.
8. Finalize com uma camada do gloss rosa translúcido perfeito. Aplique-o com o pincel para lábios, o que proporcionará um resultado mais brilhante.

rosto

1. Para completar esta maquiagem radiante, passe um pó iluminador em áreas estratégicas do rosto com o pincel para pó pequeno nº 76. Aplique-o no meio da testa e do queixo e ao longo da parte superior das maçãs do rosto. Isso dimensionará o rosto e o deixará mais brilhante.

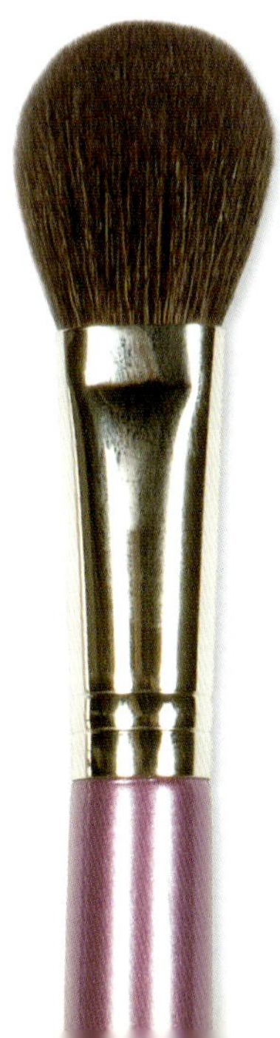

beleza natural

Não é necessário muita maquiagem para você ficar linda. E este look é a prova disso! A simplicidade e o brilho natural são a beleza desta produção. Nela, os produtos e a aplicação farão a maior diferença. Este look também mostra que, ***às vezes***, quanto menos, melhor.

Confira o método abaixo:

olhos

1. Aplique uma sombra champanhe cintilante com o pincel nº 22 nas pálpebras.
2. Em seguida, aplique o pó bronzeador opaco (o tom intermediário) usando o pincel nº 11 (lembre-se de que, quanto menos produto, mais rápida é a aplicação, e o pó bronzeador é o intermediário perfeito). Passe-o do canto externo da dobra dos olhos até o canto interno. Utilize uma cor marrom-acinzentada opaca (uma nuance um pouco mais escura do que o seu tom de pele) para obter uma definição sutil.
3. Passe mais pó bronzeador com um pincel nº 30 na terça parte externa das pálpebras.
4. Use o pincel nº 28 para harmonizar os pontos em que o tom intermediário encontra o iluminador. Isso proporcionará uma uniformização impecável e criará um look bem natural.

5. Defina toda a linha de cílios inferior aplicando o pó bronzeador com o pincel nº 13. Passe-o do canto externo da dobra dos olhos até o canto interno.
6. Realce o canto interno da linha de cílios inferior com o pincel para pó iluminador nº 14. Isso deixará os olhos com a aparência de mais abertos, além de iluminá-los.
7. Agora, curve os cílios e aplique a primeira camada de máscara nos superiores (consulte a página 42 para rever esta técnica).
8. Para deixar os olhos ainda mais definidos, aplique uma sombra marrom--escura com o pincel nº 18 diretamente na linha de cílios superior. Isso proporciona uma definição natural e suave e enfatiza os olhos sem parecer que estão produzidos.
9. Aplique mais uma camada de máscara nos cílios superiores e outra nos inferiores (consulte a página 44 para rever esta técnica).
10. Por fim, uma última dica: passe um lápis corretivo na linha d´água das pálpebras inferiores (ou seja, na linha interna localizada sobre a linha de cílios inferior). Isso deixará os olhos com a aparência de bem abertos.

"Às vezes, quanto menos, melhor."

bochechas

Este look requer maçãs do rosto lindamente coradas. Chamo esse processo de "maçãs realçadas". É um processo que conta com dois passos e um segredinho.

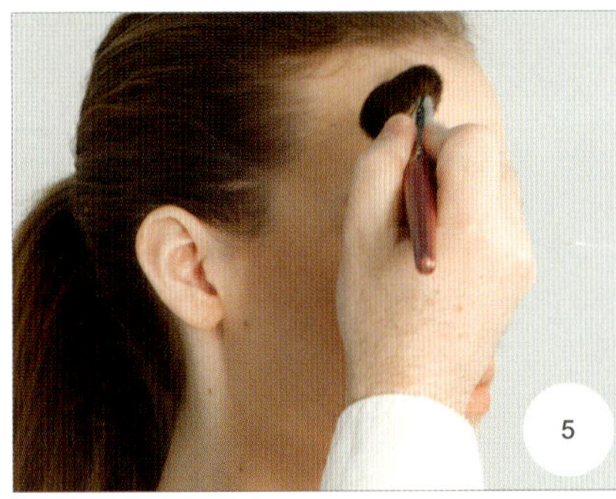

1. Aplique um blush creme a pó pêssego--claro com o pincel para blush nº 64 nas maçãs do rosto. Passe-o da parte da frente das maçãs até a parte de trás. Mantenha a cor nas maçãs do rosto.
2. Agora, aplique um pouco de pó solto para ajudar a fixar o blush.
3. Em seguida, aplique o pó bronzeador (o mesmo usado nos olhos) com o pincel nº 73, passando-o da parte de trás das maçãs até a frente delas. Depois, passe o pincel de volta em direção à orelha. Assim, a cor estará aplicada no lugar certo.
4. Para harmonizar o tom na pele, espalhe o pó para cima e para baixo. Uniformize bem, caso contrário, a aparência não ficará natural.
5. Aplique um pouco do pó nas têmporas para ajudar a definir o rosto. Passe-o em torno das têmporas e cavidades oculares. Isso proporcionará mais cor e brilho ao rosto.
6. É possível usar também um pouco de pó na mandíbula, o que suavizará o formato do rosto e conferirá ainda mais brilho a ele.
7. Para finalizar, aplique um blush em pó que combine com o cremoso usando o pincel nº 73. Passe-o apenas nas maçãs do rosto, da frente delas para trás. A aplicação de pó sobre o blush em creme prolongará sua duração e proporcionará uma aparência corada perfeita.

lábios

1. A maquiagem dos lábios é simples: passe uma camada fina de gloss pêssego transparente com o pincel nº 80.

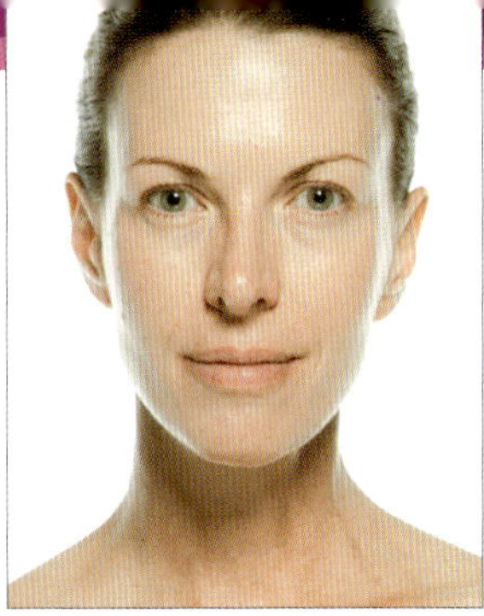

pêssego jovial

O pêssego é uma cor muito jovem, embora combine com mulheres de todas as idades. Lábios tom de pêssego, olhos sutilmente definidos e maçãs do rosto nessa mesma tonalidade suave compõem um look maravilhoso. Observe como esta maquiagem produzida com as escolhas perfeitas de cor é rejuvenescedora. Sua idade não importa: o que é belo é belo, e este look comprova isso.

Confira o método abaixo:

olhos

1. Geralmente, ilumino as pálpebras com um pó cintilante, e a parte côncava dos olhos com um opaco para obter um resultado mais dramático, como neste look. Aplique uma sombra champanhe cintilante com o pincel nº 22 apenas nas pálpebras. Agora, passe uma sombra bege opaca na parte côncava dos olhos, ou seja, na área logo abaixo do arco da sobrancelha.
2. Em seguida, aplique uma sombra opaca (o tom intermediário) usando o pincel nº 11. Passe do canto externo da dobra dos olhos até o canto interno. Isso começará a definir a dobra. Utilize uma cor marrom-acinzentada opaca (uma nuance um pouco mais escura do que o seu tom de pele) para obter uma definição sutil.
3. Use um pincel nº 28 para harmonizar o tom na pele. Isso proporcionará uma uniformização impecável, sem contrastes destoantes.
4. Agora, curve os cílios e aplique a primeira camada de máscara nos superiores (veja a página 42 para rever esta técnica).
5. Para uma definição sutil da linha dos cílios, use o pincel nº 41 a fim de aplicar uma sombra preta na raiz desta linha.

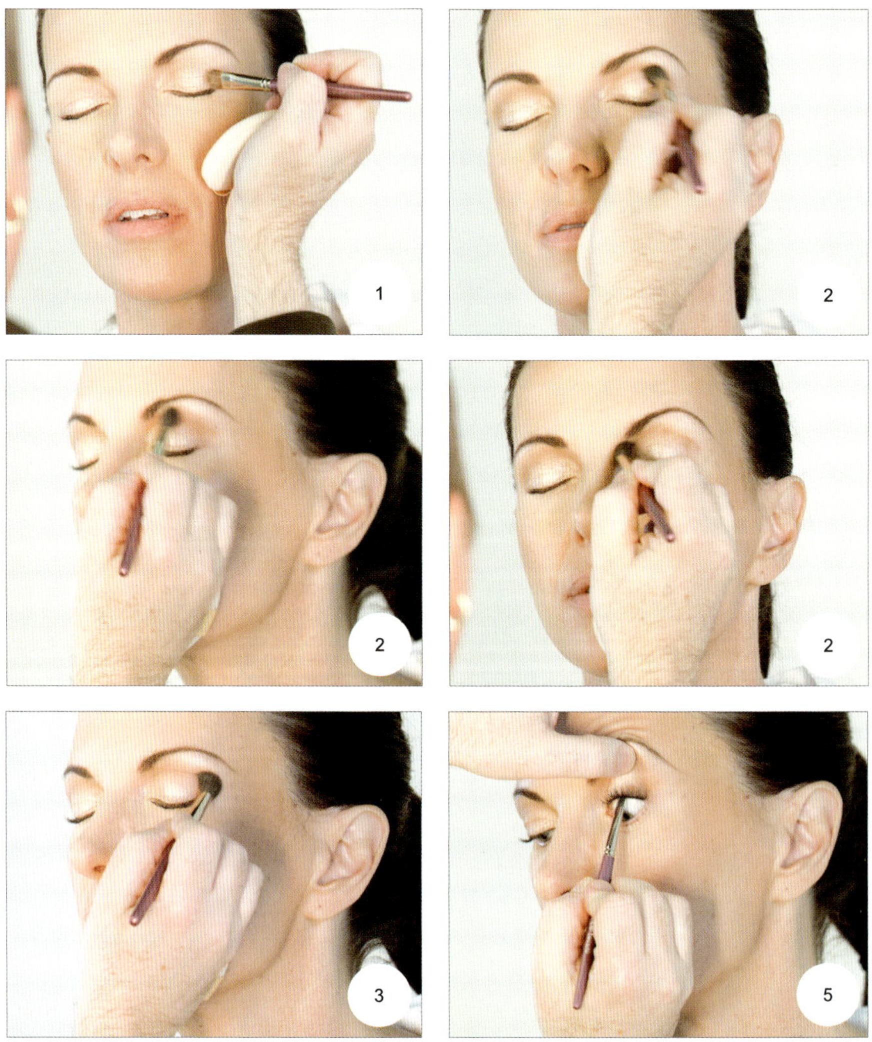

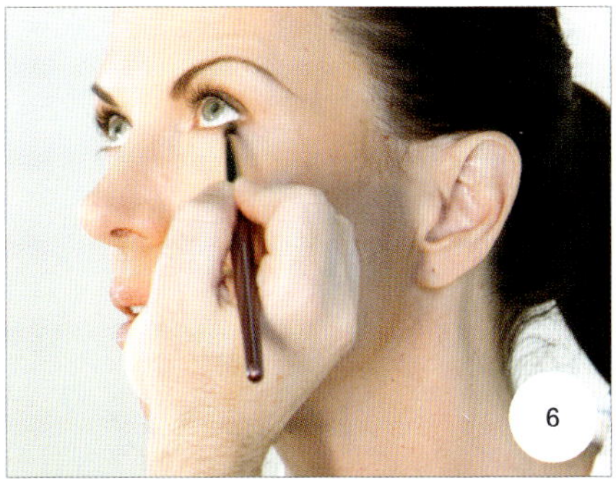

6. Aplique o tom intermediário com o pincel nº 13 em toda a linha de cílios inferior. Passe-o a partir do canto externo da dobra dos olhos até o canto interno.
7. Realce o canto interno da linha de cílios inferior com o pincel para pó iluminador nº 14. Isso deixará os olhos com a aparência de mais abertos, além de iluminá-los.
8. Agora, aplique mais uma camada de máscara nos cílios superiores e outra nos cílios inferiores (consulte a página 44 para rever esta técnica).

bochechas

1. Aplique o pó bronzeador opaco com o pincel para pó bronzeador/blush nº 73, passando-o da parte de trás das maçãs do rosto até a frente delas. Depois, passe o pincel de volta em direção à orelha. Assim, a cor estará aplicada no lugar certo.
2. Para harmonizar o tom na pele, espalhe o pó para cima e para baixo.
3. Passe um pouco do pó nas têmporas para ajudar a definir o rosto. Aplique-o em torno das têmporas e cavidades oculares.
4. Para exibir mais cor, sorria e passe o pó bronzeador com o pincel nº 73 nas maçãs do rosto, harmonizando-o de volta em direção à área bronzeada. Esta técnica confere uma aparência perfeitamente corada ao rosto.

lábios

1. Como o objetivo é ter lábios bem definidos, use um delineador labial. Aplique um lápis nude, começando pelo V do "arco do cupido". Em seguida, passe-o em torno das curvas do arco e sobre elas.
2. Agora, aplique-o dos cantos externos ao meio dos lábios.
3. No lábio inferior, primeiro enfatize sua curva inferior. Em seguida, aplique o lápis a partir dos cantos externos, passando-o em direção ao meio. Lembre-se de maquiar todo o lábio, até quase a linha sutil da borda da parte colorida dele.
4. Certifique-se de preencher pelo menos metade do lábio em direção ao meio. Isso confere uma aparência mais natural ao delineador, além de manter a cor por mais tempo.
5. Para que fique ainda mais natural, harmonize a cor nos lábios com o pincel nº 80.
6. Usando o mesmo pincel para lábios, aplique um batom pêssego perfeito nos lábios inteiros. Harmonize-o muito bem sobre o delineador.
7. Finalize com a aplicação de um gloss pêssego translúcido para deixar os lábios brilhantes e atraentes. Passe-o com o pincel nº 80, a fim de que o resultado seja ainda mais brilhante.

"O que é belo é belo, e este look comprova isso."

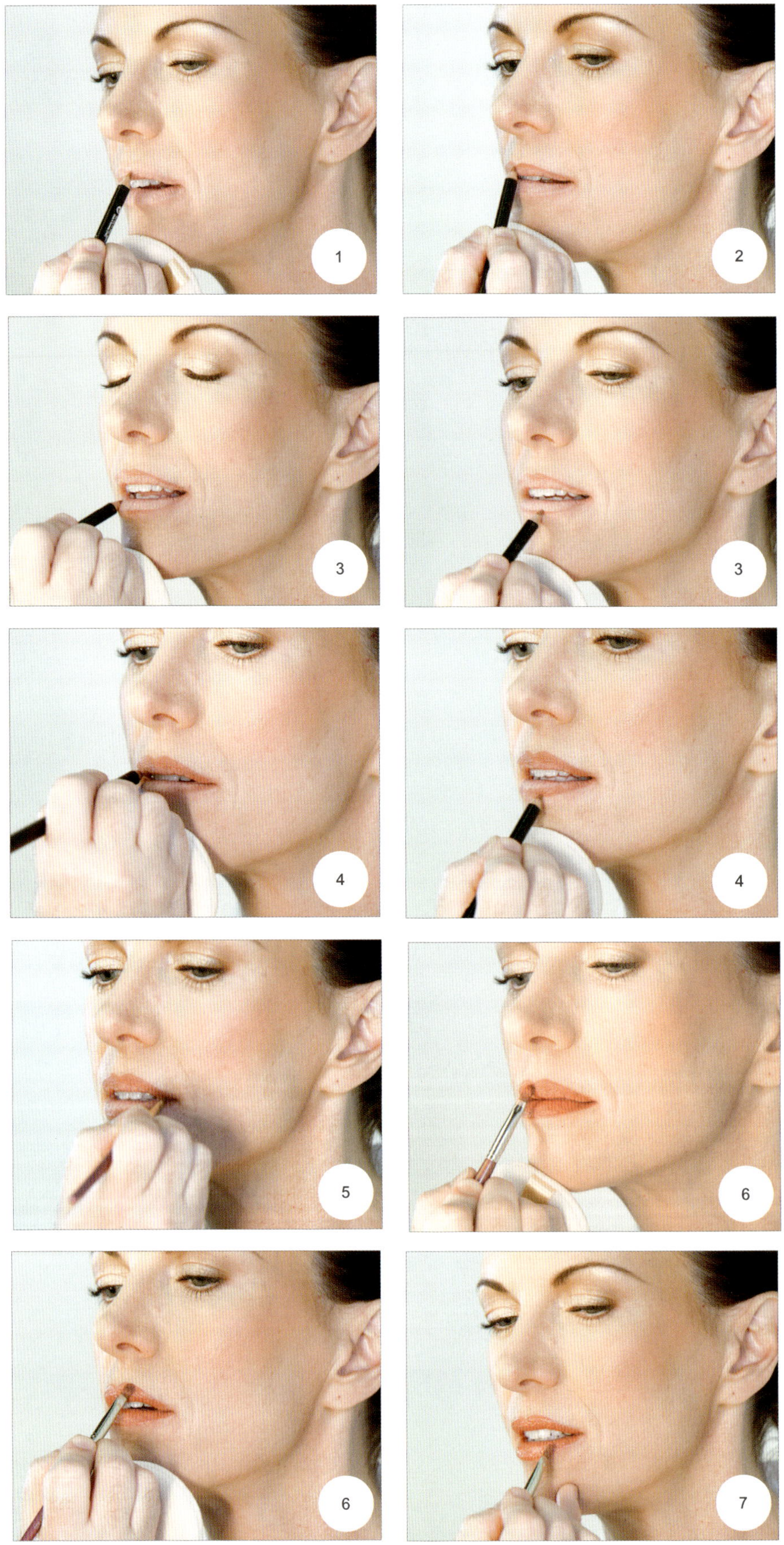

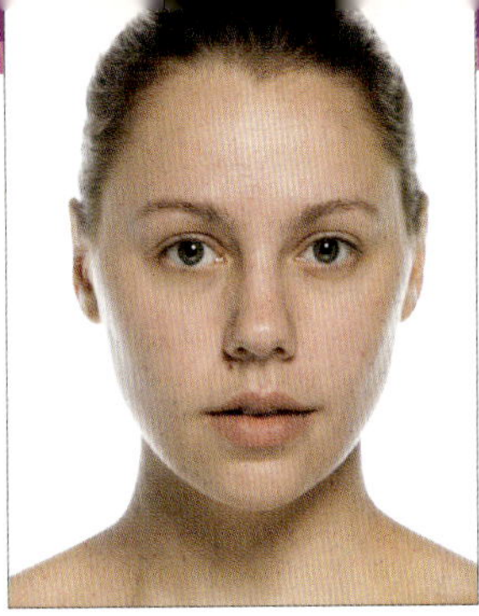

dedo de ouro

Este é o look mais fácil de se produzir. Tudo o que você precisa é de um brilho dourado e de cílios volumosos e escuros. A aplicação é mais simples ainda, pois parte dela é feita apenas com os dedos. Perfeito para os dias em que você quer estar linda com quase nada.

Confira o método abaixo:

olhos

1. Com seu dedo, aplique uma sombra creme a pó dourada cintilante nas pálpebras. Passe-a somente da linha dos cílios até a dobra dos olhos. Novamente com o dedo, aplique um pouco de sombra em pó dourada cintilante sobre a sombra cremosa para fixá-la.
2. Para uma definição melhor, passe o mínimo de sombra marrom escura nos cílios com o pincel nº 18, empurrando-a para baixo deles.

Depois continuaremos a maquiagem dos olhos.

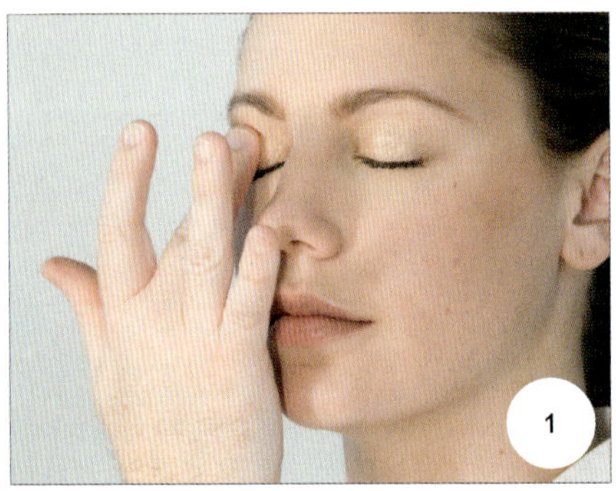

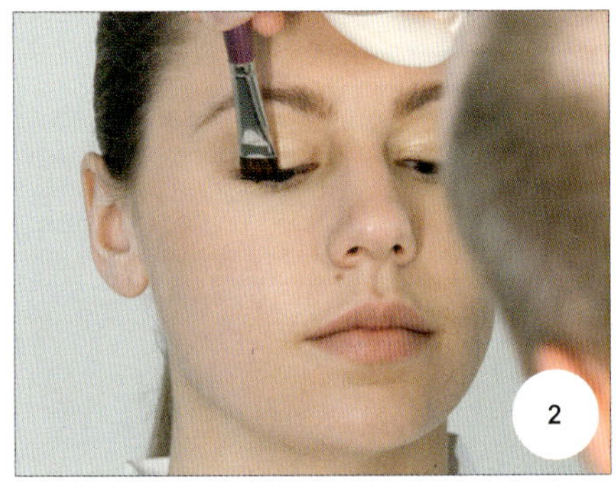

rosto

1. Para uma aparência radiante, primeiro aplique um brilho sutil em áreas estratégicas do rosto usando o pincel para pó pequeno nº 76. Passe um pó iluminador cintilante no meio da testa, ao longo da parte superior das maçãs do rosto e no meio do queixo. Isso dimensionará o rosto e o deixará mais reluzente.

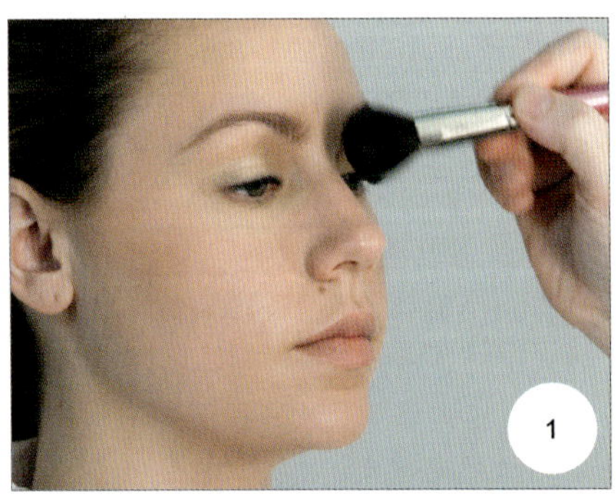

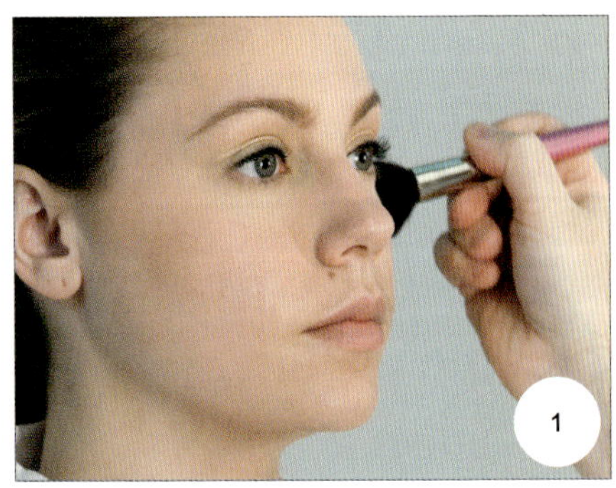

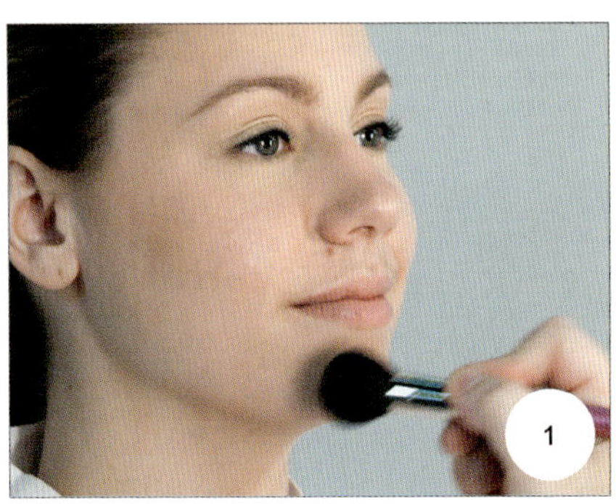

olhos

3. Aplique o pó bronzeador com o pincel nº 13 em toda a linha de cílios inferior. Passe-o a partir do canto externo da dobra dos olhos até o canto interno.
4. Defina a terça parte externa das pálpebras com o pincel nº 30 e um pouco do pó bronzeador. Usamos o pó porque queremos uma definição sutil. Em seguida, harmonize a cor com o pincel nº 28.
5. Lembre-se de que o mais importante neste look são o brilho e os cílios volumosos. Então, agora, curve os cílios e aplique a primeira camada de máscara nos superiores (consulte a página 42 para rever esta técnica).

Deixaremos a máscara secar e passaremos mais uma camada no fim da maquiagem.

bochechas

1. Aplique o pó bronzeador opaco com o pincel para pó bronzeador/blush nº 73, passando-o da parte de trás das maçãs até a frente delas. Depois, espalhe o pincel de volta em direção às orelhas. Assim, a cor estará aplicada no lugar certo.
2. Para harmonizar o tom na pele, aplique o pó para cima e para baixo. Uniformize bem, caso contrário, a aparência não ficará natural.
3. Passe um pouco do pó nas têmporas para ajudar a definir o rosto. Aplique-o em torno das têmporas e cavidades oculares. Isso sempre confere mais cor e briho ao rosto, que é o que buscamos neste look.
4. É possível aplicar pó bronzeador na mandíbula para ajudar a definir o rosto e deixá-lo mais radiante.

"Perfeito para os dias em que você quer estar linda com quase nada."

olhos

A seguir, os passos finais para a maquiagem dos olhos:

6. Aplique mais uma camada de máscara nos cílios superiores e outra nos inferiores. Após finalizar o restante da maquiagem, passe mais uma camada nos cílios superiores. Lembre-se de que é importante ter cílios sensuais nesse look, portanto, não tenha medo de aplicar camadas de máscara nos superiores (consulte a página 44 para rever esta técnica).
7. Com o pincel para pó iluminador nº 14, realce o canto interno da linha de cílios inferior e enfatize o canto interno das pálpebras superiores.

lábios

1. Muito simples! Aplique um gloss rosa amarronzado translúcido com o pincel para lábios nº 80, o que os deixará com o aspecto mais brilhante.

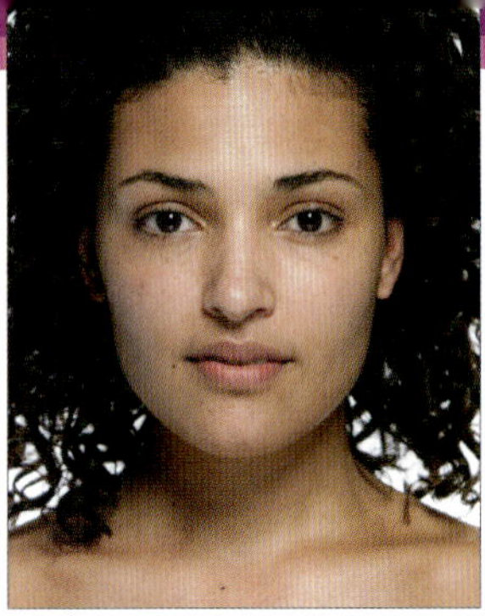

beleza despojada

Este é o look "nasci assim, maravilhosa". Extremamente natural, esta maquiagem deixará sua aparência impecável e fresca, como se você não estivesse usando nada. A ideia que passa é a de "estar bela sem esforço". Pele luminosa, maçãs do rosto coradas e lábios naturais e brilhantes – o que pode ser mais despojado?

Confira o método abaixo:

olhos

1. Neste look, a maquiagem dos olhos deve ser sutil, porém bem definida. Aplique uma sombra creme a pó dourada cintilante com o pincel nº 22 nas pálpebras, somente da linha dos cílios até a dobra dos olhos.
2. Em seguida, aplique uma sombra em pó dourada cintilante sobre a sombra em creme. Isso a fixará e intensificará o brilho, proporcionando uma definição melhor por aumentar o contraste.
3. Passe uma sombra opaca (o tom intermediário) usando o pincel nº 11. Espalhe-a do canto externo da dobra dos olhos até o canto interno. Utilize uma sombra caramelo opaca (uma nuance um pouco mais escura do que o seu tom de pele) para obter uma definição sutil.
4. Use um pincel nº 28 para harmonizar o tom na pele e deixar a maquiagem sem contrastes destoantes.

5. Agora, curve os cílios e aplique a primeira camada de máscara nos superiores (consulte a página 42 para rever esta técnica).
6. Realce o canto interno da linha de cílios inferior com o pincel para pó iluminador nº 14 e cubra também um terço dessa linha.
7. Aplique o tom intermediário com o pincel nº 13 em toda a linha de cílios inferior. Passe-o do canto externo ao interno.
8. Aplique mais uma camada de máscara nos cílios superiores e outra nos inferiores. Após finalizar o restante da maquiagem, passe outra camada nos cílios superiores. Lembre-se de que é importante ter cílios sensuais neste look, portanto, não tenha medo de aplicar camadas de máscara nos cílios superiores (consulte a página 44 para rever esta técnica).

"Este é o look 'nasci assim, maravilhosa'."

bochechas

1. O segredo deste look está em apresentar as maçãs do rosto perfeitamente coradas, o que pode ser conseguido com a aplicação de camadas de blush. Primeiro, passe um blush creme a pó damasco intenso com o pincel para blush nº 64. Aplique-o da frente da maçã do rosto para trás.
2. Em seguida, aplique um pouco de pó solto ou compacto.
3. Para reforçar o efeito corado, sorria e passe o blush em pó damasco intenso translúcido com o pincel nº 73 nas maçãs do rosto, da parte da frente para trás.

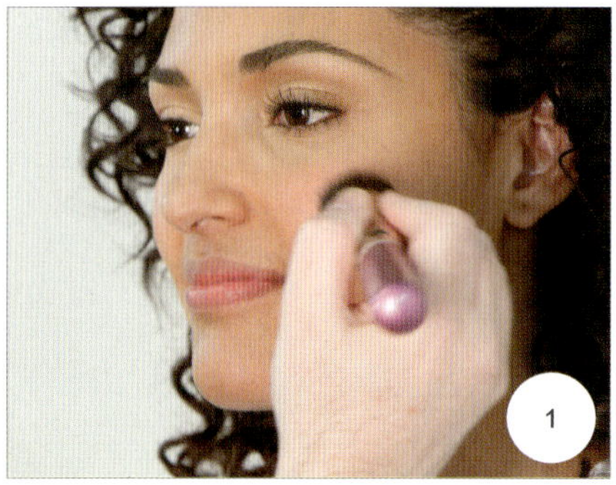

lábios

1. Como o objetivo é ter lábios suaves e translúcidos, primeiro é preciso passar um corretivo para disfarçar sua cor natural e criar uma base neutra. Dessa forma, tudo o que for aplicado sobre eles exibirá apenas a sua cor verdadeira.
2. Agora, passe uma camada fina de gloss pêssego translúcido usando o pincel para lábios nº 80.

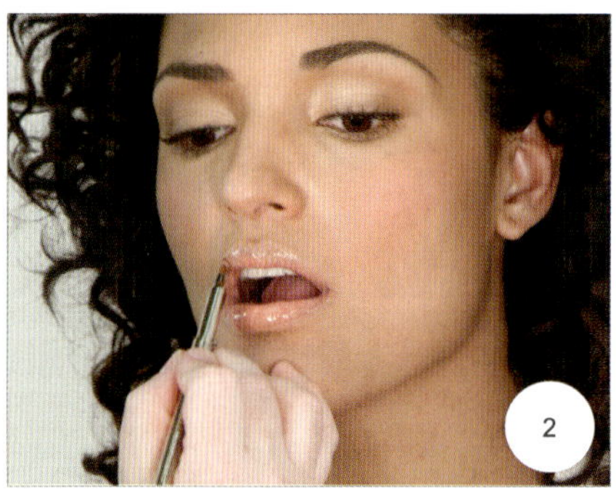

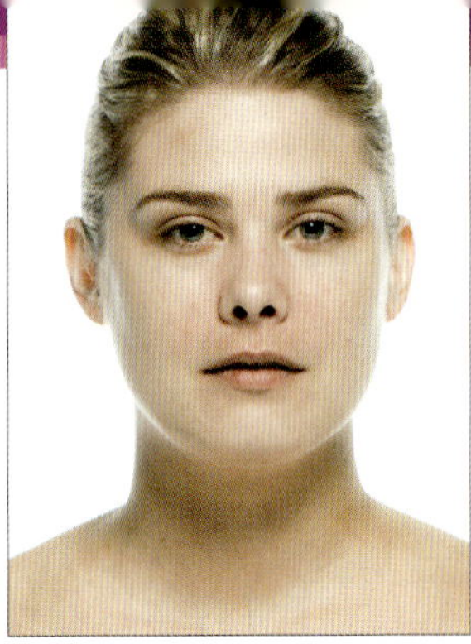

rosto nu

O nome deste look se justifica por sua pouca cor. Muitas pessoas pensam que nu ou natural significa não usar maquiagem alguma, porém, a ideia é que as cores certas (naturais) sejam usadas. Toda a produção é minimalista, embora bem definida, sem falar nas maçãs do rosto suavemente realçadas. É um look para qualquer ocasião!

Confira o método abaixo:

olhos

1. Aplique uma sombra bege-clara opaca com o pincel nº 22 nas pálpebras e na parte côncava dos olhos, que é a área logo abaixo do arco da sobrancelha.
2. Em seguida, aplique uma camada de sombra champanhe cintilante diretamente sobre a sombra opaca, apenas nas pálpebras. Em geral, prefiro iluminar as pálpebras um pouco mais do que a parte côncava dos olhos. O cintilante sobre o opaco proporcionará um resultado mais dramático.
3. Para definir a dobra dos olhos, aplique uma sombra marrom-acinzentada opaca média usando o pincel para detalhes dos olhos nº 13. Passe-a do canto externo da dobra até o canto interno, criando uma linha distinta.

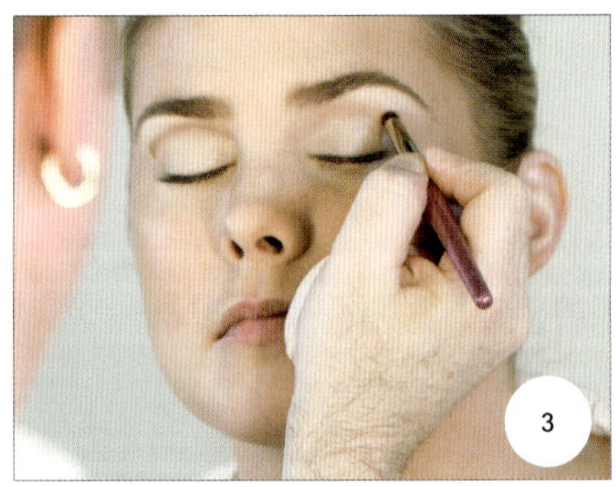

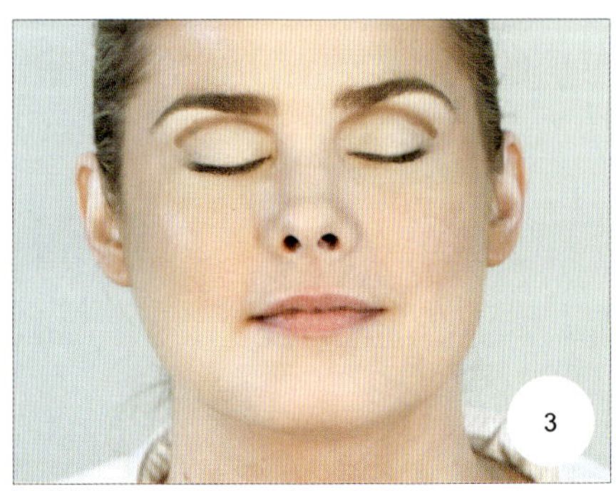

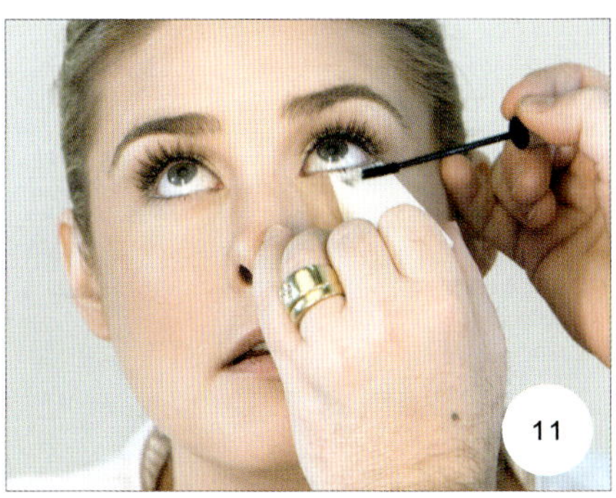

4. Use o pincel nº 28 para harmonizar a linha. O objetivo é começar a linha antes da harmonização para que a dobra fique bem definida e não ultrapasse as áreas iluminadas, criando contraste.
5. Aplique uma sombra marrom opaca com o pincel nº 13 no canto mais externo das pálpebras para definir sutilmente essa borda externa.
6. Harmonize essa área novamente com o pincel nº 28.
7. Para uma definição suave da linha dos cílios, empurre sombra preta com o pincel nº 41 em sua raiz.
8. Agora, curve os cílios e aplique a primeira camada de máscara nos superiores (consulte a página 42 para rever esta técnica).
9. Delineie a linha d´água (a linha interna sobre a linha de cílios inferior) com um lápis corretivo. Isso criará um aspecto sutil para a linha de cílios inferior. Afinal, neste look, a única definição que queremos é a da máscara.
10. Realce o canto interno da linha de cílios inferior com o pincel para pó iluminador nº 14. Isso deixará os olhos com a aparência de mais abertos.
11. Aplique mais uma camada de máscara nos cílios superiores e outra nos inferiores.

Aplicaremos mais uma camada de máscara no fim da maquiagem.

bochechas

1. Aplique o pó bronzeador opaco com o pincel para pó bronzeador/blush nº 73 da parte de trás das maçãs do rosto até a frente delas. Em seguida, passe o pincel de volta, em direção à orelha.
2. Para harmonizá-lo, espalhe-o para cima e para baixo. Uniformize bem, caso contrário, não ficará com uma aparência natural.
3. Aplique um pouco do pó nas têmporas para ajudar a definir o rosto. Passe-o para cima, em torno das têmporas e cavidades oculares. Isso conferirá mais cor e brilho ao rosto, que é a proposta deste look.
4. É possível também usar um pouco de pó na mandíbula, o que moldará melhor o rosto – estreitando-o e suavizando a área – e conferirá ainda mais brilho a ele.
5. Finalize este bronzeado deslumbrante com uma camada fina de blush pêssego intenso translúcido, aplicando-o com o pincel nº 73 apenas nas maçãs do rosto.

lábios

1. Para criar lábios nude marrom--acinzentados, primeiro é preciso disfarçar a cor natural deles.
2. Marque-os com um delineador nude marrom-acinzentado suave, começando pelo V do "arco do cupido". Em seguida, passe-o em torno das curvas do arco e sobre elas.
3. Em seguida, passe o lápis a partir dos cantos externos até o meio dos lábios.
4. No lábio inferior, primeiro intensifique sua curva inferior. Depois, passe o lápis nos cantos externos, seguindo em direção ao meio. Delineie o lábio inteiro: aplique a cor até quase a linha invisível na borda da parte colorida dele.
5. Com o mesmo lápis, preencha metade dos lábios, em direção ao meio deles. Isso ajudará a manter a cor por mais tempo, além de deixar o delineador mais natural.
6. Use o pincel para lábios nº 80 a fim de harmonizar o delineador.
7. Com o pincel para lábios, preencha todo o lábio com o batom nude neutro perfeito. Harmonize muito bem o batom sobre o delineador.
8. Finalize com uma camada fina de gloss nude perfeito para deixar a aparência dos lábios mais brilhantes, carnuda e sensual. Aplique-o com o pincel para lábios nº 80 a fim de que o gloss fique ainda mais reluzente.

olhos

Este é o toque final para a maquiagem dos olhos.

12. Após finalizar o restante da maquiagem, passe mais uma camada de máscara nos cílios superiores. Lembre-se de que é importante ter cílios sensuais neste look, portanto, não tenha medo de aplicar camadas de máscara nos superiores (consulte a página 44 para rever esta técnica).

Impressionada com as produções em 5 minutos? Espere até conferir o que é possível conseguir em 10 minutos!

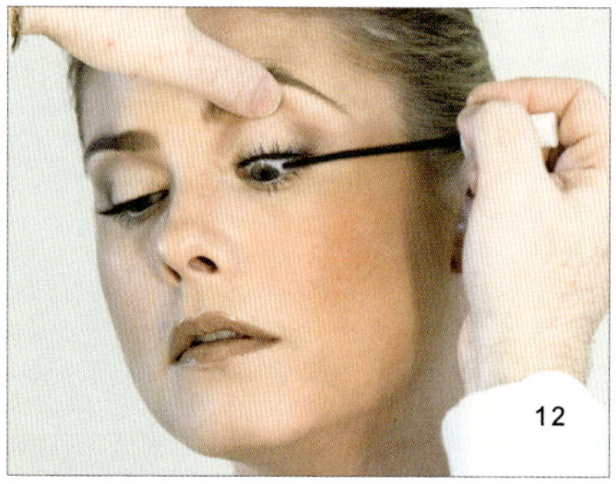

"É um look para qualquer ocasião."

10 minutos

15 minutos, página 190

20 minutos, página 292

5

10 minutos para mudar sua vida

Vamos supor que você tenha um pouco mais de tempo nesta manhã (ou noite) do que tinha no capítulo anterior. Agora, você dispõe de 10 minutos para uma produção de maquiagem. Dez minutos? Não parece muito; isso não seria o bastante nem para comprar um par novo de sapatos perfeitos. Contudo, como você verá, é mais do que suficiente para deixá-la maravilhosa! Na verdade, com essas produções, você permitirá que as pessoas enxerguem o que eu vejo – o quanto você já é bonita. É para isso que serve a maquiagem. Não perca mais tempo! Vamos nos divertir!

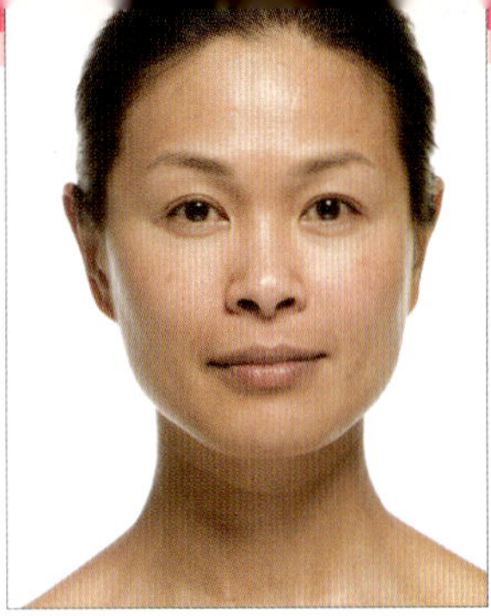

doce colorido

Nada mais divertido do que brincar com cores intensas cintilantes! Este look é produzido com tons alegres usados com sofisticação. Lembre-se de que, sempre que usá-los, é preciso equilibrá-los com tons neutros. Observe o jogo com cores opostas e a mistura de opostos complementares (os tons de verde e roxo). É importante ressaltar essa questão porque, se quiser misturar cores de modo que fiquem realçadas, elas devem ser complementares, caso contrário, elas se combinarão e parecerão ser um único tom.

Seja corajosa e experimente!

Confira o método abaixo:

olhos

1. Aplique uma sombra branca cintilante com o pincel nº 22 na parte côncava dos olhos, que é a área logo abaixo do arco da sobrancelha.
2. Embora a cor dos olhos seja importante nesta maquiagem, é preciso preparar sua base e definir a dobra deles. Com o pincel nº 11, passe uma sombra de tom intermediário opaco do canto externo da dobra até o canto interno. Para obter uma definição suave, utilize uma sombra marrom-acinzentada escura opaca (uma nuance um pouco mais escura do que o tom de sua pele). Com o pincel para mistura de sombras nº 28, harmonize o tom intermediário para que não haja contrastes destoantes.
3. Com o pincel nº 22, aplique uma sombra creme a pó verde-limão cintilante nas pálpebras, apenas da linha dos cílios até a dobra dos olhos. Você passará camadas de sombra em creme e em pó para produzir uma pálpebra mais marcante.
4. Usando o mesmo pincel, passe uma sombra em pó verde-limão cintilante sobre a sombra em creme aplicada nas pálpebras.

"Seja corajosa e experimente!"

5. Agora, curve os cílios e aplique a primeira camada de máscara nos superiores (consulte a página 42 para rever esta técnica).
6. Como uma sombra roxa intensa será usada e você pode ter medo de borrá-la, aplique uma quantidade generosa de pó na área sob os olhos: ele segurará qualquer mancha de sombra e, quando a maquiagem estiver terminada, você poderá escová-la para fora.
7. Aplique a sombra roxa intensa cintilante com o pincel para contorno nº 30. Espalhe-a na metade externa das pálpebras para cima, até a dobra dos olhos.
8. Use o pincel nº 28 para harmonizar as bordas da sombra roxa.
9. Aplique a sombra de tom intermediário com o pincel nº 13 em toda a extensão da linha de cílios inferior. Passe-a do canto externo até o interno.
10. Com o mesmo pincel, aplique uma camada generosa do tom de contorno roxo intenso sobre o tom intermediário em toda a linha de cílios inferior.
11. Passe a sombra verde-limão cintilante com o pincel para pó iluminador nº 14 no canto interno da linha de cílios inferior.
12. Em seguida, aplique mais uma camada de máscara nos cílios superiores e outra nos inferiores. Após finalizar o restante da maquiagem, passe mais uma camada nos cílios superiores. Lembre-se de que é importante ter cílios sensuais neste look, portanto, não tenha medo de aplicar camadas de máscara nos cílios superiores (consulte a página 44 para rever esta técnica).
13. Com o pincel nº 76, escove para fora o pó aplicado sob os olhos, o que removerá qualquer mancha de sombra da aplicação.

bochechas

1. Aplique o pó bronzeador opaco com o pincel para pó bronzeador/blush nº 73 a partir da parte de trás das maçãs do rosto até a frente delas. Em seguida, passe o pincel de volta, em direção à orelha.
2. Agora, passe o pincel para cima e para baixo a fim de harmonizar a cor na pele. Uniformize bem, caso contrário, a aparência não ficará natural.
3. Aplique um pouco do pó nas têmporas para ajudar a definir o rosto. Passe-o em torno das têmporas e cavidades oculares. É possível usar também um pouco de pó na mandíbula, o que definirá melhor o rosto e conferirá ainda mais brilho a ele.
4. Para exibir mais cor, sorria e passe o blush em pó pêssego intenso translúcido perfeito com o pincel nº 73 nas maçãs do rosto, harmonizando-o de volta em direção à área bronzeada. Esta técnica confere uma aparência perfeitamente corada ao rosto.

lábios

1. Para criar lábios macios, porém bem definidos, é preciso começar corrigindo-os, além da linha labial. Isso proporcionará uma base neutra perfeita para a maquiagem sutil.
2. Marque-os com um lápis delineador nude quase imperceptível, começando pelo V do “arco do cupido”. Em seguida, passe-o em torno das curvas do arco e sobre elas.
3. Em seguida, passe o lápis a partir dos cantos externos até o meio dos lábios.
4. No lábio inferior, primeiro intensifique sua curva inferior. Depois, passe o lápis nos cantos externos, seguindo em direção ao meio. Delineie o lábio inteiro: aplique a cor até quase a linha invisível na borda da parte colorida dele.
5. Com o mesmo lápis, preencha metade dos lábios, em direção ao meio deles. Isso ajudará a manter a cor por mais tempo, além de deixar o delineador mais natural.
6. Use o pincel para lábios nº 80 para harmonizar o delineador.
7. Com o pincel para lábios, preencha todo o lábio com o batom nude pêssego perfeito. Harmonize muito bem o batom sobre o delineador.
8. Finalize com uma camada fina de gloss pêssego translúcido perfeito para deixar a aparência dos lábios mais brilhante, carnuda e sensual. Aplique-o com o pincel para lábios nº 80 a fim de que o gloss fique ainda mais reluzente.

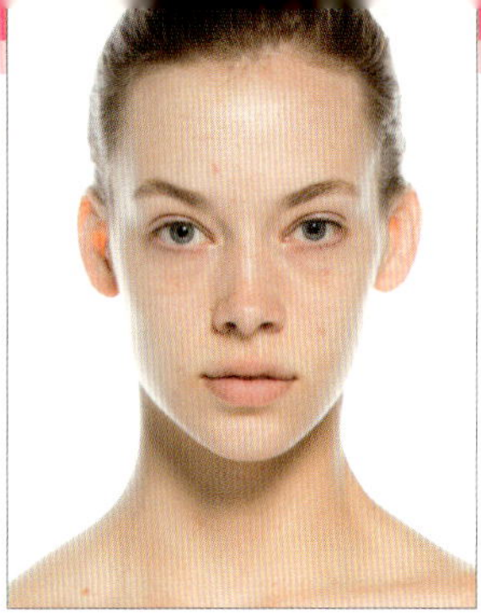

extravagância de cores

Às vezes, é preciso apenas um pouco de cor na vida, ou pelo menos para o seu dia. Observe que neste look minha preocupação não era enfatizar os olhos da modelo, porque a cor da sombra correspondia com a cor de seus olhos (para deixá-los mais azuis, precisaria usar um tom cobre quente). Meu objetivo era chamar a atenção com cores alegres e intensas. E consegui, não é verdade?

Lembre-se de que, sempre que utilizar cores marcantes nos olhos, é necessário primeiro preparar sua base com cores neutras. E, como os olhos têm um destaque natural, mantive a maquiagem do restante do rosto mais sutil.

Confira o método abaixo:

olhos

1. Para formar a base para a maquiagem intensa dos olhos, primeiro crie uma definição com tons de pele neutros. Em seguida, aplique a sombra colorida. Use o pincel nº 11 e comece a aplicação do canto externo da dobra até o canto interno. Para obter uma definição suave, utilize uma sombra marrom-acinzentada opaca suave (uma nuance um pouco mais escura do que o tom de sua pele).
2. Com o pincel para contorno nº 30, aplique a sombra de tom intermediário, definindo a terça parte externa das pálpebras.
3. Harmonize a cor na pele com o pincel para mistura de sombras nº 28. Esse é o início da definição das pálpebras e a base para a aplicação do tom azul.

4. Aplique a sombra de tom intermediário com o pincel nº 13 em toda a linha inferior dos cílios. Passe o pincel do canto externo da dobra dos olhos até o canto interno.
5. Em seguida, curve os cílios e aplique a primeira camada de máscara nos superiores (consulte a página 42 para rever esta técnica).
6. Agora começa a diversão! Passe um delineador verde-azulado intenso em toda a linha de cílios inferior. Como esta não é uma cor escura, é possível delinear de canto a canto sem a preocupação de ficar com a aparência de olhos pequenos ou fechados.
7. Harmonize o lápis delineador em toda a linha dos cílios com o pincel para pó iluminador nº 22.
8. Repita o processo de delineamento e harmonização com o delineador na linha de cílios superior. Harmonize o lápis na direção da dobra dos olhos: ele tornará qualquer sombra aplicada sobre ele mais intensa depois.

9. De volta às pálpebras inferiores: passe o lápis delineador verde-azulado na linha d´água, ou linha interna sobre a linha de cílios inferior. Isso intensificará um pouco mais os olhos.

10. Em seguida, com o pincel para pó iluminador nº 22, aplique uma sombra verde-azulada cintilante intensa sobre o delineador na linha de cílios inferior.

11. Passe o mesmo tom de sombra com o pincel para contorno nº 30 nas pálpebras e linha de cílios superiores. Comece pela raiz da linha dos cílios e maqueie toda a área das pálpebras até a dobra dos olhos.

12. Para delimitar a área colorida, use a mesma sombra verde-azulada nas pálpebras, em um formato meia-lua, passando-a com o pincel nº 30 em toques leves e repetidos, cobrindo as pálpebras inteiras. Quando a maquiagem é aplicada assim, a cobertura fica mais completa e intensa.

13. Harmonize a linha criada ao longo da dobra dos olhos com o pincel para mistura de sombras nº 28.

14. Aplique mais uma camada de máscara nos cílios superiores e outra nos inferiores. Após finalizar o restante da maquiagem, passe mais uma camada nos cílios superiores. Lembre-se de que é importante ter cílios sensuais neste look, portanto, não tenha medo de aplicar camadas de máscara nos cílios superiores (consulte a página 44 para rever esta técnica).

Continuaremos com a definição dos olhos no fim deste look.

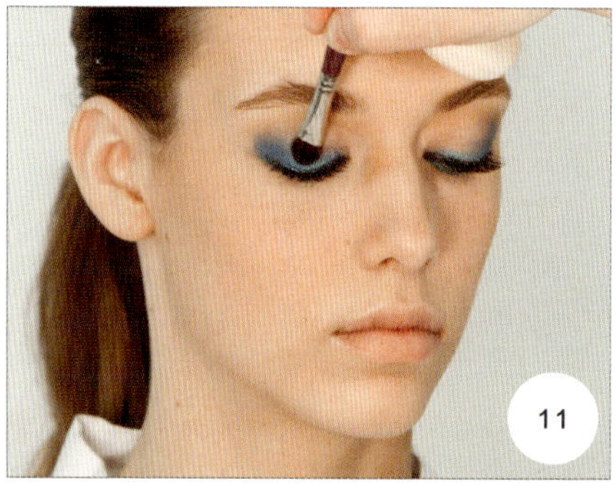

lábios

1. Para criar lábios macios, porém bem definidos, é preciso começar corrigindo-os, além da linha labial, com base ou corretivo. Isso criará uma cor neutra perfeita para produzir a maquiagem sutil.
2. Marque-os com um lápis delineador nude quase imperceptível, começando pelo V do "arco do cupido". Em seguida, passe-o em torno das curvas do arco e sobre elas.
3. Em seguida, passe o lápis dos cantos externos até o meio dos lábios.
4. No lábio inferior, primeiro intensifique sua curva inferior. Depois, passe o lápis nos cantos externos, seguindo em direção ao meio. Aplique a cor até quase a linha invisível na borda da parte colorida dos lábios.
5. Com o mesmo lápis, preencha metade dos lábios, em direção ao meio deles. Isso ajudará a manter a cor por mais tempo, além de deixar o delineador mais natural.
6. Use o pincel para lábios nº 80 a fim de harmonizar o delineador antes da aplicação do batom. Este passo também deixará o delineador com a aparência mais natural.
7. Com o pincel para lábios, preencha todo o lábio com o batom nude pêssego perfeito. Harmonize muito bem o batom sobre o delineador.
8. Finalize com uma camada fina de gloss pêssego translúcido para deixar a aparência dos lábios mais brilhante. Adoro esse toque sensual! Aplique-o com o pincel para lábios nº 80 a fim de que o gloss fique ainda mais reluzente. Sutil e atraente!

"Sempre que utilizar cores intensas nos olhos, é necessário preparar sua base com cores neutras."

bochechas

1. Neste look, o foco são os olhos, então é aplicada apenas uma leve camada de pó bronzeador nas maçãs do rosto. Passe um pó opaco com o pincel para pó bronzeador/blush nº 73 da parte de trás das maçãs do rosto até a frente delas. Em seguida, passe o pincel de volta, em direção à orelha.
2. Agora, passe o pincel para cima e para baixo a fim de harmonizar a cor na pele. Uniformize bem, caso contrário, a aparência não ficará natural.
3. Aplique um pouco do pó nas têmporas para ajudar a definir o rosto. Passe-o em torno das têmporas e cavidades oculares.
4. É possível usar também um pouco de pó bronzeador na mandíbula, o que definirá melhor o rosto e conferirá ainda mais brilho a ele.

1

1

3

4

4

olhos

Este é o último passo para a maquiagem dos olhos.

15. Para o toque final, aplique uma sombra bege opaca com o pincel para pó iluminador nº 22, realçando a parte côncava dos olhos. Este passo é o último para criar a ilusão de que a dobra dos olhos é bem definida. Observe que neste look foram usados dois pincéis nº 22: um para contorno e outro para iluminação.

15

lábios sensuais

"Exiba seus dotes naturais", é o que costumo dizer. Às vezes, apenas enfatize-os um pouco. Afinal, é bom quando as pessoas notam você, não é mesmo?

Este look combina olhos muito sutis, quase nus, com lábios arrasadores. Sim, ar-ra-sa-do-res. É preciso apenas que você tenha belos lábios grossos para produzir esta maquiagem: os médios ou finos ficarão com a aparência de pressionados e menores. E, a tempo, não se esqueça da máscara!

Seja corajosa e experimente!

Confira o método abaixo:

olhos

1. Como o foco desta maquiagem são os lábios, os olhos devem ficar suaves, porém bem definidos. Primeiro, com o pincel para pó iluminador nº 22, passe uma sombra cor de pele opaca (duas nuances mais claras do que o tom de sua pele) nas pálpebras e na parte côncava dos olhos. Usar um tom de sombra intermediário e outro para iluminação criará contraste na área dos olhos e modelará as pálpebras.
2. Use o pincel para tom intermediário nº 11 e passe uma sombra bege rosada opaca do canto externo da dobra até o canto interno para criar uma definição suave. Em seguida, harmonize o tom intermediário na pele com o pincel para mistura de sombras nº 28 a fim de que não haja contrastes destoantes.
3. Curve os cílios e aplique a primeira camada de máscara nos superiores (consulte a página 42 para rever esta técnica).

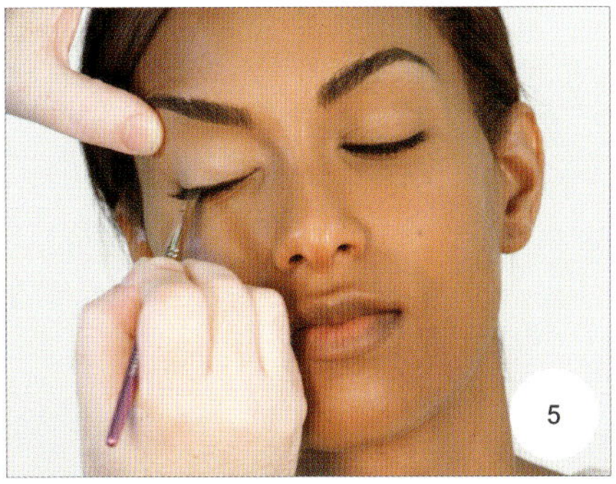

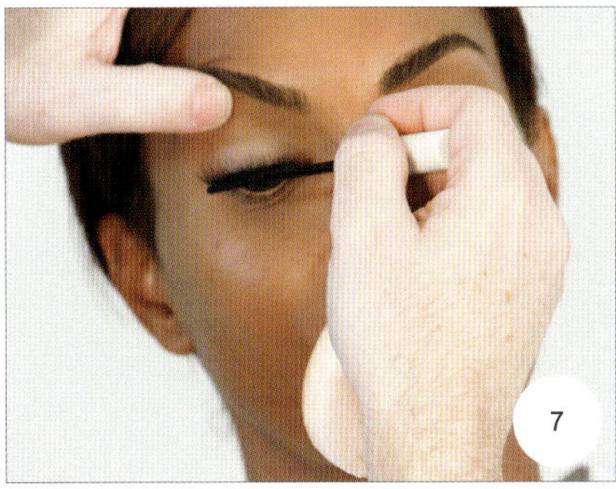

4. Delineie a linha de cílios superior com um lápis delineador preto, passando-o contra os cílios. A aparência deve ser de olhos definidos, porém não delineados.
5. Para uniformizar o delineador e conseguir um resultado perfeito, use o pincel para delineamento nº 41 a fim de passar um pouco de sombra preta sobre a linha de cílios definida.
6. Para enfatizar o look de pouca maquiagem na linha de cílios inferior, delineie a linha d´água, ou a linha interna sobre a linha de cílios inferior, com um lápis corretivo.
7. Para finalizar, aplique mais uma camada de máscara nos cílios superiores e outra nos inferiores. Após terminar o restante da maquiagem, passe mais uma camada de máscara nos cílios superiores. Lembre-se de que é importante ter cílios sensuais neste look, portanto, não tenha medo de aplicar camadas de máscara nos cílios superiores (veja p. 44).

bochechas

Como os lábios são o foco deste look, as bochechas da modelo não foram maquiadas.

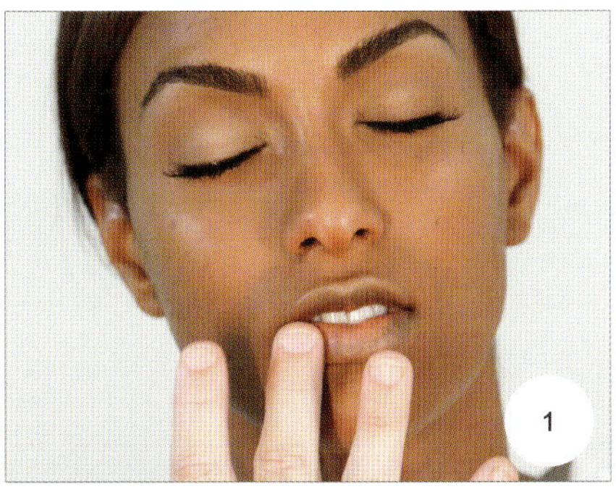

lábios

1. A maquiagem dos lábios é intensa e, para que fiquem perfeitos, é preciso prepará-los primeiro. Passe um corretivo nos lábios e na linha labial. Em seguida, aplique pó neles. Isso criará a base perfeita para produzir o look desejado e deixar o contorno dos lábios firme.
2. Marque-os com um lápis delineador vinho, começando pelo V do "arco do cupido". Em seguida, passe-o em torno das curvas do arco e sobre elas.
3. Em seguida, passe o lápis a partir dos cantos externos até o meio dos lábios.
4. No lábio inferior, primeiro intensifique sua curva inferior. Depois, passe o lápis nos cantos externos, seguindo em direção ao meio. Aplique a cor até quase a linha invisível na borda da parte colorida dos lábios.

5. Com o mesmo lápis, preencha os lábios inteiros. Isso ajudará a manter a maquiagem por mais tempo, porque o delineador tem uma textura mais seca do que o batom.
6. Use o pincel para lábios nº 80 a fim de harmonizar o delineador e deixá-lo mais uniforme e macio.
7. Com o pincel para lábios, passe o batom amora-escuro em todo o lábio. Harmonize-o muito bem sobre o delineador.
8. Agora, encoste um lenço de papel nos lábios e remova-o. Isso absorverá a umidade do batom e deixará uma camada de cor neles.
9. Em seguida, aplique mais uma camada de delineador e duas de batom, o que proporcionará uma cor intensa e uma duração mais longa.
10. Finalize com uma camada fina de gloss amora para dimensionar melhor os lábios e deixá-los mais brilhantes. Simplesmente arrasador!

"Para criar este look, é preciso apenas que você tenha belos lábios grossos."

lábios de sopro

Lábios vermelhos maravilhosos: acredito que todas as mulheres já quiseram tê-los um dia. O segredo para produzi-los está na maquiagem quase imperceptível dos olhos, na linha de cílios bem definida e na pele reluzente. É preciso preparar a borda dos lábios com um delineador mais escuro e escolher um batom vermelho vibrante. Pronta para experientar o look? Vamos colorir?

olhos

1. Com o pincel para pó iluminador nº 22, aplique uma sombra creme a pó bege cintilante apenas nas pálpebras (da linha dos cílios até a dobra dos olhos). Para que o efeito fique mais marcante, você passará algumas camadas alternadas de sombra em creme e pó.
2. Usando o mesmo pincel, aplique uma sombra champanhe cintilante sobre a sombra em creme nas pálpebras. Passe-a também na parte côncava dos olhos, que é a área logo abaixo do arco da sobrancelha.
3. Agora, use uma sombra preta como um delineador, aplicando-a com o pincel para delineamento nº 41 ao longo de toda a linha de cílios superior.

4. Ainda com o mesmo pincel, empurre a mesma sombra preta na raiz dos cílios (apenas na raiz entre os cílios, não no tecido molhado). Essa é a melhor forma de produzir olhos definidos, porém não delineados.
5. Nesse look, é necessário que a aplicação do tom intermediário seja precisa para definir o formato sem escurecer as pálpebras. Como os lábios ficarão bastante realçados, as pálpebras devem apresentar uma maquiagem sutil e cintilante. Aplique a sombra de tom intermediário marrom--acinzentada opaca com o pincel para detalhes dos olhos nº 13 na dobra dos olhos. Passe o pincel a partir do canto externo da dobra até o canto interno, criando uma linha definida nela.
6. Harmonize esta sombra na pele com o pincel para mistura de sombras nº 28 a fim de que não haja contrastes destoantes. Isso deve ser feito apenas na mesma área em que ela foi aplicada, caso contrário, poderá escurecer demais as pálpebras.
7. Em seguida, curve os cílios e aplique a primeira camada de máscara nos superiores (consulte a página 42 para rever esta técnica).
8. Com o pincel nº 18, empurre um pouco de sombra marrom-escura nos cílios.
9. Para suavizar e definir a linha de cílios inferior, aplique o tom intermediário com o pincel para detalhes dos olhos nº 13 em toda a extensão dela. Passe a sombra do canto externo para o interno.
10. Harmonize o canto interno da linha de cílios inferior com o pincel para pó iluminador nº 14.
11. Aplique mais uma camada de máscara nos cílios superiores e outra nos inferiores. Após finalizar o restante da maquiagem, passe mais uma camada nos cílios superiores. Lembre-se de que é importante ter cílios sensuais neste look, portanto, não tenha medo de aplicar camadas de máscara nos cílios superiores (consulte a página 44 para rever esta técnica).

bochechas

1. Neste look, as bochechas não devem parecer maquiadas, embora precisem estar sutilmente definidas. Para isso, basta aplicar um pouco de pó bronzeador. Passe um pó opaco com o pincel para pó bronzeador/blush nº 73 da parte de trás das maçãs do rosto até a frente delas. Em seguida, passe o pincel de volta, em direção à orelha.
2. Agora, passe o pincel para cima e para baixo a fim de harmonizar a cor na pele. Uniformize bem, caso contrário, a aparência não ficará natural.
3. Aplique um pouco do pó nas têmporas para ajudar a definir o rosto. Passe-o em torno das têmporas e cavidades oculares.
4. É possível usar também um pouco de pó bronzeador na mandíbula, o que moldará melhor o rosto.

lábios

1. Os lábios neste look são bastante intensos e, para que fiquem perfeitos, é preciso prepará-los primeiro. Como são o foco da maquiagem, devem apresentar uma aparência exuberante e macia. Então, comece aplicando um lip balm, o que ajudará a deixá-los macios para a maquiagem. Deixe-o agir por alguns minutos, depois encoste um lenço de papel nos lábios e remova-o para que absorva qualquer excesso, que reduziria a duração do batom.
2. Em seguida, passe um corretivo nos lábios e em toda a linha labial a fim de criar uma base neutra para a maquiagem.
3. O segredo de lábios vermelhos é definir a base da cor neles para que não fique a impressão de que ela está solta no rosto. Para isso, use um tom de delineador mais escuro. Aplique um lápis delineador vinho, começando pelo V do “arco do cupido”. Em seguida, passe-o em torno das curvas do arco e sobre elas.
4. Depois, passe o lápis a partir dos cantos externos até o meio dos lábios.
5. No lábio inferior, primeiro intensifique sua curva inferior. Depois, passe o lápis nos cantos externos, seguindo em direção ao meio. Aplique-o em torno dos lábios inteiros, até quase a linha invisível na borda da parte colorida deles.

6. Com exceção do meio dos lábios superior e inferior, preencha todo o lábio com o lápis. Assim, será criado o impacto total do vermelho, sustentado pelo contorno intenso.
7. Use o pincel para lábios nº 80 a fim de harmonizar o delineador, deixando o meio dos lábios desmaquiados. Isso tornará a aparência mais natural, além de sustentar ainda melhor a cor.
8. Com o mesmo pincel, aplique o batom vermelho vibrante perfeito nos lábios inteiros, harmonizando-o muito bem com o delineador.

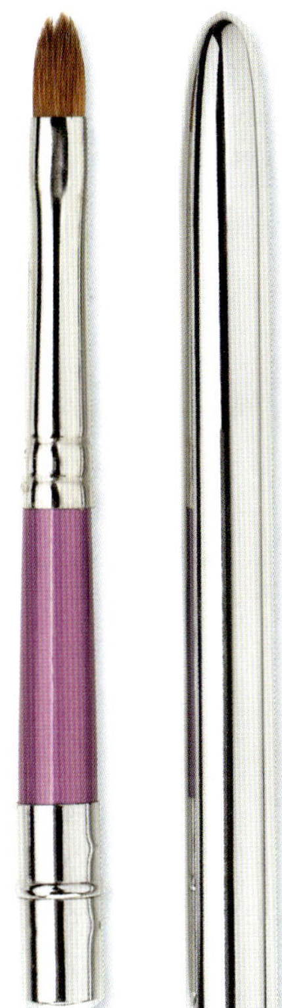

9. Agora, encoste um lenço de papel nos lábios e puxe-o delicadamente para remover a umidade do batom e deixar uma camada de cor. Em seguida, aplique outra camada de delineador e mais duas de batom, o que proporcionará uma aparência intensa, além de manter a maquiagem por mais tempo.
10. Finalize com uma camada fina de gloss vinho translúcido para deixar a aparência dos lábios mais brilhante e definida. Esse tom, no lugar de um vermelho, dimensiona melhor a cor. Aplique-o com o pincel para lábios nº 80 a fim de que o gloss fique ainda mais reluzente.

"Quem não gostaria de ter lábios vermelhos maravilhosos?"

latina sensual

Esta é uma versão moderna e divertida de um look étnico clássico, adequada para todas as mulheres. A maquiagem dos olhos, normalmente intensa e definida com delineador líquido, está mais suave nesta produção, embora mantenha a autenticidade da original. Os lábios, que costumam apresentar um degradê – escuros nas bordas, clareando para o meio – também estão mais simplificados aqui. Experimente-o! Você se surpreenderá!

Confira o método abaixo:

olhos

1. O delineador de olhos é fundamental nesta produção, porém, é preciso definir as pálpebras também. O uso de uma sombra de tom intermediário e outra de iluminação criarão um contraste que moldará as pálpebras. Primeiro, com o pincel para pó iluminador nº 22, aplique uma sombra cor de pele opaca nas pálpebras e na parte côncava dos olhos.
2. Agora, aplique uma sombra de tom intermediário opaca usando o pincel nº 11, passando-a do canto externo da dobra até o canto interno. Utilize um tom caramelo opaco suave (uma nuance um pouco mais escura do que o tom de sua pele).

"Todas as mulheres podem usar um pouco do calor latino de vez em quando."

3. Harmonize o tom intermediário na pele com o pincel para mistura de sombras nº 28 a fim de que não haja contrastes destoantes. Em seguida, curve os cílios e aplique a primeira camada de máscara nos superiores (consulte a página 42 para rever esta técnica).
4. Com o lápis delineador preto, delineie a linha de cílios superior, do canto interno ao externo. Mantenha-o contra a linha dos cílios. O objetivo é fazer uma linha bem fina no canto interno e gradativamente engrossá-la à medida que se aproxima do canto externo.
5. Neste look, a linha deve ficar bem definida, porém, não deve aparentar o uso de delineador líquido. Ou seja, deve parecer levemente borrada. Para criar esse efeito, utilize outro pincel nº 22 (não o mesmo usado para iluminar) e harmonize o lápis passando o pincel com movimentos levemente para cima.
6. Agora, delineie toda a extensão da linha de cílios inferior. Tente manter a linha o mais próxima dos cílios possível.
7. Harmonize e borre a linha com o pincel nº 22, seguindo a mesma técnica usada para a linha de cílios superior (passo 5).

8. Como uma sombra preta será usada e você pode ter medo de manchá-la, aplique uma quantidade generosa de pó na área sob os olhos: ele segurará qualquer ponto indesejado de sombra e, quando a maquiagem estiver terminada, você poderá escová-lo para fora.
9. Agora, para um efeito mais marcante, delineie um pouco mais ao redor dos olhos com o delineador.
10. Para finalizar o delineamento com perfeição, aplique a sombra preta em toda a extensão da linha dos cílios com o pincel nº 18. Assim como você aplicou a sombra antes, encoste o pincel na linha dos cílios e puxe-o suavemente para cima a fim de harmonizar a cor.
11. Repita o processo na linha de cílios inferior, empurrando a sombra na raiz.
12. Com o pincel para pó pequeno nº 76, escove para fora o pó aplicado sob os olhos, o que removerá qualquer mancha de sombra da aplicação.

Deixe a máscara secar e aplique mais camadas no fim da maquiagem.

bochechas

1. Aplique um pó bronzeador opaco com o pincel para pó bronzeador/blush nº73, passando-o da parte de trás das maçãs do rosto até a frente delas. Em seguida, passe o pincel de volta, em direção à orelha.
2. Agora, passe o pincel para cima e para baixo a fim de harmonizar a cor na pele. Uniformize bem, caso contrário, a aparência não ficará natural.
3. Aplique um pouco do pó em torno das têmporas e cavidades oculares para ajudar a definir o rosto.
4. É possível usar também um pouco de pó bronzeador na mandíbula, o que moldará melhor o rosto e conferirá mais brilho a ele.

Acrescentaremos mais cor às suas bochechas em breve.

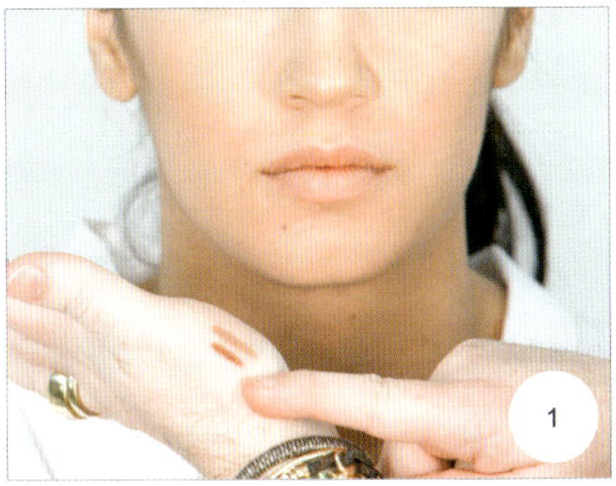

lábios

1. Neste look, o objetivo é produzir um degradê usando uma cor mais escura nas bordas, que deve ficar gradativamente menos intensa à medida que é aplicada em direção ao meio dos lábios. Para isso, é preciso utilizar dois delineadores labiais: primeiro, um tom mais natural, depois, outro mais escuro.
2. Primeiro, aplique um delineador cor de pele escuro, começando pelo V do "arco do cupido". Em seguida, passe-o em torno das curvas do arco e sobre elas.
3. Em seguida, passe o lápis a partir dos cantos externos até o meio dos lábios.
4. No lábio inferior, primeiro intensifique sua curva inferior. Depois, passe o lápis nos cantos externos, seguindo em direção ao meio deles. Aplique-o em torno dos lábios inteiros, até quase a linha invisível na borda da parte colorida deles.
5. Com o mesmo lápis, preencha metade dos lábios, em direção ao meio deles. Isso ajudará a manter a cor por mais tempo, além de deixar o delineador mais natural.
6. Use o pincel para lábios nº 80 a fim de harmonizar o delineador.
7. Passe agora uma linha grossa perfeita de delineador uva na borda externa dos lábios. Harmonize-o em direção ao meio dos lábios, colorindo levemente.
8. Em seguida, harmonize os dois delineadores no ponto onde se encontram.
9. Após a harmonização, a cor dos lábios estará mais escura na borda externa e cada vez mais clara à medida que se aproxima do meio deles. Não se preocupe! Esse é o efeito certo!

10. Com o pincel para lábios, preencha todo o lábio com o batom nude perfeito. Harmonize-o muito bem com o delineador.

11. Finalize com uma camada fina de gloss nude translúcido perfeito para deixar a aparência dos lábios mais brilhante, carnuda e sensual. Aplique-o com o pincel para lábios nº 80 a fim de que o gloss fique ainda mais reluzente.

bochechas

Este é o último passo da maquiagem das bochechas.

5. Para exibir mais cor, sorria e passe um blush em pó damasco translúcido com o pincel nº 73 nas maçãs do rosto, harmonizando-o de volta em direção à área bronzeada. Esta técnica confere uma aparência perfeitamente corada ao rosto.

olhos

Estes são os toques finais para os olhos.

13. Aplique mais uma camada de máscara nos cílios superiores e outra nos inferiores. Após finalizar o restante da maquiagem, passe mais uma camada nos cílios superiores. Lembre-se de que é importante ter cílios sensuais neste look, portanto, não tenha medo de aplicar camadas de máscara nos cílios superiores (consulte a página 44 para rever esta técnica).

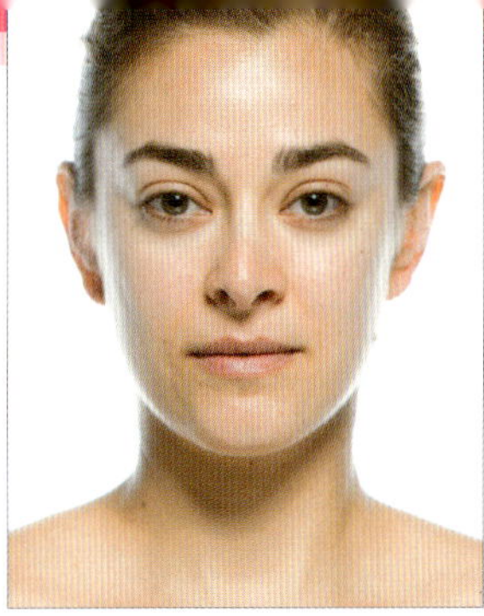

olhos de flerte

A vida é muito mais alegre quando você mostra um sorriso no rosto ou um brilho no olhar. E, com os olhos deste look, você flertará sem esforço. Esta é uma maquiagem simples e não trabalhosa de se produzir. Sua mágica está em proporcionar olhos definidos e pálpebras sensuais e leves, o que alguns podem chamar de olhos voluptuosos. Tente este look e aproveite a atenção que receberá!

Confira o método abaixo:

olhos

1. Com o pincel para pó iluminador nº 22, aplique uma sombra bege opaca na parte côncava dos olhos, que é a área logo abaixo do arco das sobrancelhas.
2. Em seguida, aplique uma sombra de tom intermediário marrom-acinzentado opaco escuro com o pincel para sombra nº 27 (porque uma área grande será maquiada). Comece na base da linha de cílios superior, passando-a em torno das pálpebras inteiras e sobre elas, até a área logo abaixo da parte côncava dos olhos. A cor ficará mais concentrada onde o pincel foi usado primeiro, ou seja, na linha dos cílios.
3. Com o mesmo pincel, aplique o tom intermediário em meia-lua ao longo de toda a dobra dos olhos.
4. Harmonize esta sombra na pele com o pincel para mistura de sombras nº 28 a fim de que não haja contrastes destoantes.

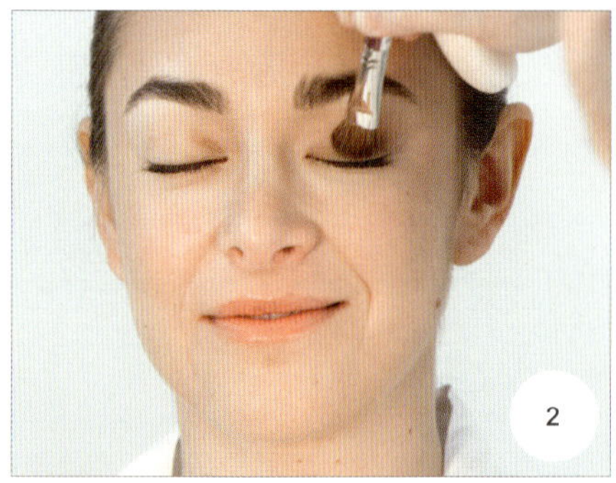

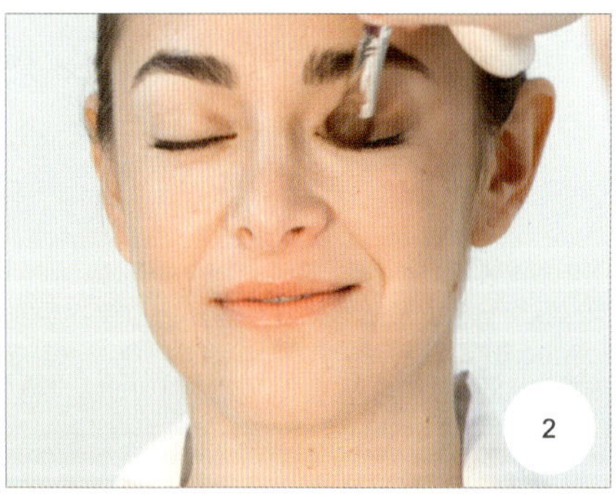

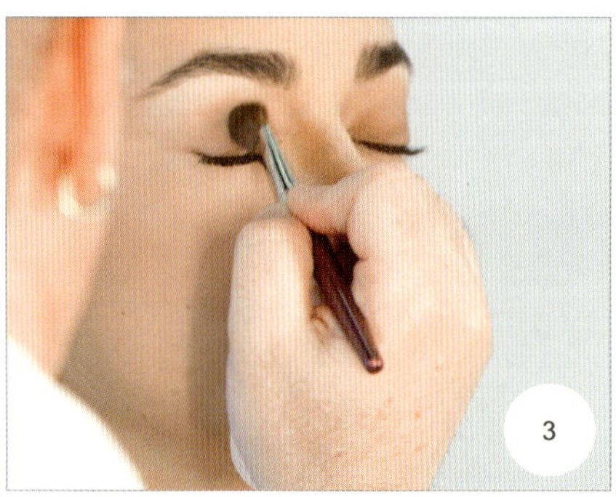

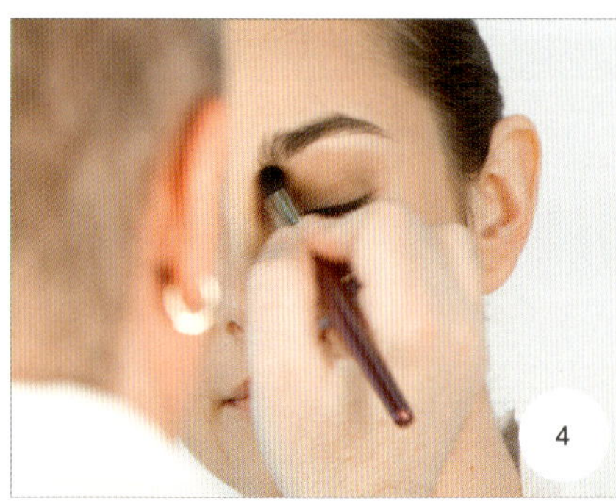

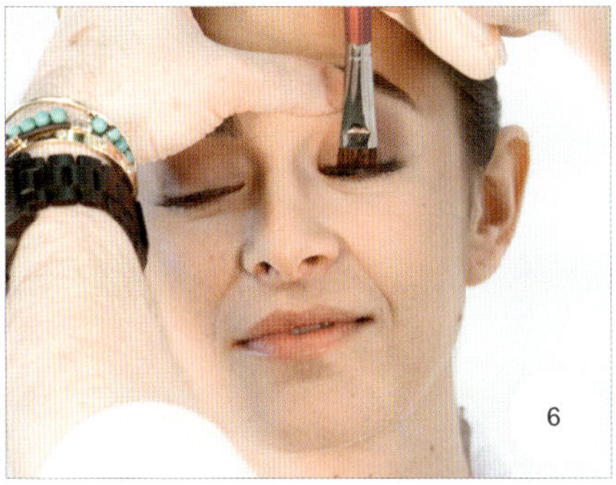

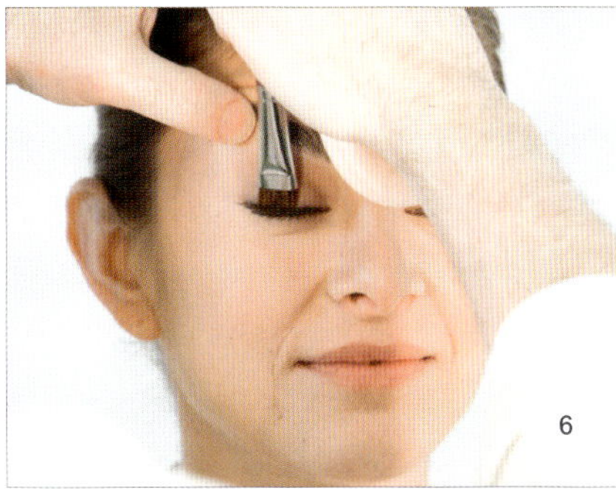

5. Em seguida, curve os cílios e aplique a primeira camada de máscara nos superiores (consulte a página 42 para rever esta técnica).
6. Aplique uma sombra preta em toda a extensão da linha de cílios superior com o pincel nº 18. Durante a aplicação, passe o pincel um pouco para cima a fim de harmonizar a linha. Isso deixará os olhos definidos, porém sem a impressão de delineados.
7. Com o pincel para contorno nº 30, aplique uma sombra marrom-dourada escura cintilante na linha dos cílios, passando-a do canto externo ao interno. Assim, a linha de cílios ficará mais definida e a sombra preta, mais harmonizada.

Deixe a máscara secar para depois aplicar mais camadas na finalização do look.

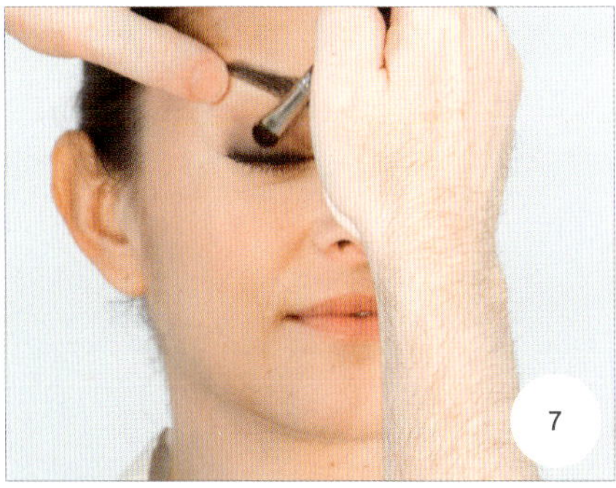

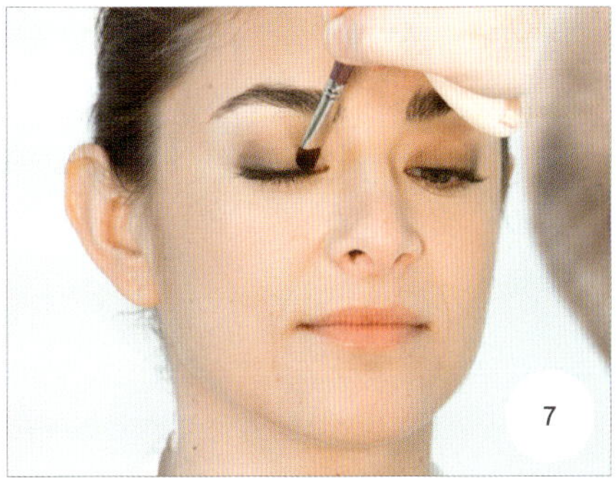

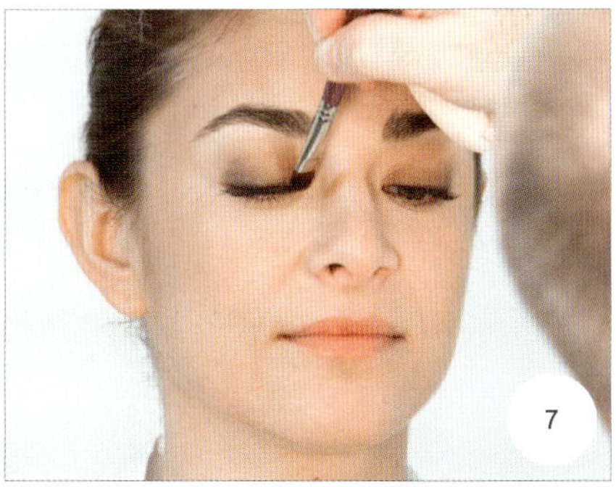

bochechas

1. Para produzir uma aparência reluzente, é preciso aplicar camadas de blush e uma quantidade perfeita de pó bronzeador. Primeiro, passe um blush creme a pó pêssego intenso com o pincel para blush cremoso nº 64, da parte da frente das maçãs do rosto até a parte de trás.

2. Em seguida, passe um pouco de pó solto ou compacto.
3. Aplique o pó bronzeador opaco com o pincel para pó bronzeador/blush nº 73 da parte de trás das maçãs do rosto até a frente delas. Em seguida, passe o pincel de volta, em direção às orelhas.
4. Agora, passe o pincel para cima e para baixo a fim de harmonizar a cor na pele. Uniformize bem, caso contrário, a aparência não ficará natural.
5. Aplique um pouco do pó nas têmporas para ajudar a definir o rosto. Passe-o para cima e em torno das têmporas e cavidades oculares. Este passo deixa a aparência mais radiante.
6. É possível usar também um pouco de pó bronzeador na mandíbula para moldar melhor o rosto e deixá-lo ainda mais reluzente.
7. Para exibir mais cor, sorria e aplique o blush em pó (tom pêssego intenso translúcido perfeito) com o pincel nº 73 nas maçãs do rosto, passando-o da frente para trás.

olhos

Estes são os passos finais para a maquiagem dos olhos.

8. Aplique a sombra de tom intermediário com o pincel para detalhes dos olhos nº 13 em toda a extensão da linha de cílios inferior. Passe-a do canto externo para o interno.
9. Aplique mais uma camada de máscara nos cílios superiores e outra nos inferiores (consulte a página 44 para rever esta técnica).

“A vida pode ficar mais interessante com este look de ‘olhos voluptuosos’!”

lábios

1. Use um delineador labial para produzir lábios definidos. Aplique um lápis nude, começando pelo V do “arco do cupido”. Em seguida, passe-o em torno das curvas do arco e sobre elas.
2. Em seguida, passe o lápis a partir dos cantos externos até o meio dos lábios.
3. No lábio inferior, primeiro intensifique sua curva inferior. Depois, passe o lápis nos cantos externos, seguindo em direção ao meio. Aplique-o em torno dos lábios inteiros, até quase a linha invisível na borda da parte colorida deles.
4. Com o mesmo lápis, preencha metade dos lábios, em direção ao meio deles. Isso ajudará a manter a cor por mais tempo, além de deixar o delineador mais natural.
5. Harmonize-o com o pincel para lábios nº 80, o que tornará a aparência mais natural.
6. Com o pincel para lábios, aplique o batom pêssego perfeito nos lábios inteiros, harmonizando-o muito bem com o delineador.
7. Finalize com uma camada fina de gloss pêssego translúcido para deixar os lábios mais brilhantes, carnudos e sensuais. Aplique-o com o pincel para lábios nº 80 para um resultado ainda mais reluzente.

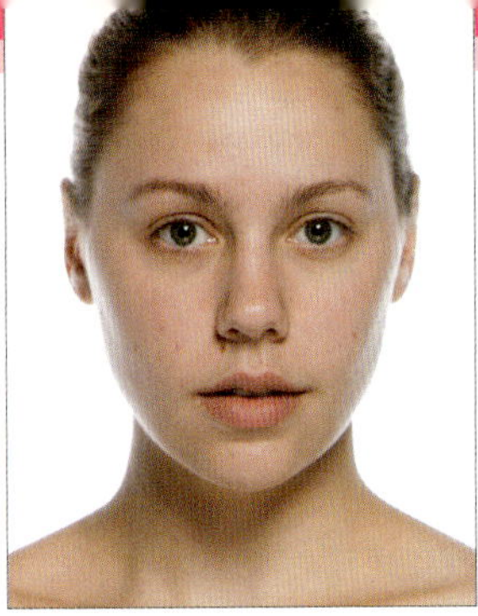

clássico e contemporâneo

Este é um look sofisticado, clássico, elegante e atemporal, perfeito para uma mulher contemporânea como você. Observe a maravilhosa combinação de delineador intenso com pálpebras cintilantes e lábios rosa-claros! Esta é uma produção perfeita para qualquer ocasião, formal ou casual, de dia ou à noite.

Confira o método abaixo:

olhos

1. Primeiro, com o pincel para pó iluminador nº 22, aplique uma sombra bege-clara opaca nas pálpebras e na parte côncava dos olhos, que é a área logo abaixo do arco da sobrancelha.
2. Agora, passe uma camada de sombra branca cintilante sobre a opaca, porém apenas nas pálpebras, para que fiquem mais realçadas do que a parte côncava dos olhos. Isso proporcionará um efeito iluminador mais intenso.
3. Neste look, a aplicação do tom intermediário deve ser precisa para definir bem o formato sem escurecer as pálpebras. Como os lábios desta maquiagem são marcantes, as pálpebras devem ficar sutis e cintilantes. Aplique uma sombra de tom intermediário marrom-acinzentada opaca com o pincel nº 13 na dobra dos olhos. Passe-a do canto externo da dobra ao interno, criando uma linha perfeita em toda a extensão da dobra.

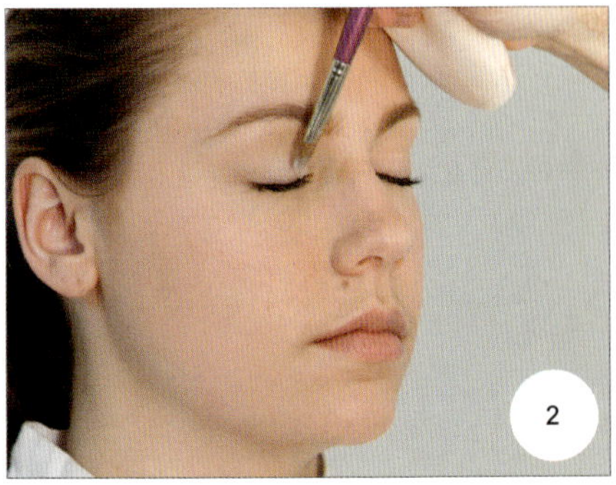

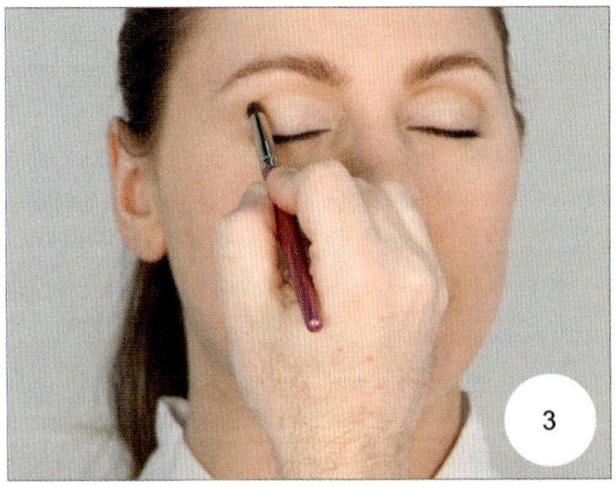

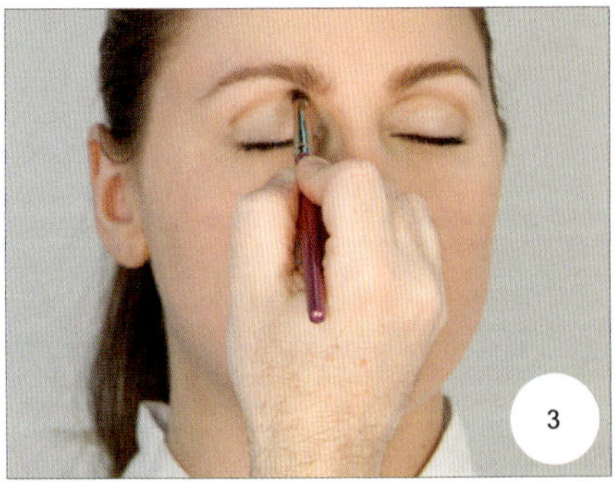

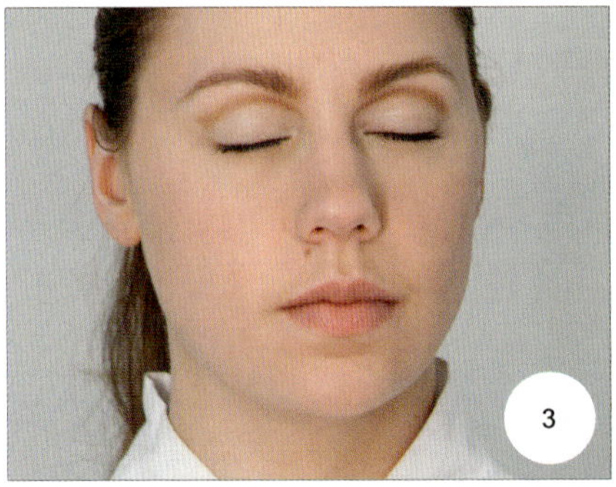

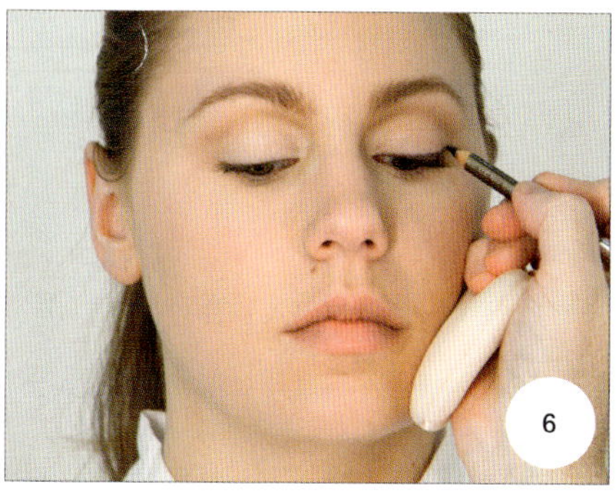

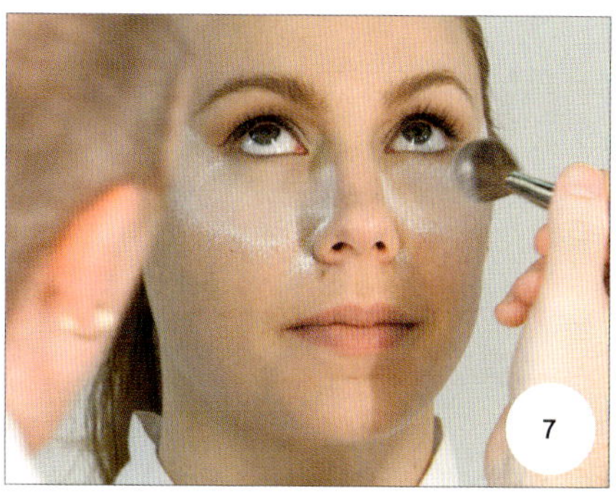

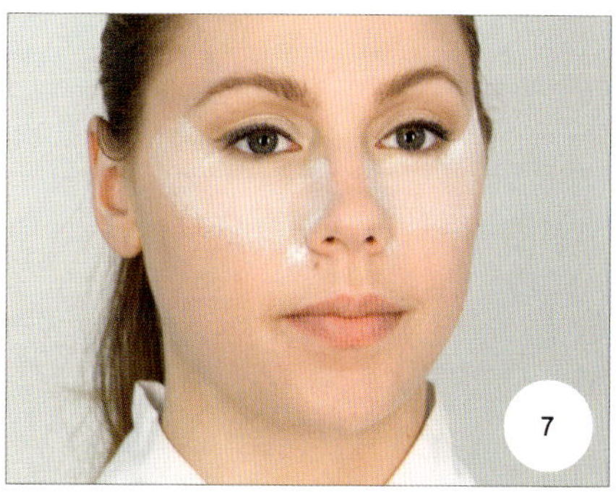

4. Harmonize o tom intermediário com o pincel para mistura de sombras nº 28 a fim de que não haja contrastes destoantes. Em seguida, repasse-o na mesma área em que o intermediário foi aplicado, caso contrário, as pálpebras poderão ficar muito escuras se a cor for passada para cima e para baixo.
5. Agora, curve os cílios e aplique a primeira camada de máscara nos superiores (consulte a página 42 para rever esta técnica).
6. Para criar o delineamento intenso nas pálpebras superiores, a maquiagem será feita em camadas, o que é inclusive preferido pelos profissionais. Primeiro, passe um lápis delineador preto de maneira padronizada, pois, caso ocorra um erro, é mais fácil removê-lo. Comece no canto interno da linha de cílios superior, aplicando-o devagar em toda a sua extensão. A linha deve ser mais fina no canto interno e gradativamente mais grossa à medida que se aproxima do canto externo, onde você poderá "dar uma puxadinha" para cima.
7. Como uma sombra muito escura será usada, aplique uma quantidade generosa de pó na área sob os olhos. Quando a maquiagem estiver terminada, você poderá escovar o pó e qualquer mancha indesejada para fora, mantendo sua aparência impecável.

"Este look atemporal é deslumbrante para qualquer hora e ocasião."

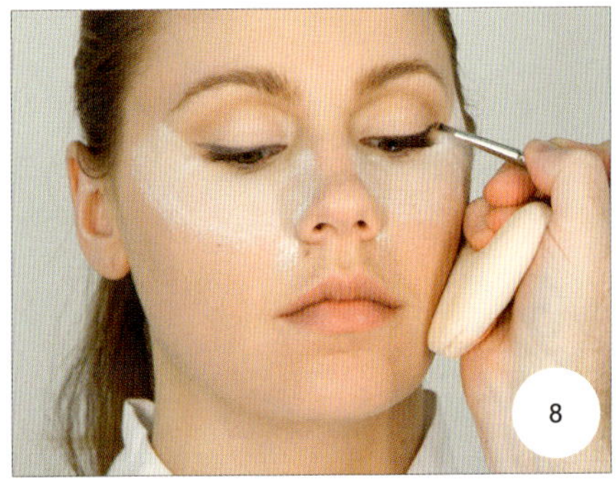

8. Provavelmente, a linha feita a lápis não ficará perfeita, nem precisa. Agora, você passará uma sombra preta com o pincel para delineamento nº 41 sobre ela para aperfeiçoar sua uniformização.
9. A linha deve estar perfeita, porém, ainda não intensa o bastante. Portanto, um delineador líquido ou em gel será usado: aplique-o com o pincel delineador nº 42, do canto interno ao externo. Como a maquiagem já está uniforme, qualquer imperfeição do delineador líquido não será perceptível.
10. Com o pincel para pó pequeno nº 76, escove para fora o pó aplicado sob os olhos, o que removerá qualquer mancha de sombra da aplicação.

11. Aplique a sombra branca cintilante com o pincel para pó iluminador nº 14 em toda a extensão da linha de cílios inferior, do canto interno ao externo.
12. Passe a sombra de tom intermediário com o pincel para detalhes dos olhos nº 13 apenas na extremidade dos cantos externos das linhas de cílios inferiores.
13. Para finalizar, aplique mais uma camada de máscara somente nos cílios superiores. Este look dispensa a máscara nos inferiores (consulte a página 44 para rever esta técnica).

bochechas

1. Nesta produção, a maquiagem das maçãs do rosto deve ficar sutil, porém bem definida. Para isso, aplique uma camada muito leve de pó bronzeador opaco com o pincel para pó bronzeador/blush nº 73, da parte de trás das maçãs do rosto até a frente delas. Em seguida, passe o pincel de volta, em direção às orelhas.
2. Agora, passe o pincel para cima e para baixo a fim de harmonizar a cor na pele. Uniformize bem, caso contrário a aparência não ficará natural.
3. Aplique um pouco do pó em torno das têmporas e cavidades oculares para ajudar a moldar o rosto. É possível usar também um pouco de pó bronzeador na mandíbula para definir ainda melhor o rosto.

lábios

1. Para criar lábios macios, porém bem definidos, é preciso começar corrigindo-os, além da linha labial. Isso proporcionará uma base neutra perfeita para a maquiagem sutil.
2. Primeiro, aplique um lápis labial nude rosado quase imperceptível, começando pelo V do "arco do cupido". Em seguida, passe-o em torno das curvas do arco e sobre elas.
3. Depois, passe o lápis a partir dos cantos externos até o meio dos lábios.
4. No lábio inferior, primeiro intensifique sua curva inferior. Depois, passe o lápis nos cantos externos, seguindo em direção ao meio. Aplique-o em torno dos lábios inteiros, até quase a linha invisível na borda da parte colorida deles.
5. Com o mesmo lápis, preencha metade dos lábios, em direção ao meio deles. Isso ajudará a manter a cor por mais tempo, além de deixar o delineador mais natural.
6. Use o pincel para lábios nº 80 a fim de harmonizar o delineador.
7. Com o pincel para lábios, preencha todo o lábio com o batom rosa-claro perfeito. Harmonize-o muito bem com o delineador.
8. Finalize com uma camada fina de gloss rosa translúcido para deixar a aparência dos lábios mais brilhante, carnuda e sensual. Aplique-o com o pincel para lábios nº 80 a fim de que o gloss fique ainda mais reluzente.

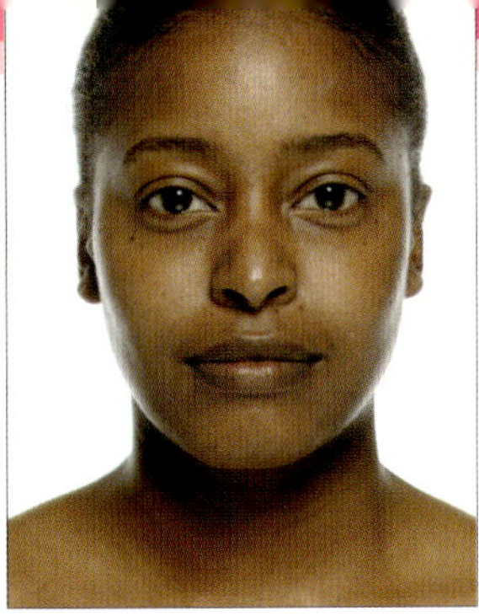

brilho dourado

Este é outro look limpo, lindo e radiante! Preste atenção nos segredos que fazem o efeito cintilante realmente se destacar. Nesta maquiagem, o que importa são o brilho e os cílios. Os tons para moldar o rosto e os olhos foram selecionados cuidadosamente para não sobrecarregar a aparência. Assim, o resultado são uma pele impecável e reluzente, olhos intensos cintilantes e lábios com maquiagem quase imperceptível. Observe que alguns tons são universais, e outros, específicos para as peles bronze/ébano: isso é muito importante na escolha das cores "quase invisíveis".

Confira o método abaixo:

olhos

1. Primeiro, com o pincel para pó iluminador nº 22, aplique uma sombra creme a pó dourada pêssego cintilante apenas nas pálpebras (da linha dos cílios à dobra dos olhos). Para que a pálpebra fique mais intensa, serão aplicadas camadas intercaladas de creme e pó.
2. Com o mesmo pincel, passe uma camada de sombra dourada pêssego cintilante diretamente na sombra em creme aplicada nas pálpebras e, em seguida, pincele-a sobre a parte côncava dos olhos.
3. Use o pincel nº 11 e aplique a sombra de tom intermediário opaca a partir do canto externo da dobra dos olhos até o canto interno. Para obter uma definição suave, utilize uma sombra bege rosada opaca (uma nuance um pouco mais escura que o tom de sua pele).

1

2

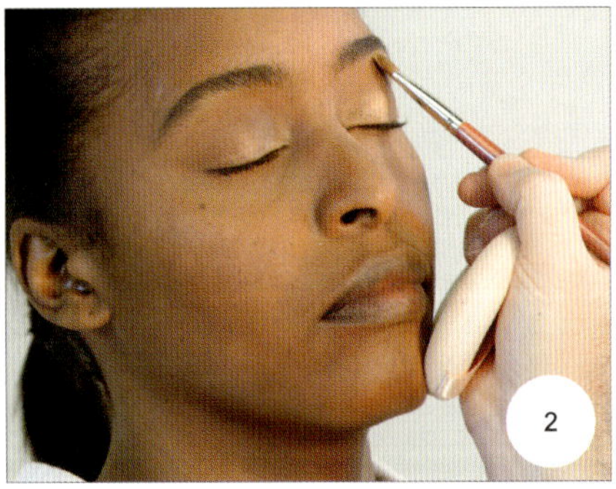
2

3

3

3

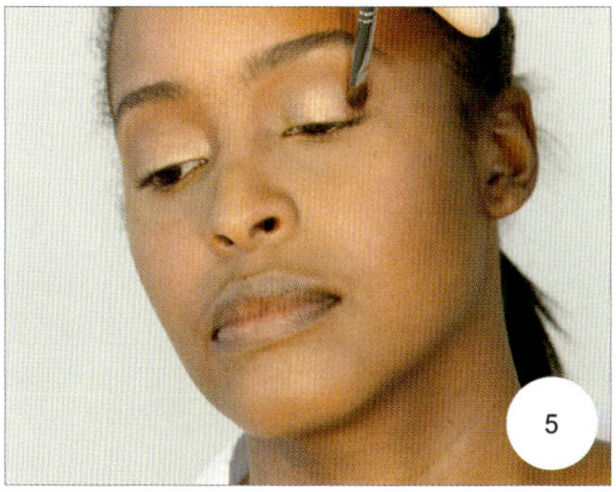

4. Harmonize o tom intermediário com o pincel para mistura de sombras nº 28 a fim de que não haja contrastes destoantes.
5. Em seguida, utilize o pincel para contorno nº 30 a fim de definir a terça parte externa das pálpebras com o tom de sombra intermediário.
6. Agora, use o pincel nº 28 para uniformizar a maquiagem. Aqui começa a definição das pálpebras.
7. Curve os cílios e aplique a primeira camada de máscara nos superiores (consulte a página 42 para rever esta técnica).
8. Com o pincel nº 30, passe uma sombra marrom-escura cintilante na terça parte externa das pálpebras e para cima, na dobra dos olhos. Essa camada é aplicada sobre o tom intermediário para começar a harmonização.

"Nesta maquiagem, o que importa são o brilho e os cílios."

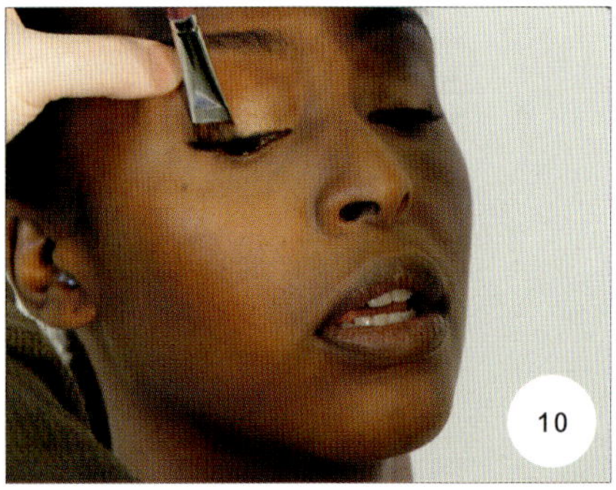

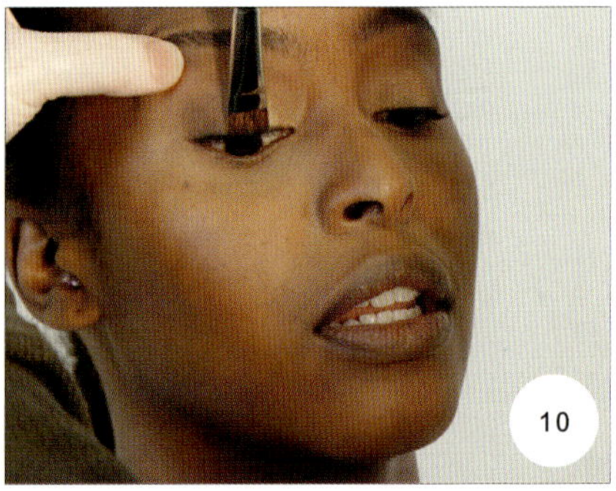

9. Para criar definição, passe um pouco de sombra preta em toda a extensão da linha de cílios superior com o pincel delineador nº 18. Durante a aplicação, puxe-a um pouco para cima com o pincel para harmonizar a linha.
10. Aplique uma sombra de tom intermediário com o pincel nº 13 na linha de cílios inferior. Passe-a do canto externo ao interno.
11. Ilumine o canto interno da linha de cílios inferior com o pincel para pó iluminador nº 14. Isso deixará os olhos com a aparência de maiores e mais abertos, além de proporcionar brilho.
12. Aplique mais uma camada de máscara nos cílios superiores e outra nos inferiores. Após finalizar o restante da maquiagem, passe mais uma camada nos cílios superiores. Lembre-se de que é importante ter cílios sensuais neste look, portanto, não tenha medo de aplicar camadas de máscara nos cílios superiores (consulte a página 44 para rever esta técnica).

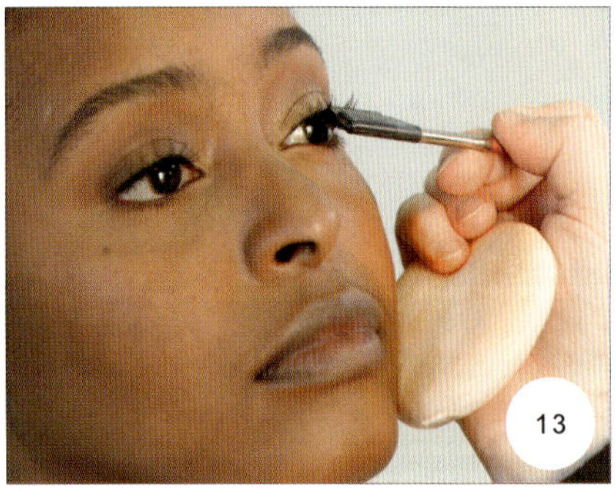

bochechas

1. Nesta produção, as maçãs do rosto devem ficar perfeitamente coradas. Para isso, é preciso aplicar camadas de blush. Primeiro, passe uma camada de blush creme a pó damasco intenso com o pincel para blush em creme nº 64. Aplique da frente das maçãs do rosto para trás.
2. Em seguida, passe um pouco de pó solto ou compacto.
3. Para intensificar o efeito corado, sorria e aplique o blush em pó damasco intenso translúcido perfeito com o pincel para pó bronzeador/blush nº 74 nas maçãs do rosto, da frente para trás.

lábios

1. Prepare os lábios com um pouco de corretivo para obter uma cor mais homogênea.
2. Aplique um lápis labial uva, começando pelo V do "arco do cupido". Em seguida, passe-o em torno das curvas do arco e sobre elas.
3. Depois, passe o lápis a partir dos cantos externos até o meio dos lábios.

4. No lábio inferior, primeiro intensifique sua curva inferior. Depois, passe o lápis nos cantos externos, seguindo em direção ao meio. Aplique-o em torno dos lábios inteiros, até quase a linha invisível na borda da parte colorida deles.
5. Com o mesmo lápis, preencha metade dos lábios, em direção ao meio deles. Isso ajudará a manter a cor por mais tempo, além de deixar o delineador mais natural.
6. Use o pincel para lábios nº 80 para harmonizar o delineador.
7. Com o pincel para lábios, preencha todo o lábio com um batom avelã. Harmonize-o muito bem sobre o delineador.
8. Finalize com uma camada fina de gloss bege areia para deixar a aparência dos lábios mais brilhante e sensual.

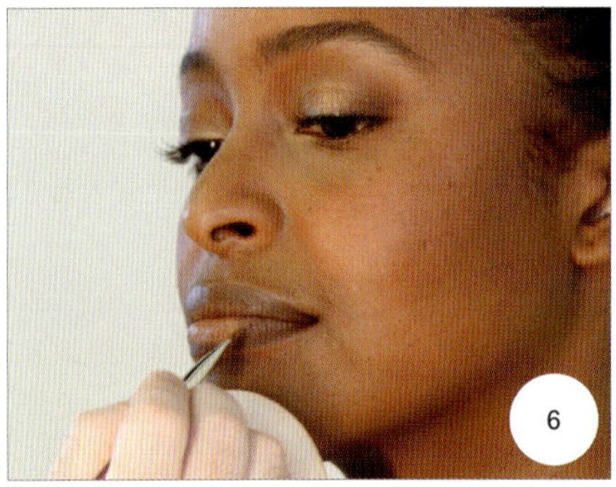

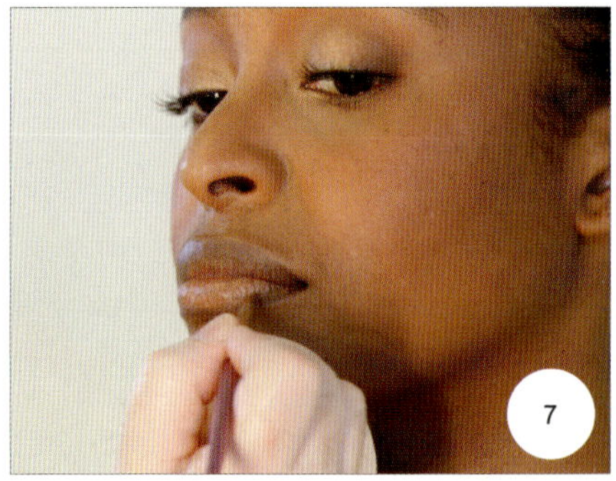

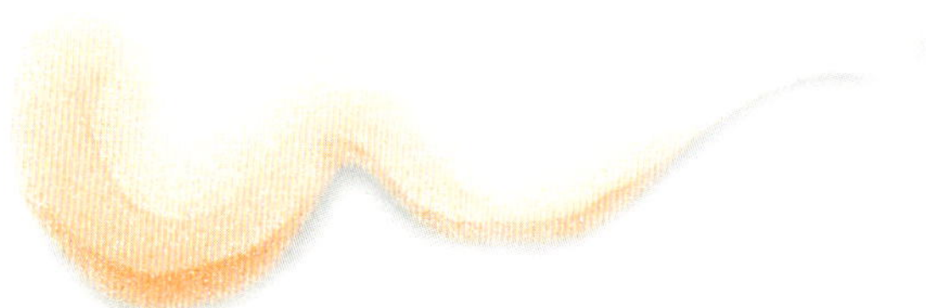

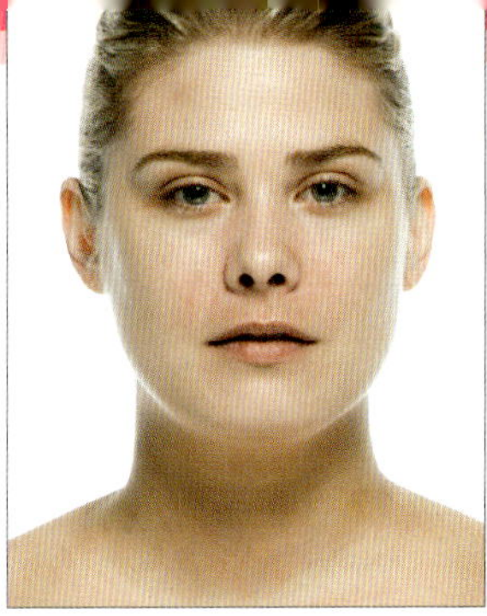

a vida é um mistério

Este look foi inspirado em Faye Dunaway, do filme ***Boonie e Clyde***. É atemporal, estiloso, maravihoso e misterioso. Pálpebras e linha de cílios superior perfeitamente definidas criam esta maquiagem com toque dramático. A combinação de pálpebras superiores marcantes e o esmorecimento da linha de cílios inferior proporcionam uma aparência enigmática. Embora a produção dos olhos seja sutil, as maçãs do rosto pouco coradas e os lábios nude ainda os deixam destacados. O ar misterioso é criado somente pelos olhos. Experimente-o e descubra a sua magia!

Confira o método abaixo:

olhos

1. Com o pincel para pó iluminador nº 22, aplique uma sombra bege opaca apenas na parte côncava dos olhos, que é a área logo abaixo do arco das sobrancelhas.
2. Em seguida, aplique uma sombra de tom intermediário marrom-acinzentado opaco escuro com o pincel para sombra nº 27 (porque uma área grande será maquiada). Comece na raiz da linha de cílios superior, passando-a em torno das pálpebras inteiras e sobre elas, até a área logo abaixo da parte côncava dos olhos. A cor ficará mais concentrada onde o pincel foi usado primeiro, ou seja, na linha dos cílios.

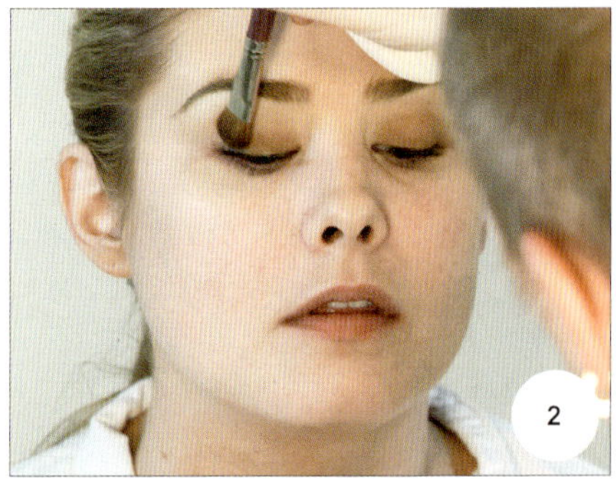

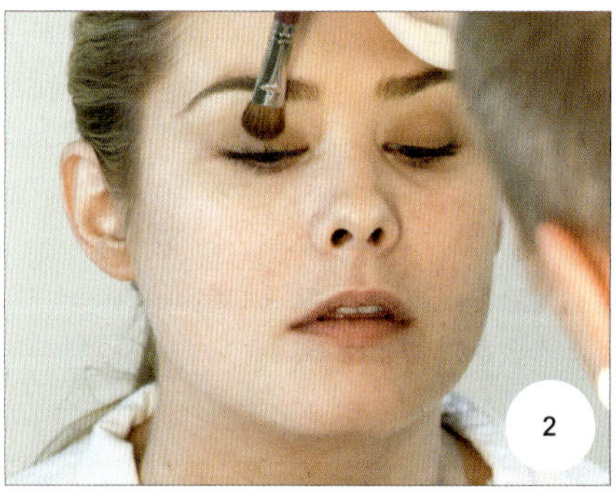

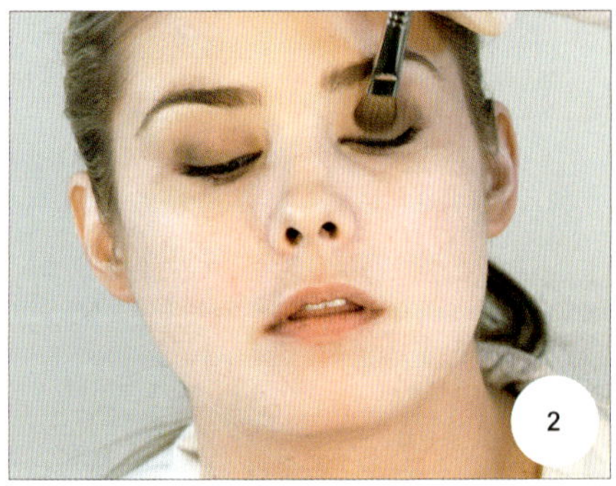

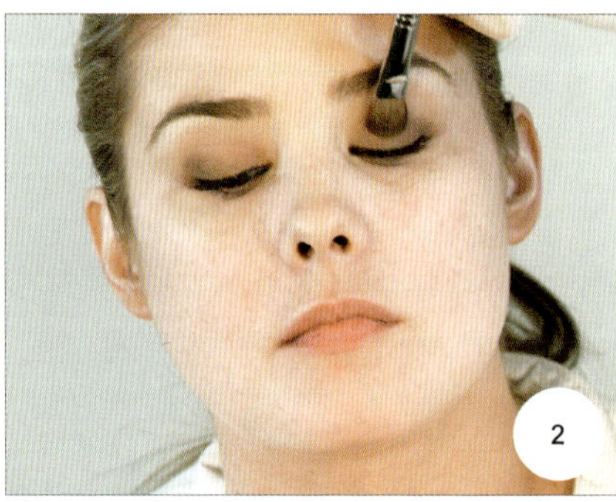

3. Com o mesmo pincel, passe um pouco do tom intermediário, em um formato meia-lua, em toda a extensão da dobra dos olhos.
4. Harmonize o tom intermediário com o pincel para mistura de sombras nº 28 a fim de que não haja contrastes destoantes.
5. Agora, curve os cílios e aplique a primeira camada de máscara nos superiores (consulte a página 42 para rever esta técnica).
6. Com um lápis delineador preto, delineie toda a extensão da linha de cílios superior. Para suavizá-la e deixá-la perfeita, passe o pincel para delineamento nº 41 sobre ela.

"Experimente este look e descubra a sua magia!"

7. Usando um lápis corretivo, delineie a linha d´água, ou linha interna localizada sobre a linha de cílios inferior. Este passo não é muito comum, porém neste look ele ajuda a criar o aspecto "imperceptível" na linha de cílios inferior.
8. Aplique uma sombra branca cintilante com o pincel para pó iluminador nº 14 em toda a extensão da linha de cílios inferior, do canto interno ao externo, precisamente ao longo da linha.
9. Aplique o tom intermediário com o pincel para sombra detalhada nº 13 apenas nas extremidades dos cantos externos das linhas de cílios inferiores.
10. Aplique mais uma camada de máscara nos cílios superiores. Após finalizar o restante da maquiagem, passe mais uma camada nos cílios superiores. Lembre-se de que é importante ter cílios sensuais neste look, portanto, não tenha medo de aplicar camadas de máscara nos cílios superiores (consulte a página 44 para rever esta técnica).

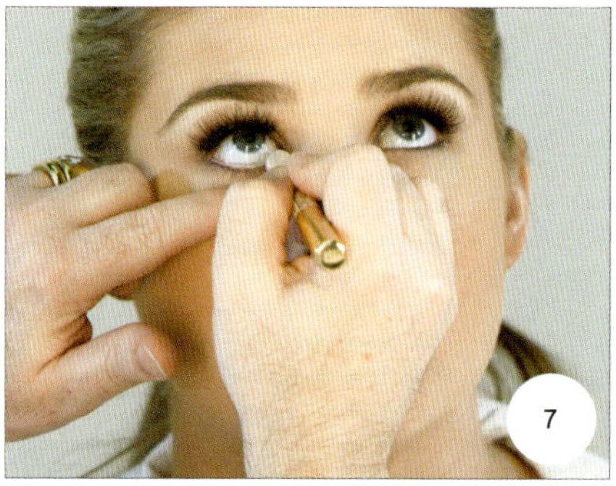

bochechas

1. Aplique o pó bronzeador opaco com o pincel para pó bronzeador/blush nº 73 a partir da parte de trás das maçãs do rosto até a frente delas. Em seguida, passe o pincel de volta, em direção à orelha.
2. Agora, passe o pincel para cima e para baixo a fim de harmonizar a cor na pele. Uniformize bem, caso contrário, a aparência não ficará natural.
3. Aplique um pouco do pó nas têmporas para ajudar a moldar o rosto. Passe-o em torno das têmporas e cavidades oculares. Isso confere mais cor e brilho à maquiagem.
4. É possível usar também um pouco de pó na mandíbula, o que define melhor o rosto e o deixa ainda mais reluzente.

lábios

1. Para criar lábios macios, porém bem definidos, é preciso começar corrigindo-os, além da linha labial. Isso criará uma base neutra perfeita para a maquiagem sutil.
2. Delineie-os com um lápis labial nude de cor quase imperceptível, começando pelo V do "arco do cupido". Em seguida, passe-o em torno das curvas do arco e sobre elas.
3. Depois, passe o lápis a partir dos cantos externos até o meio dos lábios.
4. No lábio inferior, primeiro intensifique sua curva inferior. Depois, passe o lápis nos cantos externos, seguindo em direção ao meio. Aplique-o em torno dos lábios inteiros, até quase a linha invisível na borda da parte colorida deles.
5. Com o mesmo lápis, preencha metade dos lábios, em direção ao meio deles. Isso ajudará a manter a cor por mais tempo, além de deixar o delineador mais natural.
6. Use o pincel para lábios nº 80 para harmonizar o delineador.
7. Com o pincel para lábios, preencha todo o lábio com um batom nude rosado claro. Harmonize-o muito bem sobre o delineador.
8. Finalize com uma camada fina de gloss nude translúcido para deixar a aparência dos lábios mais brilhante, carnuda e sensual. Aplique-o com o pincel para lábios nº 80 a fim de que o gloss fique ainda mais reluzente.

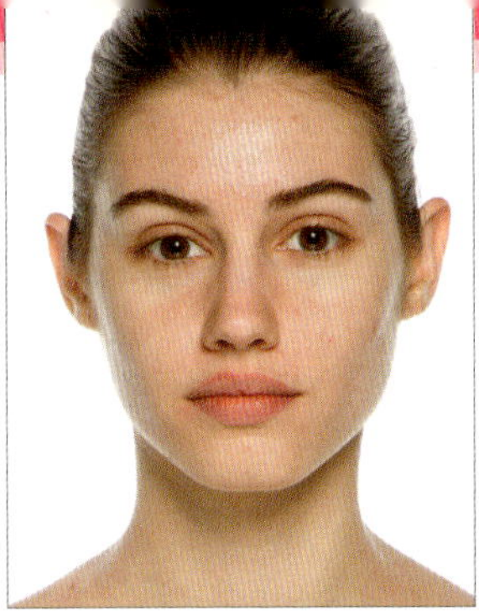

intensamente belos

Alguém disse "lábios perfeitos"? Os olhos cintilantes de Marilyn Monroe glamourizam os lábios marcantes atuais. Adoro maquiagens antigas com um toque moderno. Neste look, a sombra clássica dos anos 1950 é produzida com um efeito reluzente e apresentada com lábios escuros e intensos, que é o grande desafio desta produção. Quanto mais escuros forem os lábios, mais difícil será a aplicação adequada do tratamento labial. Portanto, não tenha pressa. Além disso, com meus truques para maquiagem de longa duração, você produzirá lábios deslumbrantes com uma cor que permanecerá por bastante tempo.

Confira o método abaixo:

olhos

1. Com o pincel para pó iluminador nº 22, aplique uma sombra creme a pó bege cintilante apenas nas pálpebras (da linha dos cílios à dobra dos olhos). Você passará camadas de sombra em creme e em pó para produzir uma pálpebra mais marcante.
2. Usando o mesmo pincel, passe uma sombra em pó champanhe cintilante sobre a em creme aplicada. Agora, aplique-a na parte côncava dos olhos.
3. Neste look, a aplicação do tom intermediário deve ser precisa para que as pálpebras fiquem bem definidas, porém não escurecidas. Elas devem ficar suaves e cintilantes, pois a maquiagem dos lábios será marcante. Aplique uma sombra de tom intermediário marrom-acinzentada opaca com o pincel nº 13 na dobra dos olhos, passando-a do canto externo até o canto interno. Crie uma linha nítida em toda a extensão da dobra.

1

2

3

3

3

3

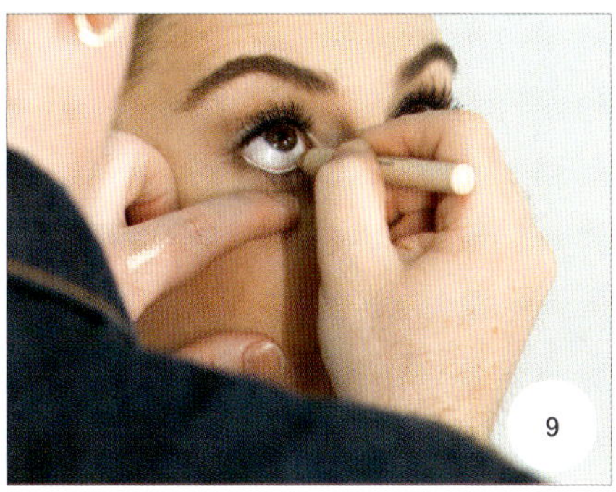

4. Harmonize o tom intermediário na pele com o pincel para mistura de sombras nº 28 para que não haja contrastes destoantes. Isso deve ser feito apenas na mesma área em que ele foi aplicado no passo anterior, caso contrário, poderá escurecer demais as pálpebras.
5. Agora, curve os cílios e aplique a primeira camada de máscara nos superiores (consulte a página 42 para rever esta técnica).
6. Para uma maquiagem mais definida, aplique um pouco da sombra de tom intermediário com o pincel para sombra detalhada nº 13, apenas nas extremidades dos cantos externos das pálpebras.
7. Com o mesmo pincel, passe o tom intermediário em toda a linha de cílios inferior, do canto externo ao interno.
8. Realce o canto interno da linha de cílios inferior com o pincel para pó iluminador nº 14.
9. Usando um lápis corretivo, delineie a linha d´água (a linha interna sobre a linha de cílios inferior). Este passo não é muito comum, porém neste look ele ajuda a criar o efeito de "olhos bem abertos".
10. Aplique mais uma camada de máscara nos cílios superiores e outra nos inferiores. Após finalizar o restante da maquiagem, passe mais uma camada nos cílios superiores. Lembre-se de que é importante ter cílios sensuais neste look, portanto, não tenha medo de aplicar camadas de máscara nos cílios superiores (consulte a página 44 para rever esta técnica).

bochechas

Como os lábios são o foco deste look, as maçãs do rosto não serão maquiadas.

lábios

1. Os lábios neste look devem ficar exuberantes e macios. E para que esta maquiagem de lábios marcantes fique perfeita, é preciso prepará-los primeiro. Comece aplicando um lip balm, o que ajudará a deixá-los suaves. Deixe-o agir por alguns minutos, depois encoste um lenço de papel nos lábios e remova-o para que absorva qualquer excesso, o que reduziria a duração do batom.
2. Em seguida, passe um corretivo nos lábios e em toda a linha labial.
3. Aplique um pouco de pó neles para criar a base neutra perfeita à produção de lábios dramáticos com bordas firmes.
4. Aplique um lápis delineador vinho, começando pelo V do "arco do cupido". Em seguida, passe-o em torno das curvas do arco e sobre elas.
5. Em seguida, passe o lápis a partir dos cantos externos até o meio dos lábios.
6. No lábio inferior, primeiro intensifique sua curva inferior. Depois, passe o lápis nos cantos externos, seguindo em direção ao meio. Aplique-o em torno dos lábios, até quase a linha invisível na borda da parte colorida deles.
7. Com o mesmo lápis, preencha agora os lábios. Isso ajudará a manter a cor por mais tempo, porque o delineador tem uma textura mais seca do que o batom.

8. Use o pincel para lábios nº 80 a fim de harmonizar o delineador, deixando-o uniforme e macio.
9. Em seguida, aplique o batom orquídea-escura com o pincel para lábios, harmonizando-o bem sobre o delineador.
10. Encoste um lenço de papel nos lábios e remova-o para que absorva qualquer umidade do batom, enquanto a cor é mantida. Em seguida, passe outra camada de batom. A aplicação dessas três camadas (uma de delineador e duas de batom) proporciona uma cor intensa e real, além de aumentar a duração do batom.

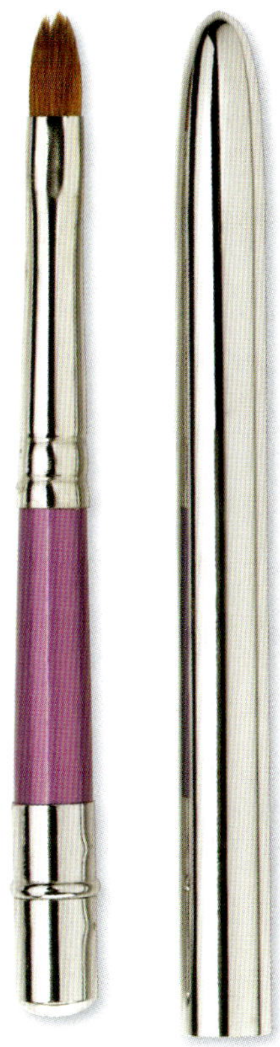

11. Finalize com uma camada fina de gloss amora translúcido aplicada com o pincel para lábios nº 80. O gloss dimensionará os lábios e deixará sua aparência mais reluzente.
12. Não se preocupe caso não consiga aplicar uma linha perfeita de uma cor intensa ou escura. Corrija as imperfeições na borda da linha dos lábios com um pincel para corretivo nº 50.

Impressionada com os looks que você pode produzir em apenas 10 minutos? O que acha que pode acontecer se tiver uns minutinhos a mais... talvez, 15 minutos? Vire a página e descubra. Uau!

"Alguém disse "lábios perfeitos"?!"

15 minutos

20 minutos, página 280

10 minutos, página 124

6

15 minutos para fazer toda a diferença

Se você acompanhou os capítulos de 5 e 10 minutos, agora deve imaginar o que 5 minutos a mais poderiam fazer. E a resposta é: *tudo*. Em 15 minutos, há tempo para a produção de maquiagens básicas maravilhosas, além de alguns efeitos superespeciais. Confira os looks deste capítulo para uma produção deslumbrante para uma reunião ou um primeiro encontro romântico, impressionar suas amigas numa balada à noite, arrasar em um encontro de faculdade ou escola, ou simplesmente para criar algo lindo para você mesma. Você amará todos eles!

cores para o meu dia

Adoro misturar cores. Está em alta usar um tom nas pálpebras superiores e outro diferente nas inferiores. Preste atenção apenas no fato de que o mais forte deve ser aplicado nas pálpebras superiores. Caso contrário, o efeito será de aparência cansada e olhos caídos. Combinei opostos complementares para que ambas as cores fiquem destacadas. Se tivesse escolhido um azul comum, no lugar de um azul-esverdeado, os dois tons teriam se misturado. No entanto, como são cores opostas, o roxo e o azul esverdeado ficam visíveis, resultando em um look alegre!

Confira o método abaixo:

olhos

1. Com o pincel para pó iluminador nº 22, aplique uma sombra cor de pele opaca apenas na parte côncava dos olhos, que é a área logo abaixo do arco da sobrancelha.
2. Mesmo para cores intensas, é preciso preparar a base para a cor e moldar os olhos, portanto, comece usando tons neutros. Use o pincel nº 11 e aplique a sombra de tom intermediário opaca do canto externo da dobra dos olhos até o canto interno. Para obter uma definição suave, utilize uma sombra bege rosada opaca (uma nuance um pouco mais escura que o tom de sua pele).
3. Harmonize o tom intermediário com o pincel para mistura de sombras nº 28 para que não haja contrastes destoantes.
4. Agora, curve os cílios e aplique a primeira camada de máscara nos superiores (consulte a página 42 para rever esta técnica).
5. Como uma cor intensa será aplicada, passe pó na área sob os olhos com o pincel nº 76 para que este segure qualquer mancha. Quando a maquiagem estiver finalizada, escove o pó para fora, o que removerá qualquer traço indesejado de sombra da aplicação, além de deixá-la com a pele impecável.

1

2

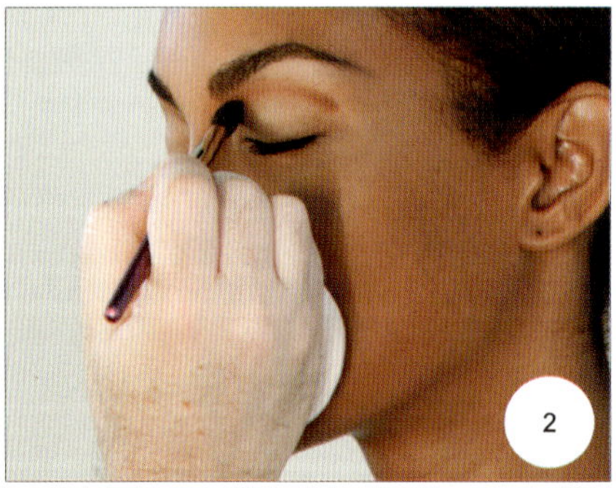
2

3

5

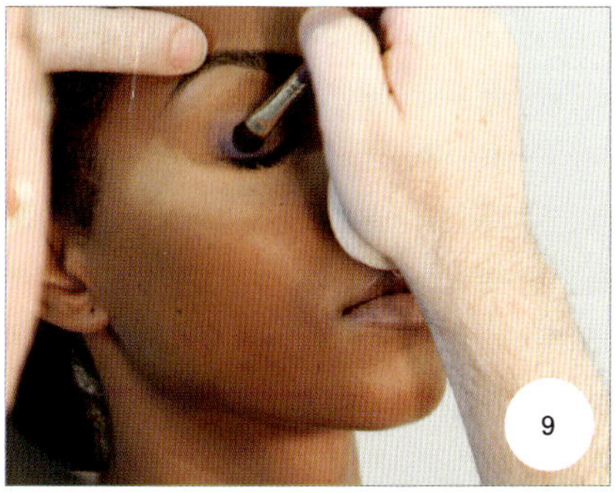

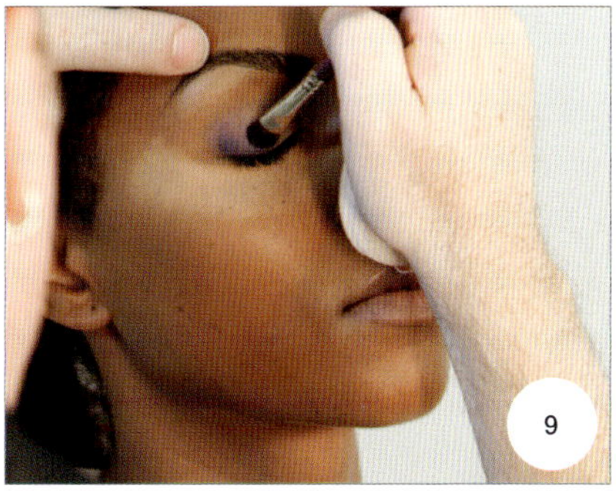

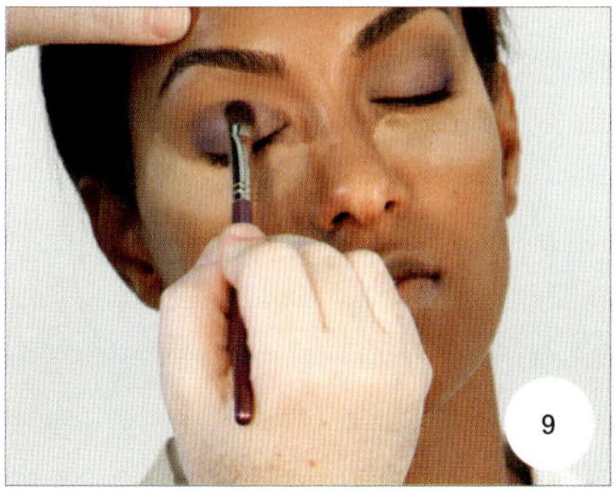

6. Aplique uma sombra roxa cintilante com o pincel para sombra nº 27 (porque uma área grande será maquiada). Comece da raiz da linha de cílios superior e, em seguida, passe-a sobre toda a pálpebra, até o limite da dobra dos olhos.
7. Ainda com o mesmo pincel, passe a sombra roxa em um formato meia-lua ao longo da dobra. Aplique-a com toques leves e repetidos para obter uma cobertura maior.
8. Use o pincel nº 28 para harmonizar a cor na pele, a fim de que não haja contrastes destoantes.
9. E, para uma aparência mais intensa, aplique mais uma camada de roxo! Com o pincel para contorno nº 30, passe-a na terça parte externa das pálpebras. Depois, com o mesmo pincel, aplique-a com toques leves e repetidos em um formato meia-lua na dobra dos olhos.

10. Use o pincel para mistura de sombras nº 28 e harmonize a cor na pele.

11. Com o lápis delineador azul-esverdeado, marque a linha de cílios inferior, de canto a canto. Mantenha o lápis o mais próximo da linha possível. Como é uma cor intensa (não escura), ela pode ser aplicada assim.

12. Em seguida, com o mesmo lápis, delineie a linha d´água (a linha interna) da linha de cílios inferior.

13. Com o pincel nº 76, escove para fora o pó aplicado sob os olhos, o que removerá qualquer mancha de sombra da aplicação.

14. Aplique uma camada de sombra azul--esverdeada intensa sobre o delineador recém-aplicado. Isso realçará a cor e borrará a linha.

15. Aplique mais uma camada de máscara nos cílios superiores e outra nos inferiores. Após finalizar o restante da maquiagem, passe mais uma camada nos cílios superiores. Lembre-se de que é importante ter cílios sensuais neste look, portanto, não tenha medo de aplicar camadas de máscara nos cílios superiores (consulte a página 44 para rever esta técnica).

bochechas

1. Para exibir um pouco de cor, sorria e passe um blush em pó damasco intenso com o pincel nº 73 nas maçãs do rosto, harmonizando-o de volta em direção às orelhas. Esta técnica confere uma aparência perfeitamente corada ao rosto.

"Quando opostos complementares são combinados, ambas as cores ficam destacadas."

lábios

1. Nesta produção, a aparência dos lábios deve ser suave e natural. Então, para começar, prepare os lábios e a linha labial com um pouco de corretivo, o que criará uma base de cor clara perfeita para o look sutil.
2. Finalize com uma camada fina de gloss bege-areia para deixar a aparência dos lábios mais brilhante, carnuda e sensual. Aplique-o com o pincel para lábios nº 80 a fim de que o gloss fique ainda mais reluzente. Lembre-se de que, com a maquiagem marcante dos olhos, os lábios devem ficar quase imperceptíveis.

"Com a maquiagem marcante dos olhos, os lábios devem ficar quase imperceptíveis."

simplesmente radiante

Não há nada mais lindo do que uma pele corada e olhos cintilantes intensos. A produção deste look opõe cores opacas e cintilantes, utiliza camadas alternadas de pó e creme e, principalmente, cria um brilho natural. O contraste entre o opaco e o cintilante deixa a maquiagem mais reluzente. A aplicação em camadas de pó sobre creme intensifica a cor. O uso de texturas diferentes realmente produz um resultado maravilhoso. Vamos brilhar!

Confira o método abaixo:

olhos

1. Com o pincel para pó iluminador nº 22, aplique uma sombra creme a pó bege cintilante apenas nas pálpebras (da linha dos cílios à dobra dos olhos). Para deixá-las mais dramáticas, serão aplicadas camadas alternadas de creme e pó.
2. Com o mesmo pincel, passe uma sombra em pó champanhe cintilante sobre a maquiagem em creme aplicada nas pálpebras.
3. Neste look, o realce nas pálpebras deve ser mais intenso do que na parte côncava dos olhos. Para isso, use o pincel nº 22 e aplique uma sombra cor de pele opaca na parte côncava dos olhos. Como este é um tom opaco e levemente mais escuro, ficará discreto. Para esclarecer, mostro na foto o cintilante no dedo do meio e o opaco no indicador.

1

2

3

3

"O contraste entre o opaco e o cintilante deixa a maquiagem mais reluzente."

4. Use o pincel nº 11 e aplique a sombra de tom intermediário opaca a partir do canto externo da dobra dos olhos até o canto interno. Para obter uma definição suave, utilize uma sombra caramelo clara opaca (uma nuance um pouco mais escura do que o tom de sua pele).
5. Harmonize o tom intermediário com o pincel para mistura de sombras nº 28 a fim de que não haja contrastes destoantes.
6. Agora, utilize o pincel nº 30 para definir a terça parte externa das pálpebras com a sombra de tom intermediário. Em seguida, harmonize-a com o pincel nº 28.
7. A fim de prevenir manchas sob a área dos olhos, é possível usar películas protetoras para segurar o pó. Fabricada em tecido, basta remover uma fita, grudá-la no local adequado e depois tirá-la no fim da aplicação da sombra.
8. Para definir a linha dos cílios, empurre sombra preta com o pincel nº 41 em sua raiz.
9. Com o pincel para contorno nº 30, aplique uma sombra marrom-escura cintilante na terça parte externa das pálpebras e sobre a dobra dos olhos. Ela é aplicada sobre o tom intermediário para começar a harmonização das cores.
10. Use o pincel nº 28 novamente para harmonizar o tom de contorno.

11. Remova a película protetora.
12. Agora, curve os cílios e aplique a primeira camada de máscara nos superiores (consulte a página 42 para rever esta técnica).
13. Aplique a sombra de tom intermediário com o pincel para detalhes dos olhos nº 13 em toda a linha inferior dos cílios. Novamente, passe o pincel do canto externo ao interno.
14. Com o mesmo pincel, aplique uma camada do tom de contorno sobre a sombra recém-aplicada, em toda a extensão da linha de cílios inferior. A aplicação da camada de contorno sobre o tom intermediário criará um degradê de cores, tornando a definição dessa linha mais natural e uniforme.
15. Com o pincel para iluminação nº 14, enfatize o canto interno da linha de cílios inferior. Este passo confere um verdadeiro brilho a essa área, além de um efeito de olhos bem abertos.
16. Aplique mais uma camada de máscara nos cílios superiores e outra nos inferiores. Após finalizar o restante da maquiagem, passe mais uma camada nos cílios superiores. Lembre-se de que é importante ter cílios sensuais neste look, portanto, não tenha medo de aplicar camadas de máscara nos cílios superiores (consulte a página 44 para rever esta técnica).

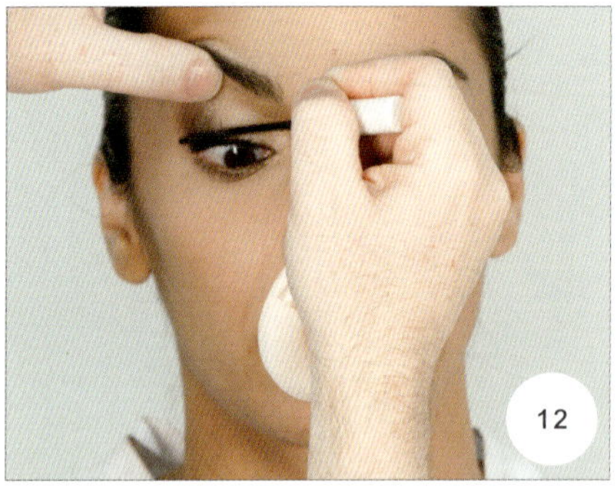

bochechas

1. Aplique o pó bronzeador opaco com o pincel para pó bronzeador/blush nº 73 da parte de trás das maçãs do rosto até a frente delas. Em seguida, passe o pincel de volta, em direção à orelha.
2. Agora, passe o pincel para cima e para baixo a fim de harmonizar a cor na pele. Uniformize bem, caso contrário, a aparência não ficará natural.
3. Aplique um pouco do pó nas têmporas para ajudar a definir o rosto. Passe-o em torno das têmporas e cavidades oculares. É possível usar também um pouco de pó na mandíbula, o que definirá melhor o rosto e conferirá ainda mais brilho a ele.
4. Para exibir mais cor, sorria e passe o pó bronzeador com o pincel nº 73 nas maçãs do rosto, harmonizando-o de volta em direção à área bronzeada. Esta técnica confere uma aparência perfeitamente corada ao rosto.

lábios

1. Os lábios nude claros são uma parte importante deste look. Para começar, passe um corretivo nos lábios e em toda a linha labial para criar uma base perfeita à maquiagem sutil.
2. Agora, delineie os lábios com um lápis labial nude quase imperceptível, começando do V do "arco do cupido". Em seguida, passe-o em torno das curvas do arco e sobre elas.
3. Em seguida, passe o lápis a partir dos cantos externos até o meio dos lábios.
4. No lábio inferior, primeiro intensifique sua curva inferior. Depois, passe o lápis nos cantos externos, seguindo em direção ao meio. Aplique-o em torno dos lábios inteiros, até quase a linha invisível na borda da parte colorida deles.
5. Com o mesmo lápis, preencha metade dos lábios, em direção ao meio deles. Isso ajudará a manter a cor por mais tempo, além de deixar o delineador mais natural.
6. Use o pincel para lábios nº 80 a fim de harmonizar o delineador, o que conferirá um look mais natural.
7. Com o pincel para lábios, preencha todo o lábio com o batom nude perfeito. Harmonize-o muito bem sobre o delineador.
8. Finalize com uma camada fina de gloss nude claro. Passe-o com o pincel para lábios nº 80 a fim de que o gloss fique ainda mais reluzente.

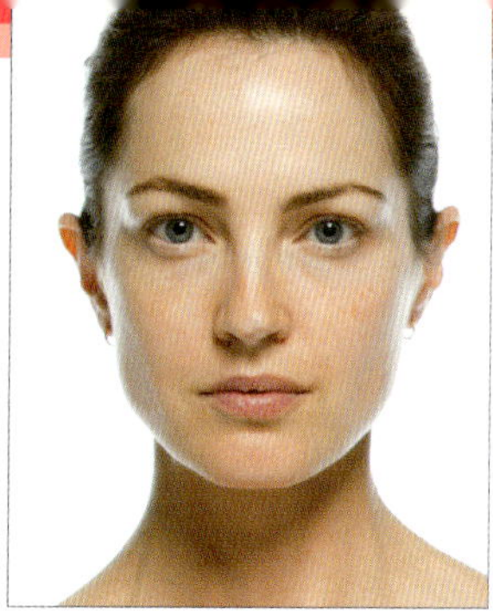

dia ou noite

Às mulheres sofisticadas: há dias em que você acorda e quer apenas se divertir. E a maquiagem com olhos esfumados também pode ser usada sob a luz da manhã, como neste look. O efeito esfumado refere-se à técnica de aplicação, e não à cor. E, com a escolha dos tons certos, é possível produzi-lo para qualquer ocasião ou horário.

Confira o método abaixo:

olhos

1. Com o pincel para pó iluminador nº 22, passe uma sombra creme a pó bege cintilante apenas no canto interno das pálpebras. Você produzirá olhos esfumados roxos, porém sutis. E a aplicação de um iluminador nesse canto suavizará o look.
2. Com o mesmo pincel, passe uma sombra em pó champanhe cintilante diretamente sobre a maquiagem em creme aplicada nas pálpebras e também na parte côncava dos olhos.
3. Aplique uma sombra de tom intermediário marrom-acinzentada opaca com o pincel para sombra nº 27 (porque uma área grande será maquiada). Comece da raiz da linha de cílios superior e, em seguida, passe-a sobre toda a pálpebra e para cima, até a área sob a parte côncava dos olhos.

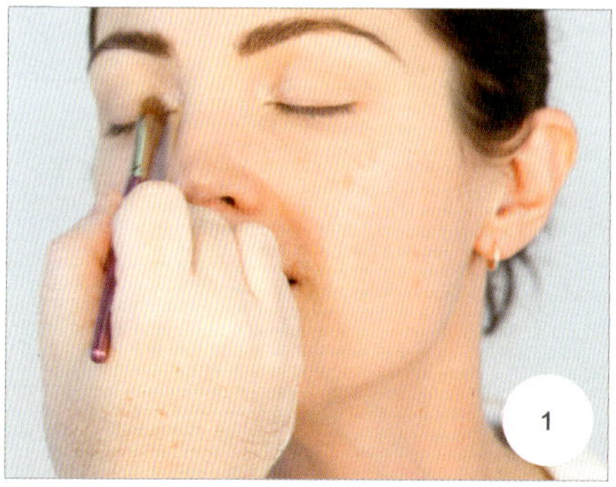

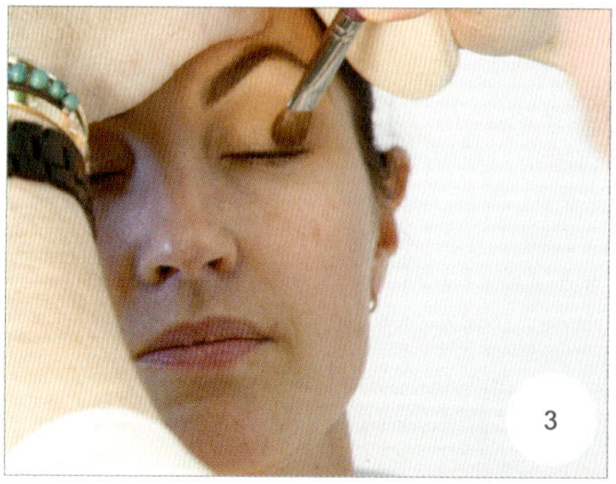

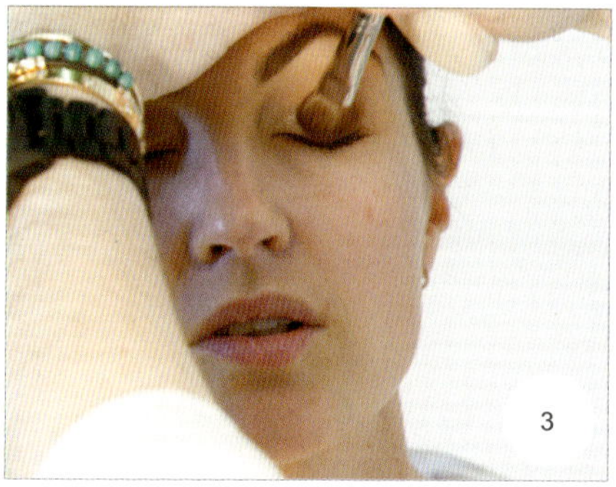

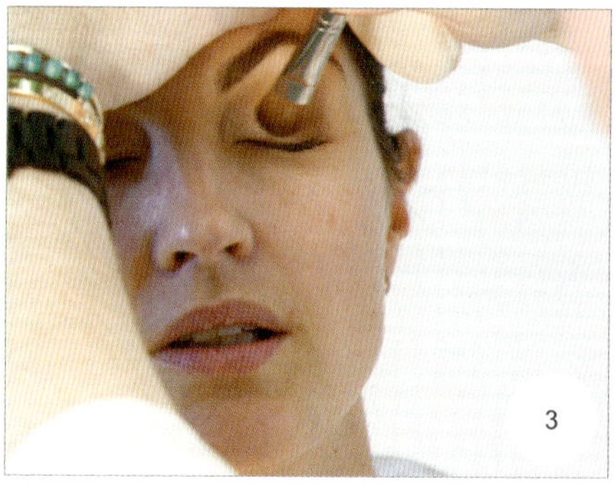

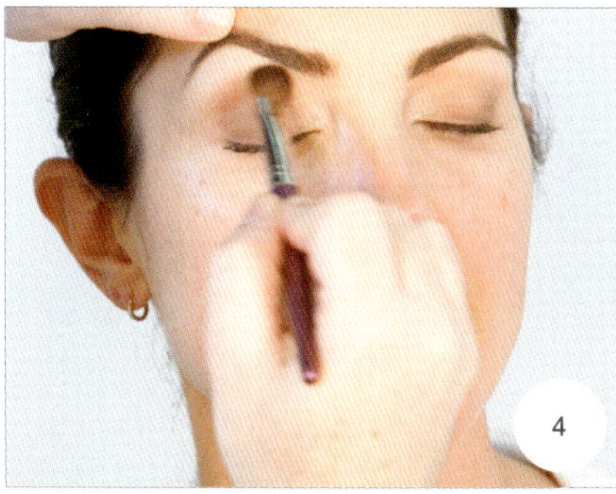

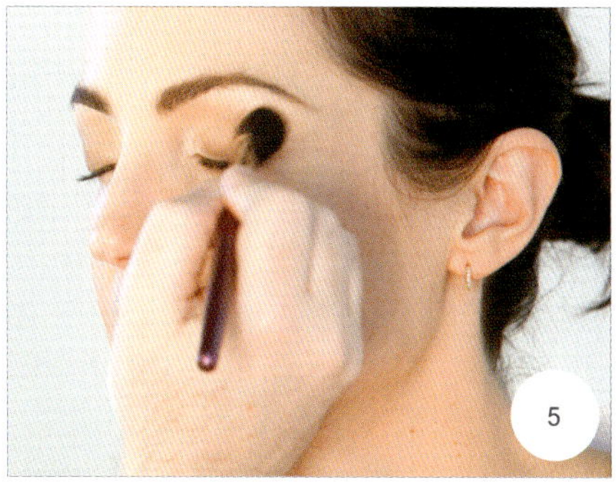

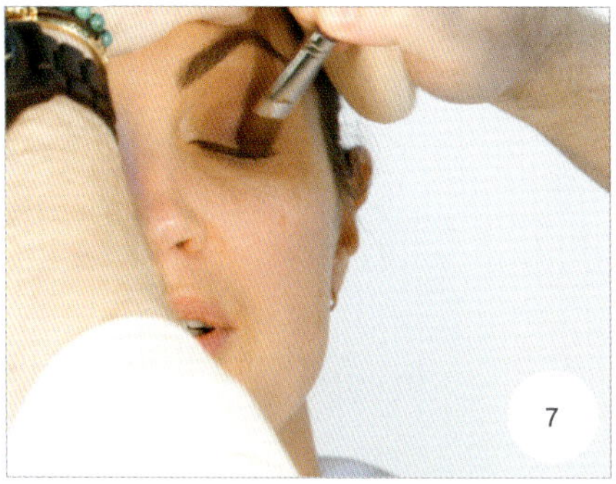

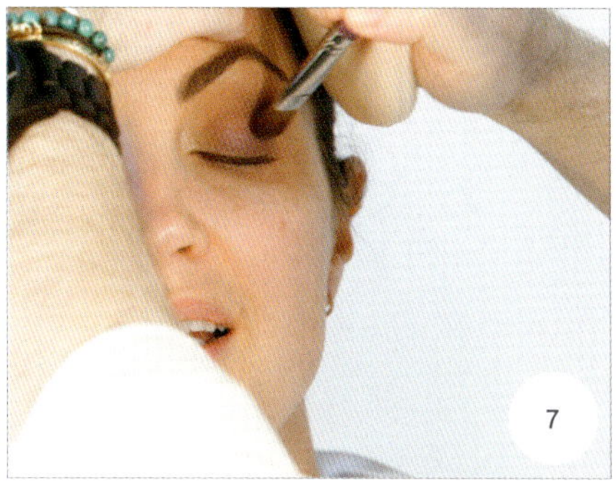

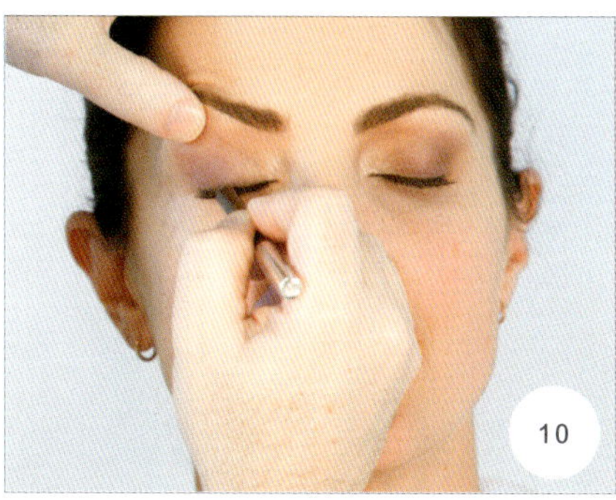

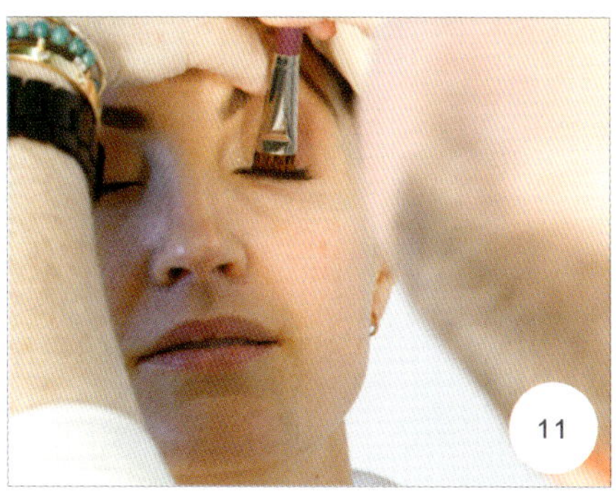

4. Use o mesmo pincel para aplicar mais sombra de tom intermediário em um formato meia-lua, em toda a extensão da dobra dos olhos.
5. Harmonize o tom intermediário com o pincel para mistura de sombras nº 28 a fim de que não haja contrastes destoantes.
6. Curve os cílios e aplique a primeira camada de máscara nos superiores (consulte a página 42 para rever esta técnica).
7. Agora, aplique a sombra roxa para contorno com o pincel para sombra nº 27, passando-a a partir da base da linha de cílios superior e continuando por toda a pálpebra, até a dobra dos olhos.
8. Com o mesmo pincel, aplique mais sombra para contorno em um formato meia-lua em toda a dobra dos olhos.
9. Use o pincel para mistura de sombras nº 28 a fim de harmonizar a cor.
10. Em seguida, a definição da linha de cílios será escurecida. Com um delineador preto, marque toda a linha de cílios superior, de canto a canto.
11. Para criar um efeito esfumado e intensificado, aplique a sombra preta com o pincel nº 18 diretamente sobre o delineador, puxando-a para cima durante a aplicação.

12. Para enfatizar a cor, passe mais sombra roxa na linha dos cílios, de canto a canto, com o pincel para contorno nº 30.

13. Em seguida, harmonize a cor do contorno com o pincel nº 28.

14. Para intensificar o roxo, aplique mais sombra para contorno em toda a linha dos cílios. Como antes, puxe o pincel para cima durante a aplicação a fim de criar uma definição borrada. Passar uma camada de sombra sobre o delineador produzirá uma cor mais marcante na linha dos cílios. E esse é o objetivo.

15. Aplique a sombra de tom intermediário com o pincel para detalhes dos olhos nº 13 em toda a linha de cílios inferior. Novamente, passe o pincel do canto externo ao interno.

16. Com o pincel para pó iluminador nº 14, realce o canto interno da linha de cílios inferior. Este passo ajuda a suavizar o efeito esfumado dos olhos.

17. Com o pincel delineador nº 18, empurre um pouquinho de sombra preta nos cílios inferiores e ao longo da linha dos cílios. Isso deixa os olhos mais dramáticos, sem parecerem delineados.

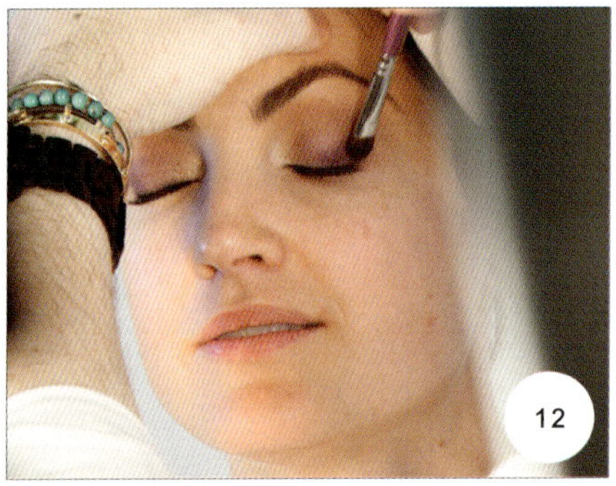

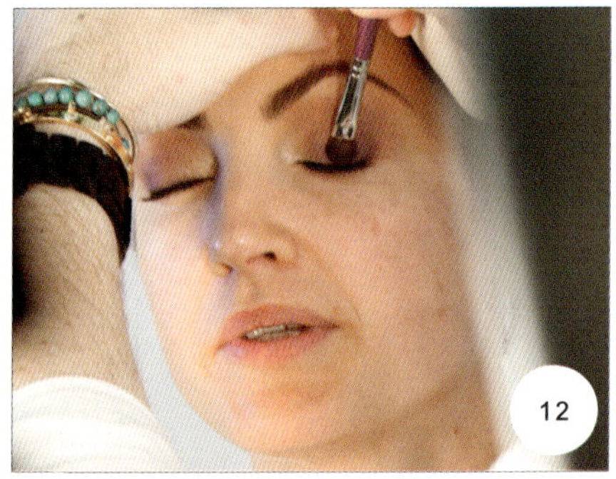

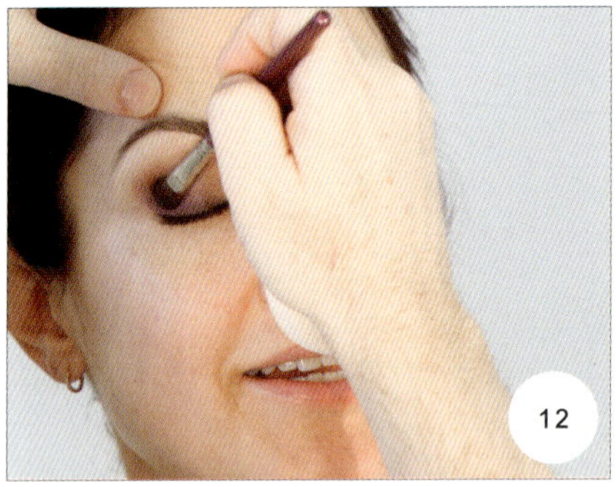

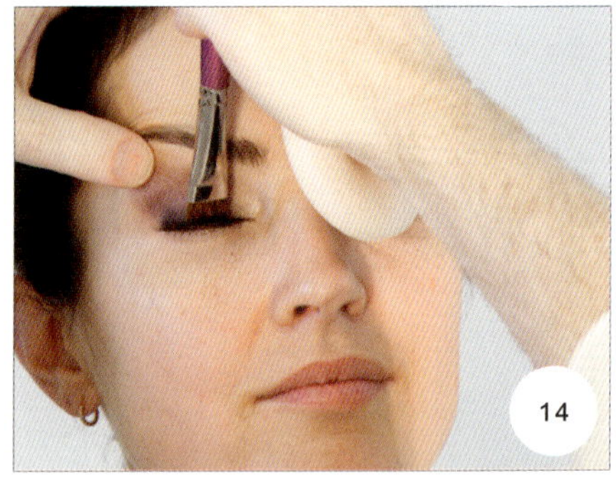

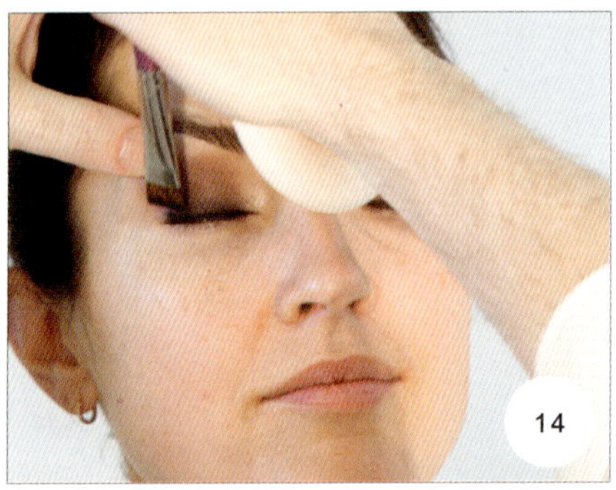

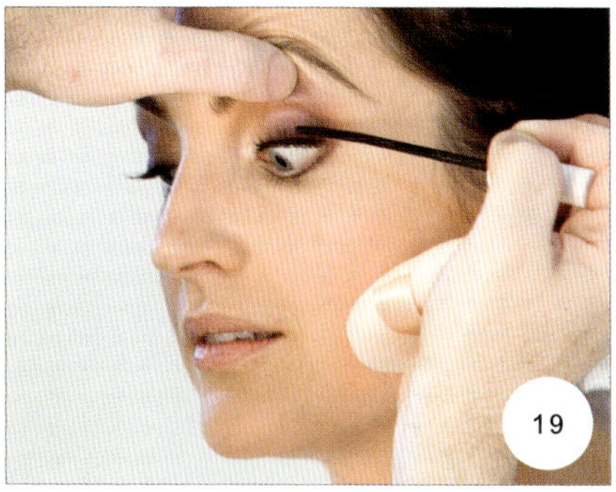

18. Agora, aplique uma camada de sombra roxa com o pincel nº 13 na linha de cílios inferior, diretamente sobre o tom intermediário. Isso também produzirá um efeito mais dramático, ao mesmo tempo em que suavizará a linha.
19. Aplique mais uma camada de máscara nos cílios superiores e outra nos inferiores. Após finalizar o restante da maquiagem, passe mais uma camada nos cílios superiores. Lembre-se de que é importante ter cílios sensuais neste look, portanto, não tenha medo de aplicar camadas de máscara nos cílios superiores (consulte a página 44 para rever esta técnica).

bochechas

1. Aplique o pó bronzeador opaco com o pincel para pó bronzeador/blush nº 73 da parte de trás das maçãs do rosto até a frente. Em seguida, passe o pincel de volta, em direção à orelha.
2. Agora, passe o pincel para cima e para baixo a fim de harmonizar a cor na pele. Uniformize bem, caso contrário, a aparência não ficará natural.
3. Aplique um pouco do pó nas têmporas para ajudar a definir o rosto. Passe-o em torno das têmporas e cavidades oculares. Este passo confere uma aparência corada e reluzente ao rosto.
4. É possível usar também um pouco de pó na mandíbula, o que definirá melhor o rosto e conferirá ainda mais brilho a ele.

Um pouco mais de maquiagem será aplicada nas bochechas na finalização do look.

lábios

1

1. Para um toque leve de cor nos lábios (afinal, não é preciso muito mais do que os olhos roxos esfumados!), passe uma camada fina de gloss pêssego translúcido, o que os deixará mais brilhantes, carnudos e sensuais. Aplique-o com o pincel para lábios nº 80 a fim de que o gloss fique ainda mais reluzente.

bochechas

5

Estes são os passos para finalizar a maquiagem das bochechas.

5. Para exibir mais cor, sorria e passe o blush em pó pêssego intenso translúcido perfeito com o pincel nº 73 nas maçãs do rosto, harmonizando-o de volta em direção à área bronzeada. Esta técnica confere uma aparência perfeitamente corada ao rosto.

"Com a escolha dos tons certos, é possível produzir olhos esfumados para qualquer ocasião ou horário."

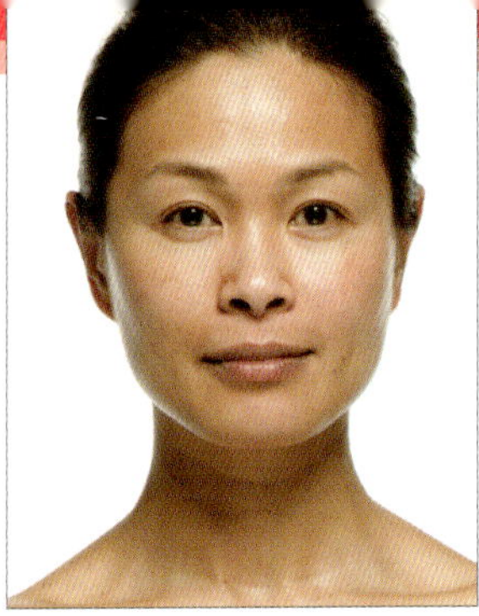

uma linda mulher

Quem precisa de cores vibrantes quando tons de marrom e cobre produzem maquiagens deslumbrantes? Em qualquer idade, menos pode significar mais. Não me canso de repetir como as escolhas de cor mudam sua vida e seu look. Peço um favor: muitas pessoas pensam que as tonalidades de marrom e bronze deixam a aparência cansada; porém, experimente-as! Você verá que esse é um conceito errado. O que realmente se sobressai nesta produção é a pele corada, que traz a impressão de que a modelo dormiu como um anjo na noite anterior (mesmo que isso não tenha acontecido).

Confira o método abaixo:

olhos

1. Com o pincel para pó iluminador nº 14, passe uma sombra creme a pó bege cintilante apenas na linha dos cílios. Você aplicará camadas alternadas de creme e pó para produzir um look mais dramático.
2. Com o mesmo pincel, passe uma sombra em pó champanhe cintilante diretamente sobre a maquiagem em creme aplicada.
3. Neste look, a cor das pálpebras deve ficar mais intensa do que a da parte côncava dos olhos. Para isso, aplique uma sombra bege opaca com o pincel para pó iluminador nº 22 apenas na parte côncava dos olhos. O tom opaco e um pouco mais escuro deixará a maquiagem mais sutil.
4. Passe uma sombra de tom intermediário opaca com o pincel nº 11 do canto externo da dobra dos olhos até o canto interno. Para obter uma definição suave, utilize uma sombra marrom-acinzentada opaca escura (uma nuance um pouco mais escura do que o tom de sua pele).
5. Harmonize o tom intermediário com o pincel para mistura de sombras nº 28 a fim de que não haja contrastes destoantes.

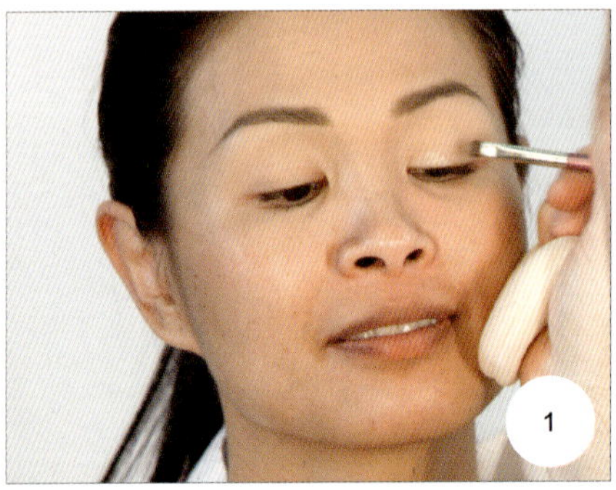

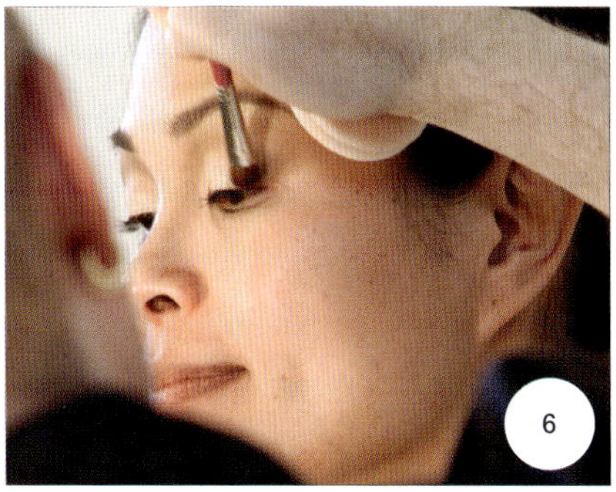

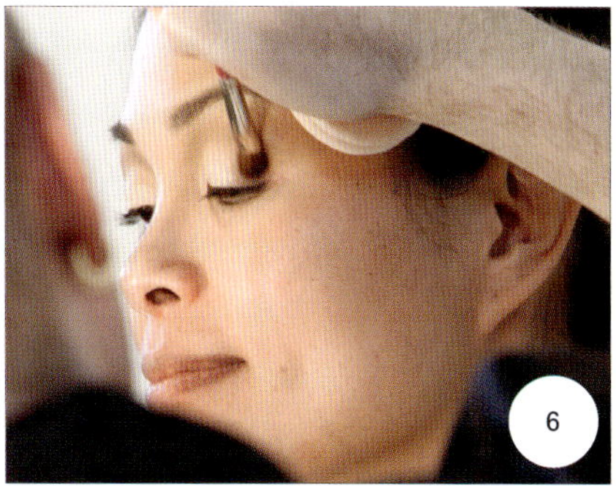

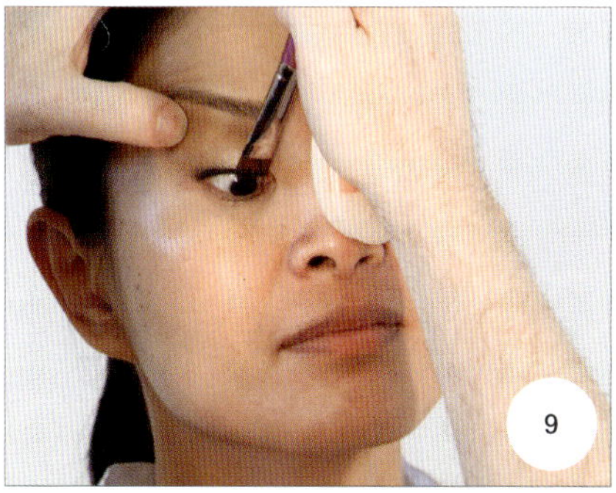

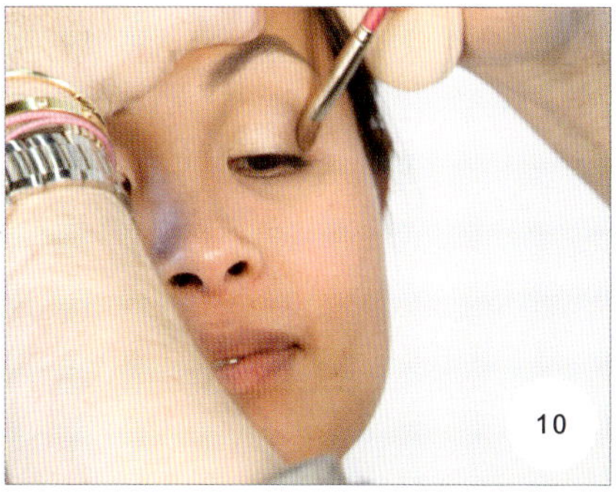

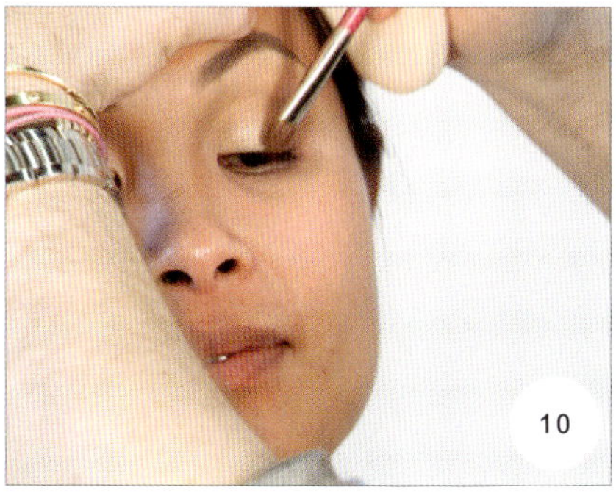

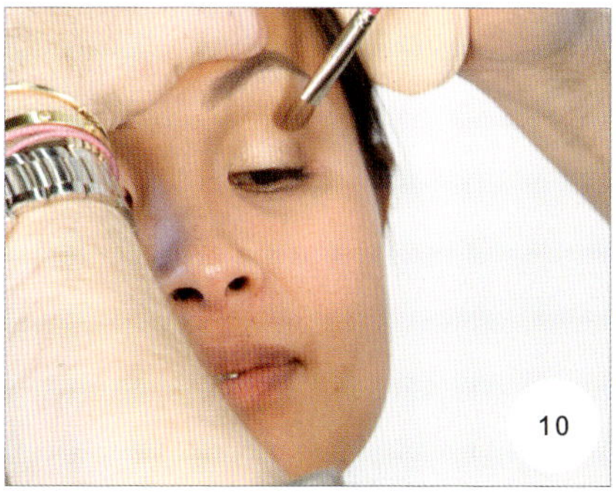

6. Utilize o pincel para contorno nº 30 a fim de definir a terça parte externa das pálpebras com o tom de sombra intermediário. Em seguida, use o pincel para mistura de sombras nº 28 como meio de harmonizar a cor.
7. Curve os cílios e aplique a primeira camada de máscara nos superiores (consulte a página 42 para rever esta técnica).
8. Para enfatizar um pouco mais a linha dos cílios, marque a linha de cílios superior com um delineador preto, do canto interno ao externo. Mantenha-o bem próximo da linha dos cílios, para que comece fino no canto interno e fique gradativamente mais grosso à medida que se aproxima do canto externo.
9. Com o pincel delineador nº 18, aplique um pouco de sombra preta na linha de cílios superior para suavizar o delineador usado. Durante a aplicação, puxe-a levemente para cima para uniformizar a linha.
10. Passe uma sombra marrom-escura cintilante com o pincel para contorno nº 30 na terça parte externa das pálpebras e sobre a dobra dos olhos. A aplicação dessa camada começa a criar a harmonização das cores.

11. Use o pincel para mistura de sombras nº 28 a fim de harmonizar o tom de contorno.

12. Aplique a sombra de tom intermediário com o pincel para detalhes dos olhos nº 13 em toda a linha de cílios inferior. Novamente, passe o pincel do canto externo ao interno.

13. Com o mesmo pincel, passe uma camada do tom de contorno sobre o tom intermediário em toda a linha de cílios inferior. A aplicação em camadas do tom intermediário seguido pelo de contorno cria um degradê de cores, tornando a definição da linha de cílios inferior mais natural e uniforme.

14. Com o pincel para pó iluminador nº 14, realce o canto interno da linha de cílios inferior. Este passo confere um verdadeiro brilho a essa área, além de um efeito de olhos bem abertos.

15. Aplique mais uma camada de máscara nos cílios superiores e outra nos inferiores. Após finalizar o restante da maquiagem, passe mais uma camada nos cílios superiores. Lembre-se de que é importante ter cílios sensuais neste look, portanto, não tenha medo de aplicar camadas de máscara nos superiores (consulte a página 44 para rever esta técnica).

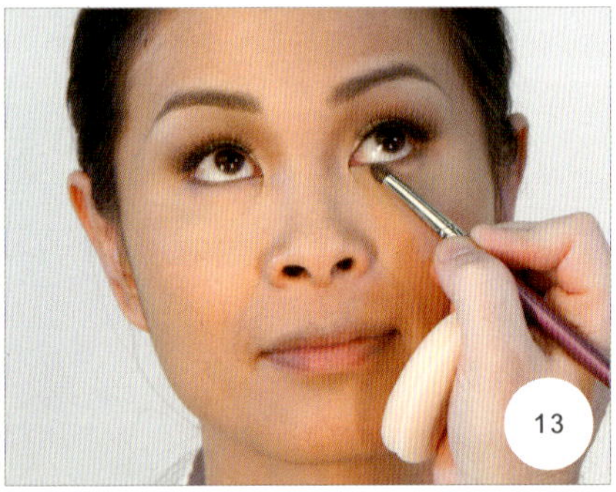

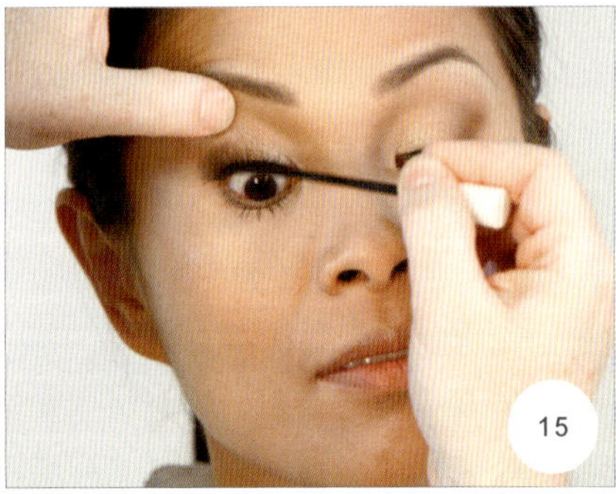

bochechas

Este look requer maçãs do rosto lindamente coradas. Chamo esse processo de "realçar as maçãs". Basta dois passos e um segredinho.

1. Primeiro, passe um blush creme a pó pêssego claro com o pincel nº 64 nas maçãs do rosto, da parte da frente para trás, mantendo a cor nas maçãs. Em seguida, aplique um pouco de pó solto para fixar o blush.
2. Aplique o pó bronzeador opaco com o pincel para pó bronzeador/blush nº 73 da parte de trás das maçãs do rosto até a frente delas. Em seguida, passe o pincel de volta, em direção às orelhas.
3. Agora, passe o pincel para cima e para baixo a fim de harmonizar a cor na pele. Uniformize bem, caso contrário, a aparência não ficará natural.
4. Aplique um pouco do pó nas têmporas para ajudar a moldar o rosto. Passe-o em torno das têmporas e cavidades oculares. Este passo confere uma aparência corada e reluzente ao rosto.
5. É possível usar também um pouco de pó na mandíbula, o que definirá melhor o rosto e conferirá ainda mais brilho a ele.
6. Para finalizar, usando o pincel nº 73, passe um tom de blush em pó que combine com o do creme (um pêssego intenso translúcido) apenas nas maçãs do rosto, da parte da frente para trás. A aplicação de uma camada de pó sobre outra de creme confere uma aparência perfeitamente corada ao rosto, além de proporcionar uma duração mais longa.

"Em qualquer idade, menos pode significar mais."

lábios

1. Este look requer lábios nude claros. Para isso, primeiro passe um corretivo nos lábios e na linha labial a fim de criar uma base perfeita para a maquiagem sutil.
2. Finalize com uma camada de gloss nude perfeito para produzir lábios mais brilhantes, carnudos e sensuais. Aplique-o com o pincel para lábios nº 80 a fim de que o gloss fique ainda mais reluzente.

vinho de inveja

Este é um exemplo perfeito de como produzir uma maquiagem natural usando uma cor forte, como o vinho. Com a combinação perfeita de tons neutros e uma boa harmonização, é possível criá-la com um toque de sofisticação. Este é o chamado look natural requintado. Você já deve ter visto mulheres que se destacam sem parecerem estar maquiadas. Isso se deve às cores e à definição extra. Então, vá em frente e seja a mulher que todos invejam por acreditarem que você já acordou linda!

Confira o método abaixo:

olhos

1. Com o pincel para pó iluminador nº 22, passe uma sombra creme a pó dourada clara cintilante apenas nas pálpebras (da linha dos cílios à dobra dos olhos). Você aplicará camadas alternadas de creme e pó para produzir pálpebras mais dramáticas.
2. Com o mesmo pincel, passe uma sombra em pó dourada cintilante diretamente sobre a maquiagem em creme aplicada. Aplique-a também na parte côncava dos olhos, que é a área logo abaixo do arco das sobrancelhas.
3. Curve os cílios e aplique a primeira camada de máscara nos superiores (consulte a página 42 para rever esta técnica).

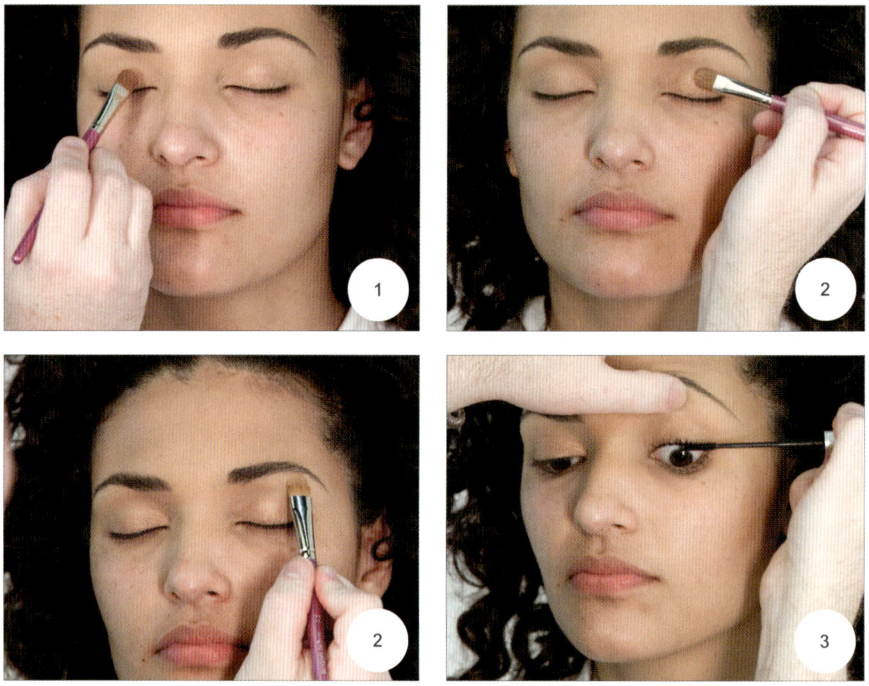

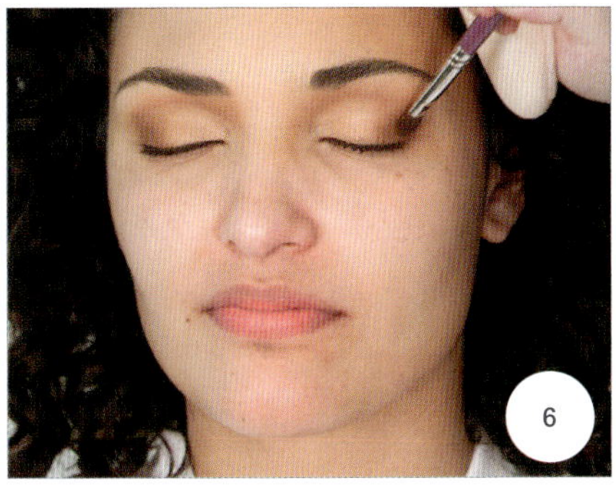

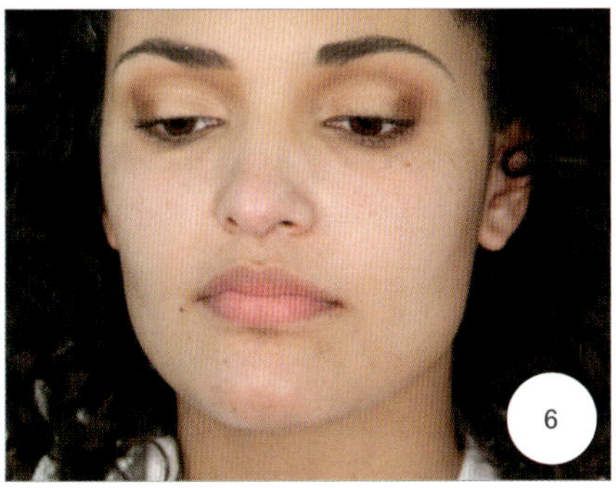

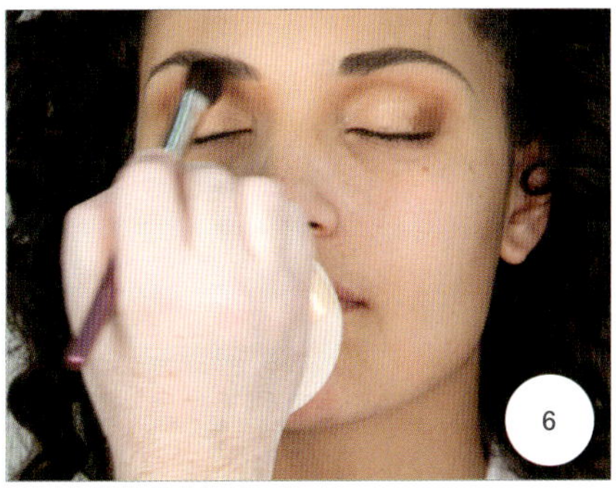

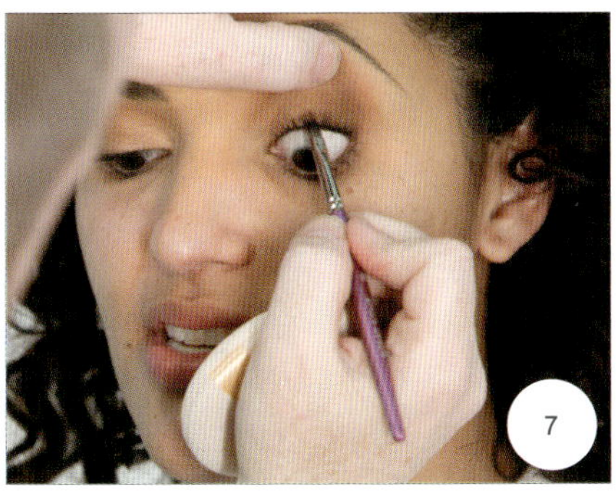

4. Passe uma sombra de tom intermediário opaca com o pincel nº 11, começando do canto externo da dobra dos olhos até o canto interno. Para obter uma definição suave, utilize uma sombra bege rosada opaca (uma nuance um pouco mais escura do que o tom de sua pele).
5. Harmonize o tom intermediário com o pincel para mistura de sombras nº 28 a fim de que não haja contrastes destoantes.
6. Utilize o pincel para contorno nº 30 a fim de definir a terça parte externa das pálpebras com o tom de sombra intermediário. Em seguida, use o pincel para mistura de sombras nº 28 a fim de harmonizar a cor.
7. Para começar a definir a linha dos cílios, empurre uma sombra preta com o pincel nº 41 na raiz.
8. Para enfatizar um pouco mais a linha dos cílios, marque a linha de cílios superior com um delineador preto, do canto interno ao externo. Mantenha-o bem próximo da linha dos cílios, para que comece fino no canto interno e fique gradativamente mais grosso à medida que se aproxima do canto externo.

"Este é o chamado look natural requintado."

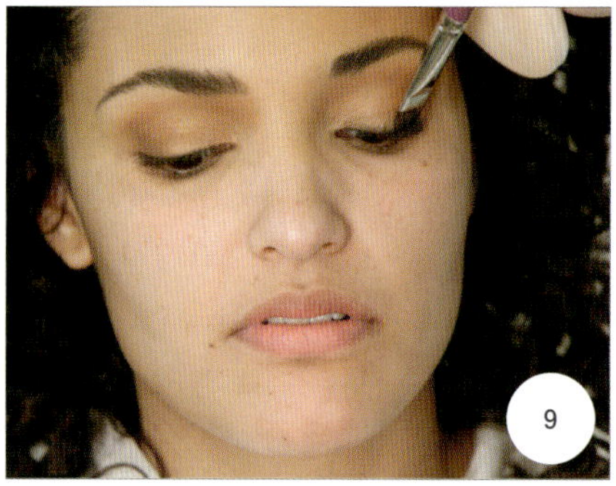

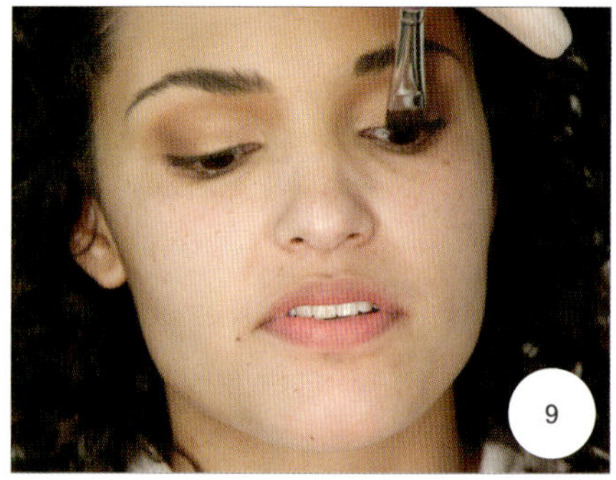

9. Com o pincel delineador nº 18, aplique um pouco de sombra preta na linha de cílios superior para suavizar o delineador usado. Durante a aplicação, puxe-a levemente para cima a fim de uniformizar a linha.
10. Passe uma sombra vinho-escura cintilante com o pincel para contorno nº 30 na terça parte externa das pálpebras e sobre a dobra dos olhos. A aplicação dessa camada começa a criar a harmonização das cores.
11. Use o pincel para mistura de sombras nº 28 a fim de harmonizar o tom de contorno.
12. Aplique a sombra de tom intermediário com o pincel para detalhes dos olhos nº 13 em toda a linha de cílios inferior. Novamente, passe o pincel do canto externo ao interno.
13. Com o mesmo pincel, passe uma camada do tom de contorno sobre o tom intermediário em toda a linha de cílios inferior. A aplicação em camadas do tom intermediário seguido pelo de contorno cria um degradê de cores, tornando a definição da linha de cílios inferior mais natural e uniforme.
14. Com o pincel para pó iluminador nº 14, realce o canto interno da linha de cílios inferior. Este passo confere um verdadeiro brilho a essa área, além de um efeito de olhos bem abertos.

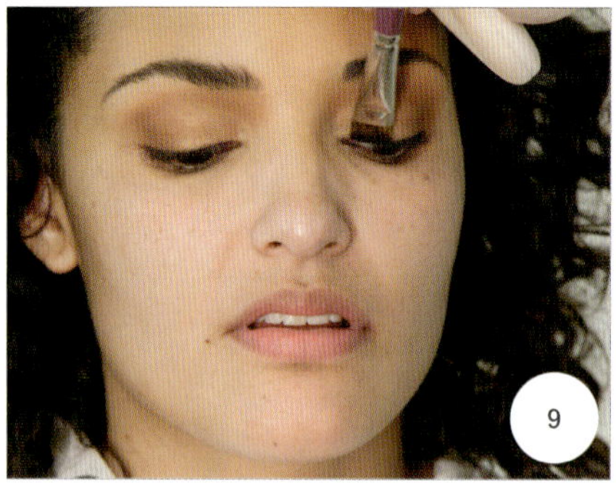

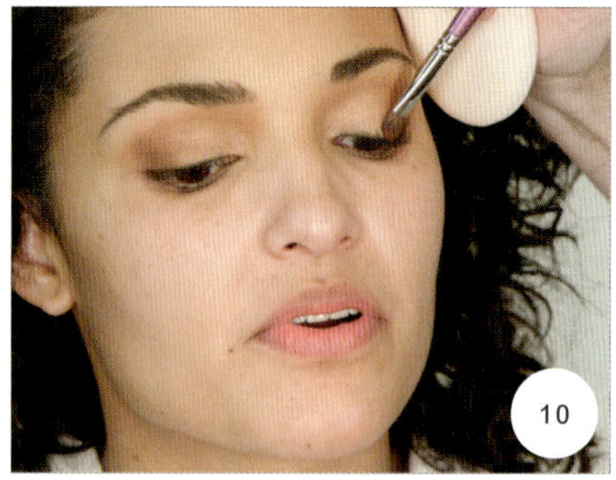

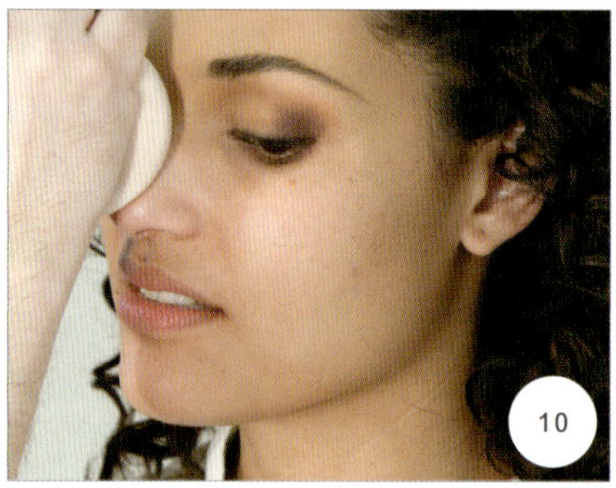

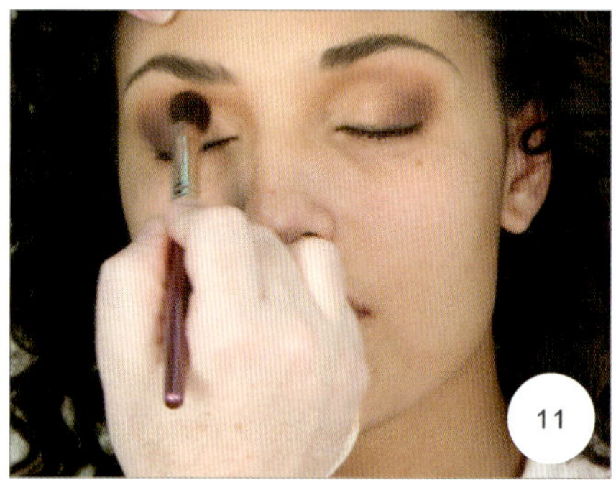

15. Aplique mais uma camada de máscara nos cílios superiores e outra nos inferiores. Após finalizar o restante da maquiagem, passe mais uma camada nos cílios superiores. Lembre-se de que é importante ter cílios sensuais neste look, portanto, não tenha medo de aplicar camadas de máscara nos cílios superiores (consulte a página 44 para rever esta técnica).

bochechas

1. Aplique o pó bronzeador opaco com o pincel para pó bronzeador/blush nº 73 da parte de trás das maçãs do rosto até a frente delas. Em seguida, passe o pincel de volta, em direção à orelha.
2. Agora, passe o pincel para cima e para baixo a fim de harmonizar a cor na pele. Uniformize bem, caso contrário, a aparência não ficará natural.
3. Aplique um pouco do pó nas têmporas para ajudar a moldar o rosto. Passe-o em torno das têmporas e cavidades oculares. Este passo confere uma aparência corada e reluzente ao rosto.
4. Para exibir mais cor, sorria e passe o blush em pó damasco intenso translúcido com o pincel nº 73 nas maçãs do rosto, harmonizando-o de volta em direção à área bronzeada. Esta técnica confere uma aparência perfeitamente corada ao rosto.

lábios

1. Esse look requer lábios nude claros. Para isso, primeiro passe um corretivo nos lábios e na linha labial a fim de criar uma base perfeita para a maquiagem sutil.
2. Finalize com uma camada de gloss bege-areia perfeito para produzir lábios mais brilhantes, carnudos e sensuais. Aplique-o com o pincel para lábios nº 80 para que o gloss fique ainda mais reluzente.

"Vá em frente e seja a mulher que todos invejam por acreditarem que você já acordou linda!"

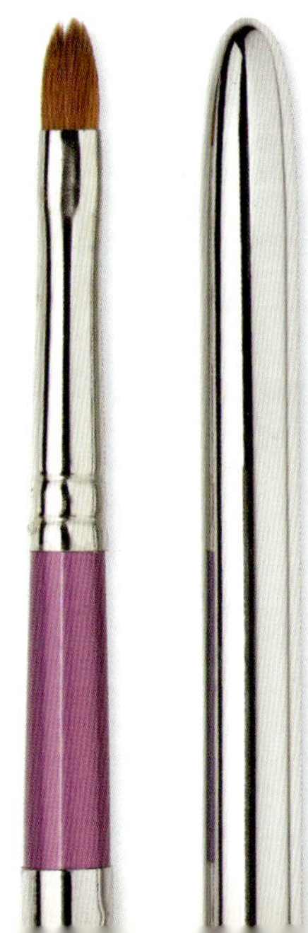

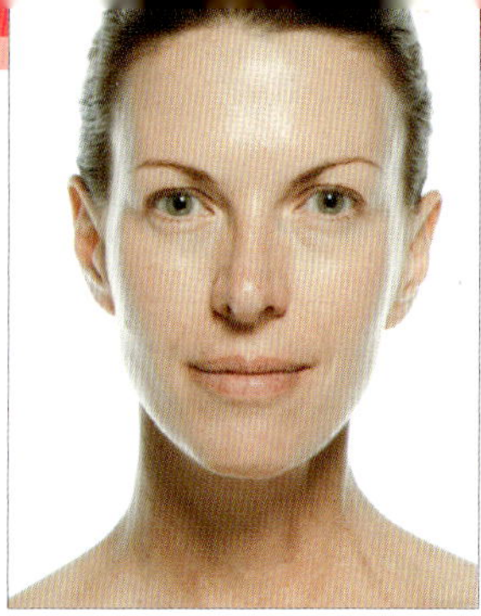

beleza corada

Muitas mulheres acreditam que o segredo está em usar bastante maquiagem, porém, isso não é verdade! Este look é o exemplo perfeito de uma produção jovial e exuberante que requer apenas a escolha de tons perfeitos, que fazem toda a diferença. Esta é uma maquiagem elegante que não apresenta exageros: olhos sutilmente definidos, um brilho pêssego perfeito e lábios deslumbrantes.

Confira o método abaixo:

olhos

1. Primeiro, com o pincel para pó iluminador nº 22, aplique uma sombra creme a pó bege cintilante nas pálpebras (da linha dos cílios à dobra dos olhos). Você passará camadas de sombra em creme e em pó para produzir pálpebras mais marcantes.
2. Com o mesmo pincel, passe uma sombra em pó champanhe cintilante sobre a cremosa aplicada nas pálpebras. Aplique-a também na parte côncava dos olhos, que é a área logo abaixo do arco da sobrancelha.
3. Agora, use o pincel nº 11 e passe uma sombra de tom intermediário opaca suavemente do canto externo da dobra até o canto interno. Use um marrom--acinzentado opaco (uma nuance um pouco mais escura do que o tom da sua pele) para obter uma definição sutil.
4. Harmonize o tom intermediário com o pincel para mistura de sombras nº 28 a fim de que não haja contrastes destoantes.

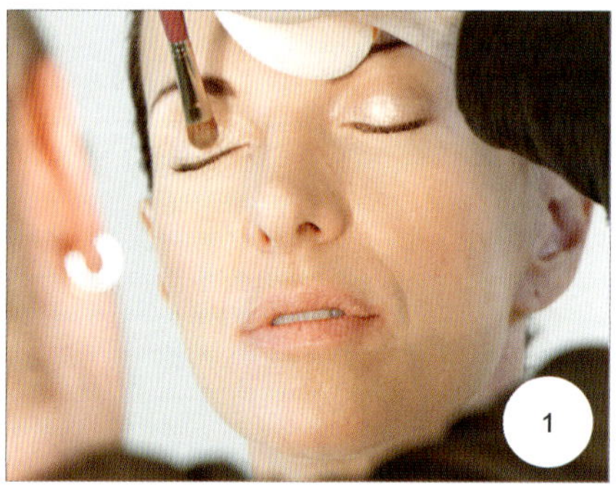

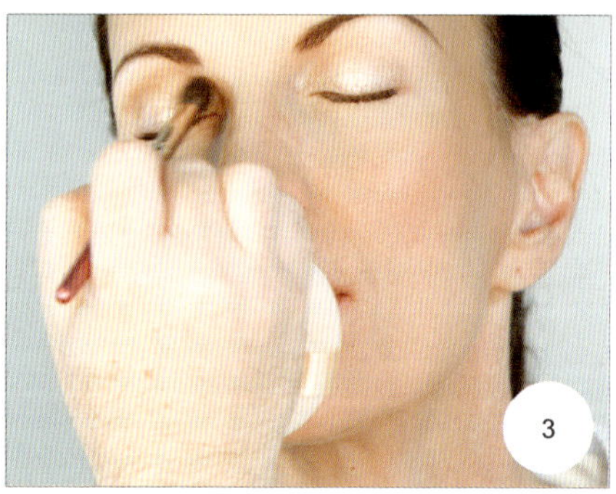

5. Agora, curve os cílios e aplique a primeira camada de máscara nos superiores (consulte a página 42 para rever esta técnica).
6. Para criar o delineamento intenso nas pálpebras superiores, marque a linha superior com um delineador preto, mantendo-o bem próximo dela.
7. Com o pincel nº 18, passe um pouco de sombra marrom-escura em toda a linha de cílios superior para suavizar o delineador. Durante a aplicação, puxe o pincel levemente para cima a fim de uniformizar a linha. O efeito da sombra marrom sobre o delineador preto cria um look mais sutil do que uma sombra preta.
8. Em seguida, utilize o pincel para contorno nº 30 como meio de definir a terça parte externa das pálpebras com o tom de sombra intermediário. Harmonize-o com o pincel nº 28.

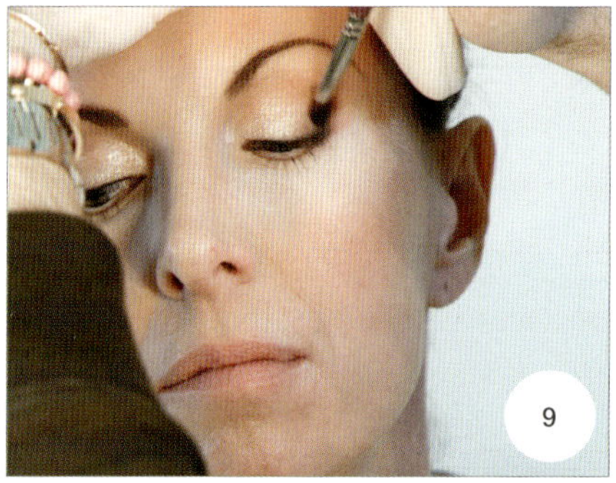

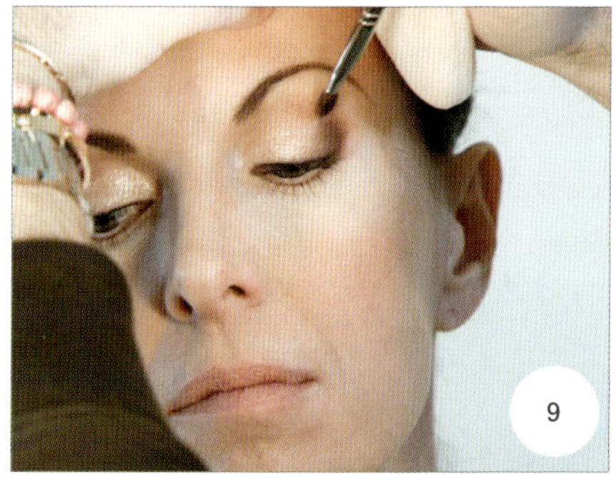

9. Com o pincel nº 30, passe uma sombra marrom-escura na terça parte externa das pálpebras e para cima, na dobra dos olhos. Essa camada é aplicada sobre o tom intermediário para começar a harmonização.
10. Harmonize a cor de contorno com o pincel nº 28.
11. Passe a sombra de tom intermediário com o pincel para detalhes dos olhos nº 13 em toda a extensão da linha de cílios inferior, do canto externo ao interno.
12. Com o mesmo pincel, aplique uma camada do tom de contorno sobre a sombra recém-aplicada, em toda a extensão da linha de cílios inferior. A aplicação da camada de contorno sobre o tom intermediário criará um degradê de cores, tornando a definição dessa linha mais natural e uniforme.
13. Realce o canto interno da linha de cílios inferior com o pincel para pó iluminador nº 14. Este passo confere um verdadeiro brilho a essa área, além de um efeito de olhos bem abertos.

Aplicaremos as últimas camadas de máscara no fim da maquiagem.

bochechas

1. Passe uma camada de pó bronzeador opaco com o pincel para pó bronzeador/blush nº 73, aplicando-o da parte de trás das maçãs do rosto até a frente delas. Em seguida, passe-o de volta, em direção à orelha.
2. Agora, passe o pincel para cima e para baixo a fim de harmonizar a cor na pele. Uniformize bem, caso contrário, a aparência não ficará natural.
3. Aplique um pouco do pó acima e em torno das têmporas e cavidades oculares para ajudar a moldar o rosto. Este passo confere uma aparência corada e reluzente a ele.
4. Para exibir mais cor, sorria e passe o blush em pó pêssego intenso translúcido com o pincel nº 73 nas maçãs do rosto, harmonizando-o de volta em direção à área bronzeada. Esta técnica confere uma aparência perfeitamente corada ao rosto.

"Este look requer a escolha dos tons certos que fazem a diferença."

lábios

1. Para criar lábios bem definidos, aplique um lápis labial nude começando pelo V do "arco do cupido". Em seguida, passe-o em torno das curvas do arco e sobre elas.
2. Agora, passe o lápis a partir dos cantos externos até o meio dos lábios.
3. No lábio inferior, primeiro intensifique sua curva inferior. Depois, passe o lápis nos cantos externos, seguindo em direção ao meio. Aplique-o em torno dos lábios inteiros, até quase a linha invisível na borda da parte colorida deles.
4. Com o mesmo lápis, preencha metade dos lábios, em direção ao meio deles. Isso ajudará a manter a cor por mais tempo, além de deixar o delineador mais natural.
5. Use o pincel para lábios nº 80 a fim de harmonizar o delineador.
6. Com o mesmo pincel, preencha todo o lábio com o batom pêssego perfeito. Harmonize-o muito bem sobre o delineador.
7. Finalize com uma camada fina de gloss pêssego translúcido para deixar a aparência dos lábios mais brilhante, carnuda e sensual. Aplique-o com o pincel para lábios nº 80 a fim de que o gloss fique ainda mais reluzente.

olhos

Estes são os passos para finalizar a maquiagem dos olhos.

14. Aplique mais uma camada de máscara nos cílios superiores e outra nos inferiores. Após finalizar o restante da maquiagem, passe mais uma camada nos cílios superiores. Lembre-se de que é importante ter cílios sensuais neste look, portanto, não tenha medo de aplicar camadas de máscara nos cílios superiores (consulte a página 44 para rever esta técnica).

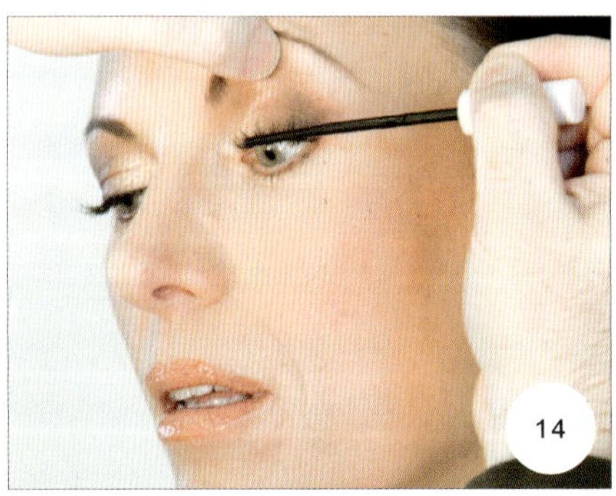

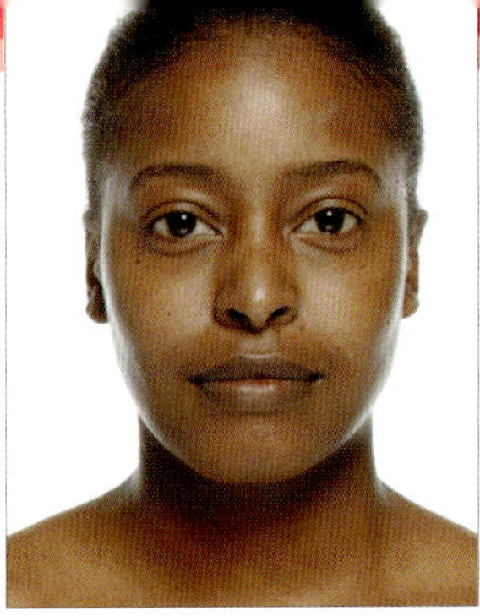

esfumado noturno

Não costumo produzir olhos e lábios marcantes, porém, neste caso, a combinação funciona. Um dos motivos é que o tom de pele da modelo possibilita esta maquiagem. Além disso, os olhos esfumados foram diluídos com a iluminação do canto interno dos olhos. Este é definitivamente um look para a noite, contudo, imaginem a atenção que chamará! Experimente-o, afinal, é bom ser a mulher mais linda de uma festa!

Confira o método abaixo:

olhos

1. Com o pincel para pó iluminador nº 22, passe uma sombra dourada pêssego cintilante nas pálpebras e na parte côncava dos olhos.
2. Passe uma sombra de tom intermediário opaca com o pincel nº 11 do canto externo da dobra dos olhos até o canto interno. Para obter uma definição suave, utilize uma sombra bege rosada opaca (uma nuance um pouco mais escura do que o tom de sua pele).
3. Harmonize o tom intermediário com o pincel para mistura de sombras nº 28 a fim de que não haja contrastes destoantes.
4. Curve os cílios e aplique a primeira camada de máscara nos superiores (consulte a página 42 para rever esta técnica).
5. Como uma cor intensa será aplicada, passe pó na área sob os olhos com o pincel nº 76 para que este segure qualquer mancha. Quando a maquiagem estiver finalizada, escove esse pó para fora, o que removerá qualquer traço indesejado de sombra da aplicação, além de deixá-la com a pele impecável.

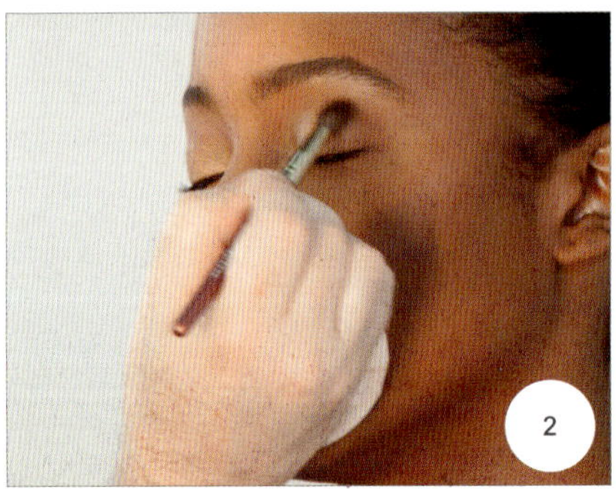

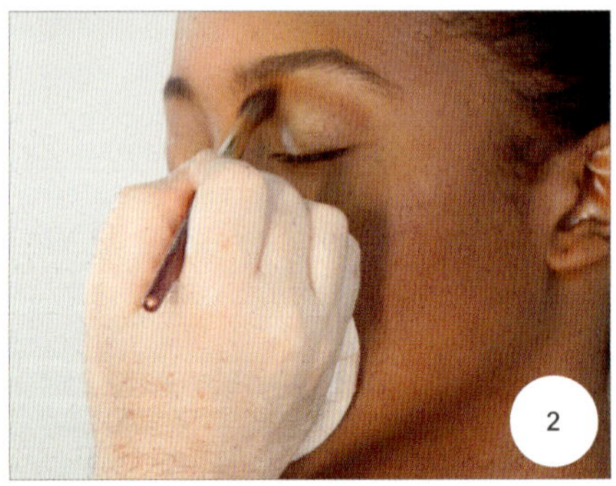

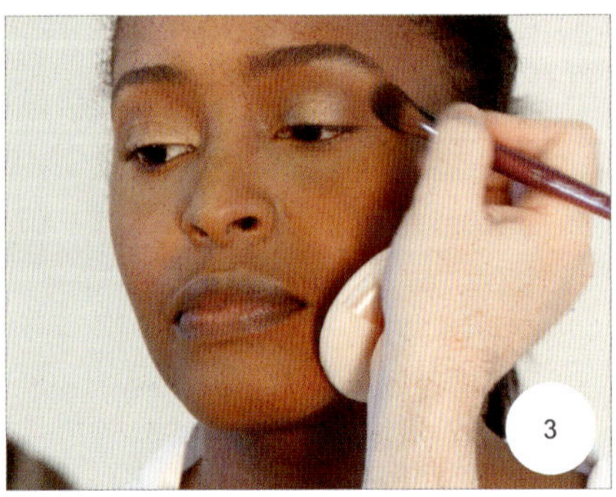

6. Com o pincel para contorno nº 30, aplique uma sombra cinza-escura cintilante na terça parte externa das pálpebras e para cima, até a dobra dos olhos. Para um efeito mais intenso, passe-a com toques repetidos e leves. Essa camada sobre o tom intermediário começará a harmonizar as cores.
7. Em seguida, use o pincel para mistura de sombras nº 28 a fim de harmonizar o tom de contorno.
8. Com o mesmo pincel, passe a sombra na dobra dos olhos em um formato meia-lua.
9. Para um efeito mais dramático, aplique mais uma camada do tom de contorno. Usando o pincel nº 30, passe mais sombra com toques repetidos e leves na metade externa das pálpebras. Lembre-se de que essa forma de aplicação deixará a cor mais intensa.
10. Usando o pincel nº 28, harmonize a sombra de contorno em direção ao canto interno. Isso proporcionará um degradê perfeito que cobrirá a terça parte externa das pálpebras.
11. Com o pincel nº 18, passe um pouco de sombra preta em toda a linha de cílios superior para criar uma impressão demarcada. Durante a aplicação, puxe-a levemente para cima com o pincel para harmonizar a linha.
12. Aplique um pouco mais da sombra de contorno na terça parte externa das pálpebras com o pincel para sombra nº 30, o que deixará a maquiagem mais intensa. Em seguida, harmonize-a com o pincel nº 28.

13. Com o pincel para pó pequeno nº 76, escove para fora o pó aplicado sob os olhos, o que removerá qualquer mancha de sombra da aplicação.
14. Aplique outra camada de máscara nos cílios superiores.
15. Aplique a sombra de tom intermediário com o pincel para detalhes dos olhos nº 13 em toda a linha de cílios inferior. Novamente, passe o pincel do canto externo ao interno.
16. Com o mesmo pincel, passe uma camada da cor de contorno sobre o tom intermediário na linha de cílios inferior. A aplicação em camadas do tom intermediário seguido pelo de contorno cria um degradê de cores, tornando a definição da linha de cílios inferior mais natural e uniforme.
17. Com o pincel delineador nº 18, aplique um pouco de sombra preta nos cílios inferiores e na linha deles. Isso produzirá uma maquiagem mais dramática, porém não delineada.
18. Com o pincel para pó iluminador nº 14, realce o canto interno da linha de cílios inferior. Este passo ajuda a suavizar o efeito esfumado.
19. Aplique mais uma camada de máscara nos cílios superiores e outra nos inferiores. Após finalizar o restante da maquiagem, passe mais uma camada nos cílios superiores. Lembre-se de que é importante ter cílios sensuais neste look, portanto, não tenha medo de aplicar camadas de máscara nos cílios superiores (consulte a página 44 para rever esta técnica).

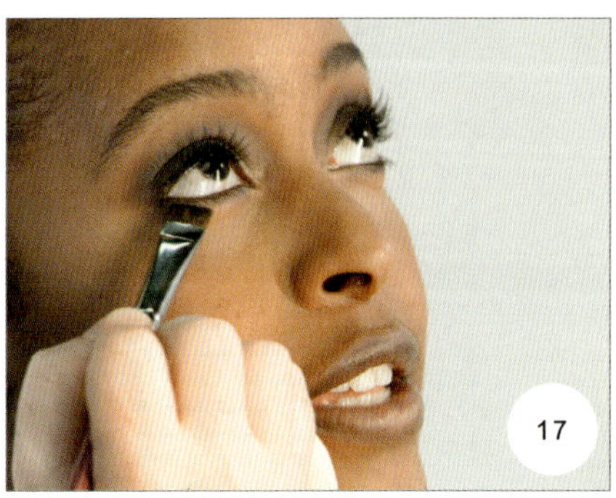

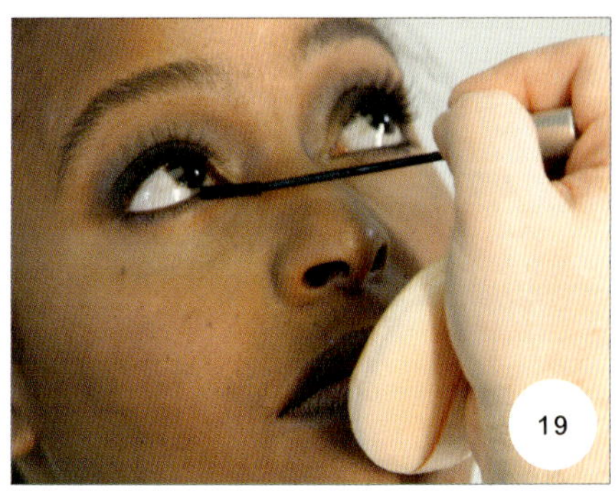

bochechas

1. Para criar uma maquiagem suave e reluzente nas maçãs do rosto, é preciso aplicar o blush em camadas, começando com o creme a pó. Use o pincel nº 64 para passar um blush damasco intenso nas maçãs do rosto, da parte da frente para trás.
2. Em seguida, passe um pouco de pó solto ou compacto.
3. Para exibir mais cor, sorria e passe o blush em pó damasco intenso translúcido com o pincel para blush/pó bronzeador nº 74 nas maçãs do rosto, da parte da frente para trás.

lábios

1. Os lábios neste look devem ser marcantes. Para que fiquem perfeitos, é preciso prepará-los primeiro. Comece aplicando um lip balm, o que ajudará a deixá-los suaves para a maquiagem. Deixe-o agir por alguns minutos, depois encoste um lenço de papel nos lábios e remova-o para que absorva qualquer excesso, que reduziria a duração do batom.
2. Em seguida, passe um corretivo nos lábios e em toda a linha labial.
3. Aplique um pouco de pó neles para criar a base neutra perfeita à produção de lábios dramáticos com bordas firmes.
4. Passe um lápis delineador vinho, começando no V do "arco do cupido". Em seguida, aplique-o em torno das curvas do arco e sobre elas.
5. Depois, passe o lápis a partir dos cantos externos até o meio dos lábios.
6. No lábio inferior, primeiro intensifique sua curva inferior. Depois, passe o lápis nos cantos externos, seguindo em direção ao meio. Aplique-o em torno dos lábios, até quase a linha invisível na borda da parte colorida deles.

7. Com o mesmo lápis, preencha agora os lábios inteiros. Isso ajudará a manter a cor por mais tempo, porque o delineador tem uma textura mais seca que o batom.
8. Use o pincel para lábios nº 80 a fim de harmonizar o delineador, deixando os lábios uniformes e macios.
9. Em seguida, aplique o batom vermelho- -escuro com o pincel para lábios, harmonizando-o bem sobre o delineador.
10. Encoste um lenço de papel nos lábios e remova-o para que absorva qualquer umidade do batom, enquanto a cor é mantida. Em seguida, passe outra camada de batom. A aplicação dessas três camadas (uma de delineador e duas de batom) proporciona uma cor intensa e real, além de aumentar a duração do batom.
11. Finalize com uma camada fina de gloss vinho intenso para deixar os lábios mais brilhantes, carnudos e sensuais. Aplique-o com o pincel para lábios nº 80 a fim de que fique ainda mais reluzente.

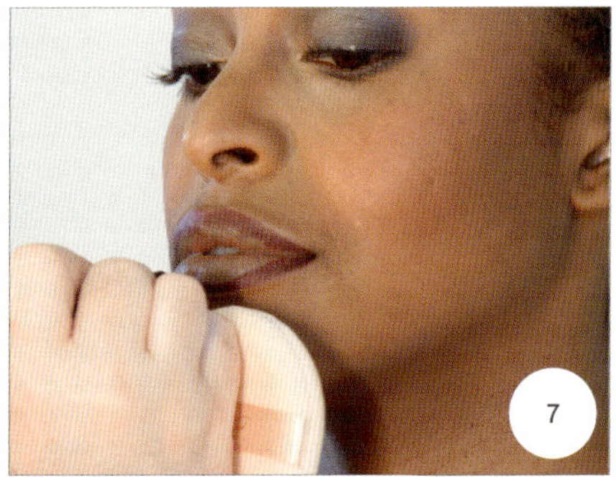

“Afinal, é bom ser a mulher mais linda de uma festa!”

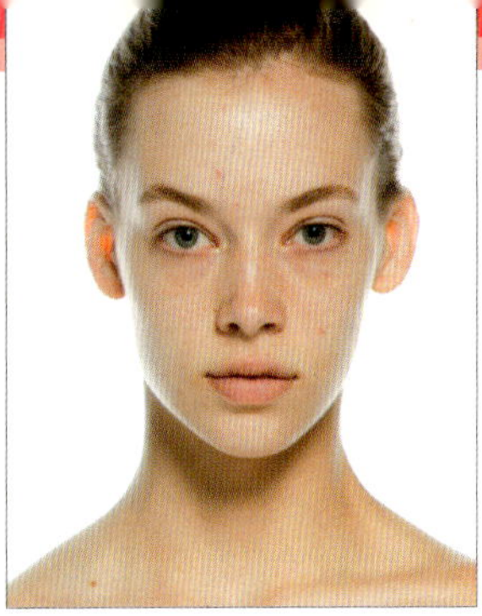

raio de luz

O que é belo é belo, e este look é sutil, porém muito elegante! Adoro quando é possível criar uma maquiagem que define tudo naturalmente, sem deixar a aparência produzida demais. Maçãs do rosto coradas, lábios discretos e linha de cílios bem delineada são sempre sinônimos de perfeição. Nesta produção, o brilho é natural e suave. É também perfeito para mulheres de todas as idades. Nunca é demais estar linda!

Confira o método abaixo:

olhos

1. Com o pincel para pó iluminador nº 22, aplique uma sombra creme a pó bege cintilante nas pálpebras (apenas da linha de cílios até a dobra dos olhos). Você passará camadas de sombra em creme e em pó para produzir pálpebras mais marcantes.
2. Com o mesmo pincel, aplique uma sombra em pó champanhe cintilante sobre a em creme aplicada nas pálpebras. Passe-a também na parte côncava dos olhos, que é a área logo abaixo do arco das sobrancelhas.
3. Curve os cílios e aplique a primeira camada de máscara nos superiores (consulte a página 42 para rever esta técnica).

1

2

3

"Nunca é demais estar linda!"

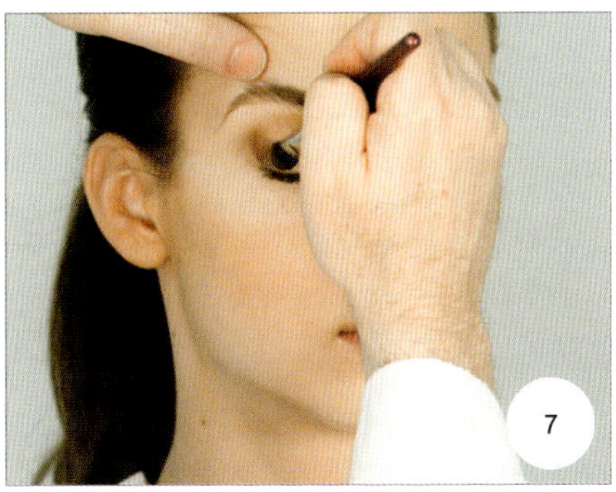

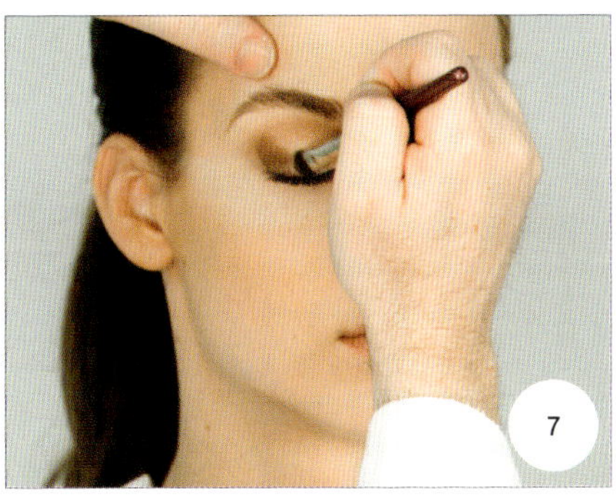

4. Passe uma sombra de tom intermediário opaca com o pincel nº 11 do canto externo da dobra do olho até o canto interno. Para obter uma definição suave, utilize uma sombra marrom-acinzentada opaca (uma nuance um pouco mais escura do que o tom de sua pele).
5. Harmonize o tom intermediário com o pincel para mistura de sombras nº 28 a fim de que não haja contrastes destoantes.
6. Utilize o pincel para contorno nº 30 a fim de aplicar a sombra de tom intermediário e definir a terça parte externa das pálpebras. Em seguida, use o pincel para mistura de sombras nº 28 como meio de harmonizar.
7. Com o pincel para contorno nº 30, passe uma sombra marrom-escura na terça parte externa das pálpebras e para cima, até a dobra dos olhos. Essa camada sobre o tom intermediário começará a harmonizar as cores.

8. Use o pincel para mistura de sombras nº 28 a fim de harmonizar a cor de contorno.
9. Com o pincel nº 18, passe um pouco de sombra preta em toda a linha de cílios superior para definição. Durante a aplicação, puxe-a levemente para cima com o pincel a fim de criar uma linha esfumada bem harmonizada.
10. Aplique mais uma camada de máscara nos cílios superiores.
11. Aplique uma sombra de tom intermediário com o pincel nº 13 em toda a linha dos cílios. Passe-a do canto externo da dobra do olho ao interno.
12. Com o mesmo pincel, passe uma camada do tom de contorno sobre o intermediário recém-aplicado, em toda a linha de cílios inferior. A aplicação da camada de contorno sobre o tom intermediário criará um degradê de cores, tornando a definição dessa linha mais natural e uniforme.

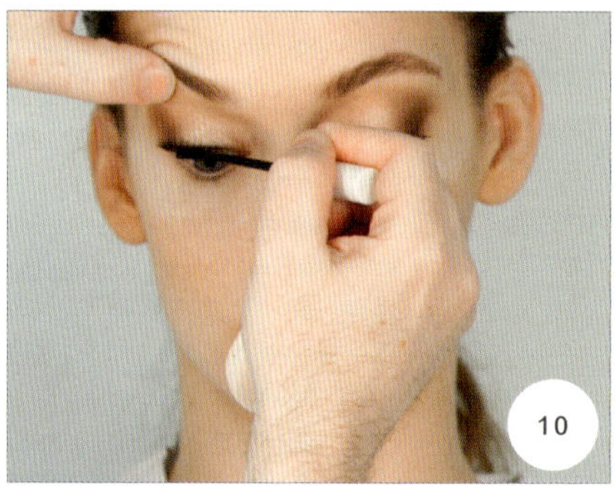

13. Com o pincel para pó iluminador nº 22, realce o canto interno da linha de cílios inferior. Este passo confere um verdadeiro brilho a essa área, além de um efeito de olhos bem abertos.
14. Aplique mais uma camada de máscara nos cílios superiores e outra nos inferiores. Após finalizar o restante da maquiagem, passe mais uma camada nos cílios superiores. Lembre-se de que é importante ter cílios sensuais neste look, portanto, não tenha medo de aplicar camadas de máscara nos cílios superiores (consulte a página 44 para rever esta técnica).

bochechas

Este look requer maçãs do rosto lindamente coradas. Chamo esse processo de "realçar as maçãs". Basta dois passos e um segredinho.

1. Primeiro, passe um blush creme a pó pêssego-claro com o pincel para blush nº 64 nas maçãs do rosto, da parte da frente para trás, mantendo a cor nas maçãs. Em seguida, aplique um pouco de pó solto para fixar o blush.
2. Aplique o pó bronzeador (do mesmo tom usado nos olhos) com o pincel para pó bronzeador/blush nº 73 da parte de trás das maçãs do rosto até a frente delas. Em seguida, passe o pincel de volta, em direção à orelha.
3. Agora, passe o pincel para cima e para baixo a fim de harmonizar a cor na pele. Uniformize bem, caso contrário, a aparência não ficará natural.

4. Aplique um pouco do pó nas têmporas para ajudar a moldar o rosto. Passe-o em torno das têmporas e cavidades oculares. Este passo confere uma aparência corada e reluzente ao rosto.
5. É possível usar também um pouco de pó na mandíbula, o que definirá melhor o rosto e conferirá ainda mais brilho a ele.
6. Para finalizar, usando o pincel nº 73, passe um tom de blush em pó que combine com o do creme (um pêssego intenso translúcido) apenas nas maçãs do rosto, da parte da frente para trás. A aplicação de uma camada de pó sobre outra de creme confere uma aparência perfeitamente corada ao rosto, além de proporcionar uma duração mais longa.

lábios

7. Este look requer lábios suaves e naturais. Para isso, primeiro passe um corretivo nos lábios e na linha labial a fim de criar uma base perfeita para a maquiagem sutil.
8. Finalize com uma camada de gloss pêssego translúcido, perfeito para produzir lábios mais brilhantes, carnudos e sensuais. Aplique-o com o pincel para lábios nº 80 a fim de que o gloss fique ainda mais reluzente.

"Nesta produção, o brilho é natural e suave."

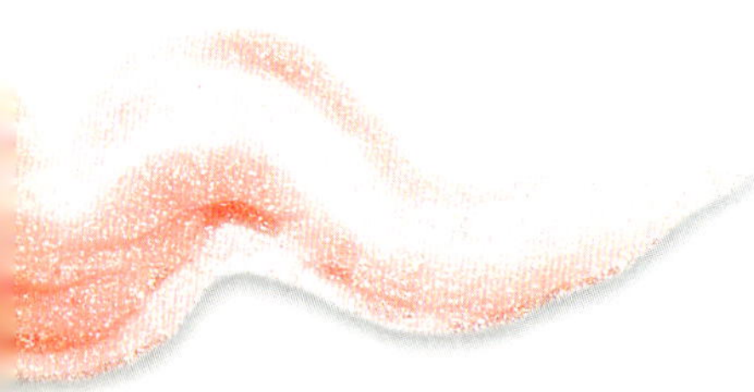

deusa bronze

Não importa o tom de sua pele: um look bronze natural é deslumbrante! Aqui, tonalidades de cobre quente são combinadas com uma pele impecável e maçãs do rosto sutilmente coradas. Esta maquiagem tornou-se um clássico e, com as escolhas certas de cor, é adequada para todas as peles. Nada é mais apropriado e bonito para qualquer ocasião do que estar "maquiada sem parecer produzida".

Confira o método abaixo:

olhos

1. Com o pincel para pó iluminador nº 22, aplique uma sombra creme a pó dourada pêssego cintilante nas pálpebras (apenas da linha de cílios até a dobra dos olhos). Você passará camadas de sombra em creme e em pó para produzir pálpebras mais marcantes.
2. Com o mesmo pincel, aplique uma sombra em pó dourada pêssego cintilante sobre a em creme aplicada nas pálpebras. Passe-a também na parte côncava dos olhos, que é a área logo abaixo do arco das sobrancelhas.
3. Passe uma sombra de tom intermediário opaca com o pincel nº 11 do canto externo da dobra do olho até o canto interno. Para obter uma definição suave, utilize uma sombra bege rosada opaca (uma nuance um pouco mais escura do que o tom de sua pele).
4. Harmonize o tom intermediário com o pincel para mistura de sombras nº 28, a fim de que não haja contrastes destoantes.

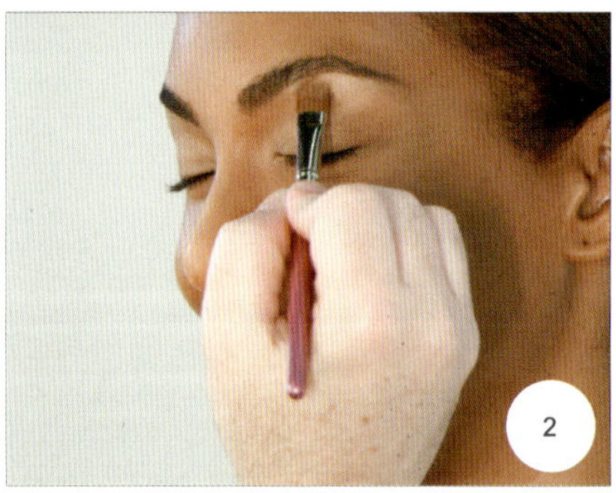

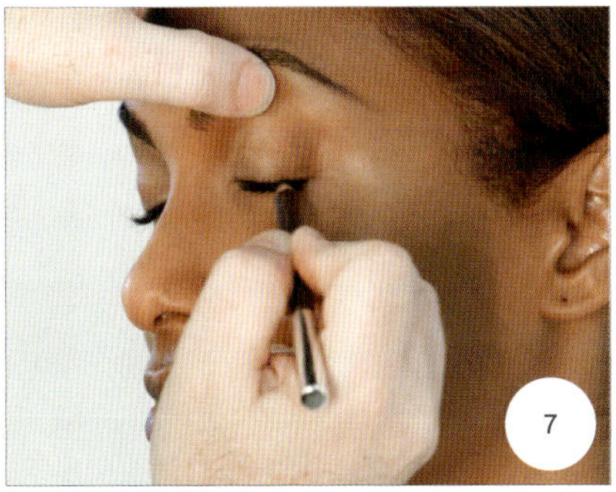

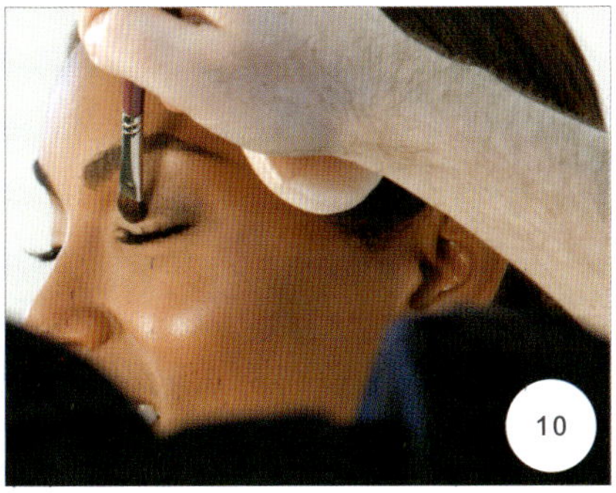

5. Utilize o pincel para contorno nº 30 para aplicar a sombra de tom intermediário e definir a terça parte externa das pálpebras. Em seguida, use o pincel nº 28 para harmonizar.
6. Curve os cílios e aplique a primeira camada de máscara nos superiores (consulte a página 42 para rever esta técnica).
7. Para realçar a linha dos cílios, marque a linha de cílios superior com o lápis delineador preto, do canto interno ao externo. Mantenha-o bem próximo à linha dos cílios. O objetivo é fazer uma linha bem fina no canto interno e gradativamente engrossá-la à medida que se aproxima do canto externo.
8. Com o pincel nº 18, passe um pouco de sombra preta em toda a linha de cílios superior para suavizar o delineador. Durante a aplicação, puxe-a levemente para cima com o pincel para uniformizar a linha.
9. Aplique uma sombra de tom intermediário com o pincel nº 13 em toda a linha de cílios inferior. Passe-a do canto externo ao interno.
10. Com o pincel para contorno nº 30, passe uma sombra vinho cintilante na terça parte externa das pálpebras e para cima, na dobra dos olhos. Essa camada é aplicada sobre o tom intermediário para começar a harmonização.
11. Use novamente o pincel nº 28 para harmonizar a cor de contorno.

12. Com o pincel para detalhes dos olhos nº 13, passe uma camada do tom de contorno sobre o intermediário em toda a linha de cílios inferior. A aplicação da camada de contorno sobre o tom intermediário criará um degradê de cores, tornando a definição dessa linha mais natural e uniforme.
13. Com o pincel para pó iluminador nº 14, realce o canto interno da linha de cílios inferior. Este passo confere um verdadeiro brilho a essa área, além de um efeito de olhos bem abertos.
14. Aplique mais uma camada de máscara nos cílios superiores e outra nos inferiores. Após finalizar o restante da maquiagem, passe mais uma camada nos cílios superiores. Lembre-se de que é importante ter cílios sensuais neste look, portanto, não tenha medo de aplicar camadas de máscara nos cílios superiores (consulte a página 44 para rever esta técnica).

bochechas

1. Para criar um efeito corado, sorria e aplique o blush em pó damasco intenso com o pincel nº 73 nas maçãs do rosto, passando-o de volta em direção à área bronzeada para uniformização. Esta técnica confere uma aparência perfeitamente corada ao rosto.

lábios

1. Para criar lábios suaves, porém bem definidos, é preciso primeiro passar um corretivo neles e na linha labial a fim de produzir uma base neutra perfeita para a maquiagem sutil.
2. Aplique um lápis labial uva, começando pelo V do "arco do cupido". Em seguida, passe-o em torno das curvas do arco e sobre elas.
3. Agora, passe o lápis a partir dos cantos externos até o meio dos lábios.
4. No lábio inferior, primeiro intensifique sua curva inferior. Depois, passe o lápis nos cantos externos, seguindo em direção ao meio. Aplique-o em torno dos lábios, até quase a linha invisível na borda da parte colorida deles.
5. Agora, preencha os lábios, exceto o meio deles. Isso reforçará a cor e ajudará a mantê-la por mais tempo.

"Não importa o tom de sua pele: um look bronze natural é deslumbrante!"

6. Use o pincel para lábios nº 80 a fim de harmonizar o delineador e deixá-lo mais natural.
7. Com o pincel para lábios, preencha todo o lábio com o batom bege rosado claro cintilante. Harmonize muito bem o batom sobre o delineador.
8. Finalize com uma camada fina de gloss uva translúcido para deixar a aparência dos lábios mais brilhante, carnuda e sensual. Aplique-o com o pincel para lábios nº 80 a fim de que o gloss fique ainda mais reluzente.

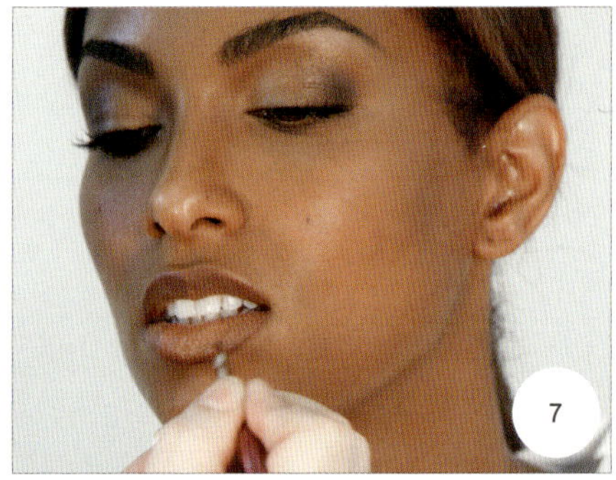

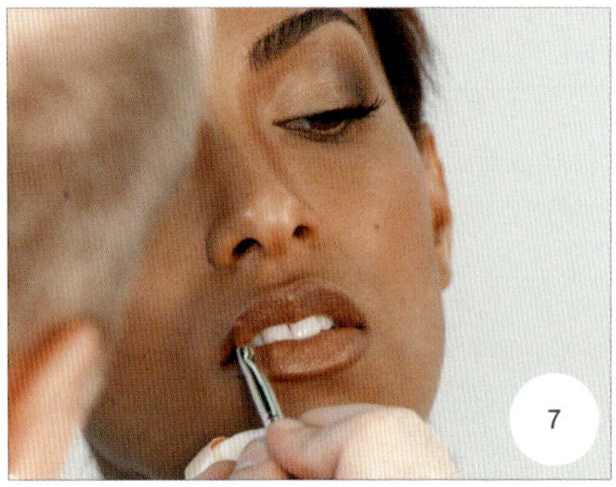

"O bronze é lindo!"

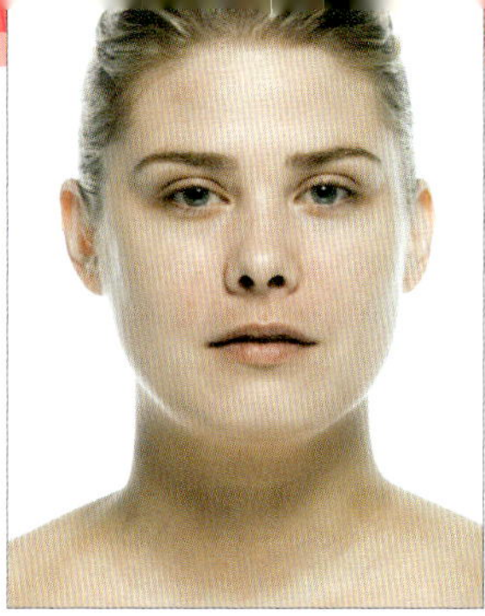

garota sensual

Esta é uma releitura de um visual dos anos 1980, porém sem o branco e o azul enfatizados. Talvez não relembre tanto essa época porque é uma produção moderna, também. Este look é puro requinte, e, se você for uma maquiadora experiente, poderá usá-lo de dia ou de noite. A maioria das mulheres, contudo, faria esta maquiagem apenas para uma ocasião noturna. Muitas cores podem ser utilizadas nesta produção: basta substituir o roxo pela cor de seus sonhos. Vá em frente e mostre toda a sua sofisticação!

Confira o método abaixo:

olhos

1. Com o pincel para pó iluminador nº 22, aplique uma sombra creme a pó bege cintilante nas pálpebras (apenas da linha de cílios até a dobra dos olhos). Você passará camadas de sombra em creme e em pó para produzir pálpebras mais marcantes.
2. Com o mesmo pincel, aplique uma sombra em pó champanhe cintilante sobre a em creme aplicada nas pálpebras. Passe-a também na parte côncava dos olhos, que é a área logo abaixo do arco das sobrancelhas.
3. Neste look, a aplicação da sombra de tom intermediário deve ser precisa para definir bem o formato das pálpebras sem escurecê-las. O efeito cintilante deve transparecer, porém o roxo precisa ficar destacado. Aplique uma sombra marrom-acinzentada opaca com o pincel para detalhes dos olhos nº 13 na dobra dos olhos, passando-a do canto externo ao interno.
4. Harmonize o tom intermediário com o pincel para mistura de sombras nº 28 a fim de que não haja contrastes destoantes. Passe-o na mesma área em que acabou de ser aplicado, e não para cima e para baixo, para evitar o escurecimento excessivo das pálpebras.

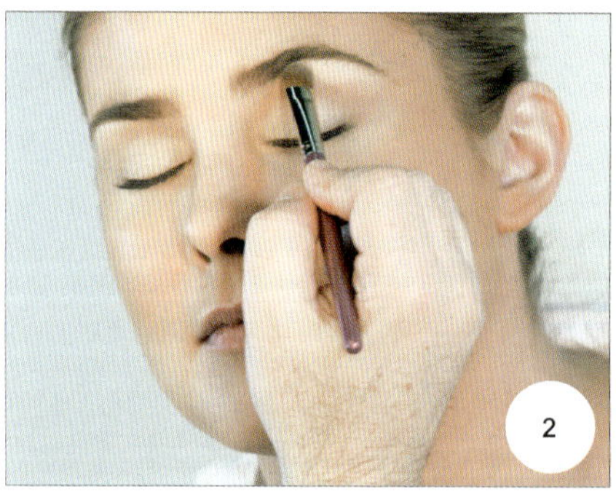

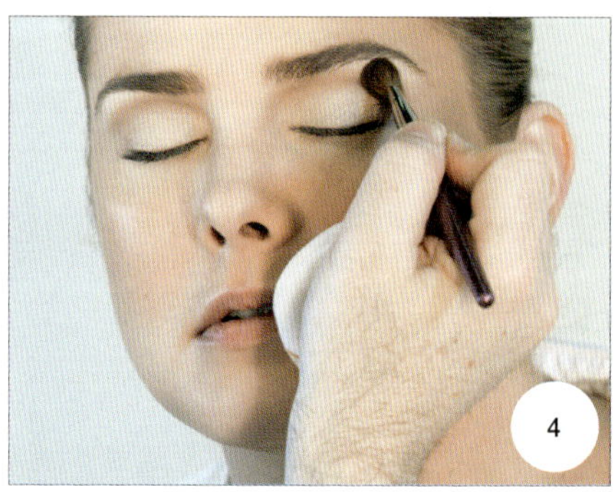

5. Aplique uma sombra de tom intermediário com o pincel nº 13 apenas na extremidade dos cantos das pálpebras.
6. Novamente, harmonize o tom intermediário com o pincel nº 28 em direção à parte interna, o que criará um toque de definição e cor.
7. Curve os cílios e aplique a primeira camada de máscara nos superiores (consulte a página 42 para rever esta técnica).
8. Como uma cor intensa será aplicada, passe um pouco de pó na área sob os olhos com o pincel nº 76 para que este segure qualquer mancha. Quando a maquiagem estiver finalizada, escove o pó para fora, o que removerá qualquer traço indesejado de sombra da aplicação, além de deixá-la com a pele impecável.
9. Com o pincel para contorno nº 30, passe uma sombra roxa intensa na área um terço externa das pálpebras. Aplique-a com toques leves e repetidos, em vez de arrastar o pincel, para obter um resultado mais intenso.
10. Em seguida, use o pincel nº 28 para harmonizar o tom roxo do canto externo das pálpebras ao interno. Isso suavizará as bordas e criará um degradê.

"Vá em frente e mostre toda a sua sofisticação!"

11. Aplique outra camada de roxo para obter um resultado mais dramático.
12. Use novamente o pincel nº 28 para harmonizar a cor.
13. Para aumentar o contraste, passe mais uma camada da sombra champanhe cintilante com o pincel nº 22 nas duas terças partes internas das pálpebras.
14. Em seguida, use um delineador roxo para marcar a linha d´água (ou linha interna) dos cílios inferiores.
15. Com o pincel para detalhes dos olhos nº 13, passe a sombra de tom intermediário na linha de cílios inferior, do canto externo ao interno. Logo em seguida, aplique o roxo intenso com o pincel para contorno nº 30 a fim de criar um efeito mais esfumado e dramático. Passe a cor nas duas terças partes externas da linha de cílios inferior.
16. Com o pincel para pó iluminador nº 14, realce a terça parte interna das pálpebras com uma sombra champanhe cintilante.

17

18

19

19

17. Agora, harmonize o ponto onde os tons de contorno e iluminação se encontram.
18. Aplique mais uma camada de máscara nos cílios superiores e outra nos inferiores. Após finalizar o restante da maquiagem, passe mais uma camada nos cílios superiores. Lembre-se de que é importante ter cílios sensuais neste look, portanto, não tenha medo de aplicar camadas de máscara nos cílios superiores (consulte a página 44 para rever esta técnica).
19. Para finalizar, usando o pincel para pó pequeno nº 76, escove para fora o pó aplicado sob os olhos, o que removerá qualquer mancha de sombra da aplicação.

5

bochechas

1. Aplique o pó bronzeador opaco com o pincel para pó bronzeador/blush nº 73 da parte de trás das maçãs do rosto até a frente delas. Em seguida, passe o pincel de volta, em direção à orelha.
2. Agora, passe o pincel para cima e para baixo a fim de harmonizar a cor na pele. Uniformize bem, caso contrário, a aparência não ficará natural.
3. Aplique um pouco do pó nas têmporas para ajudar a moldar o rosto. Passe-o em torno das têmporas e das cavidades oculares. Este passo confere uma aparência corada e reluzente ao rosto.
4. É possível usar também um pouco de pó na mandíbula, o que definirá melhor o rosto e conferirá ainda mais brilho a ele.
5. Para criar um efeito corado, sorria e aplique o blush em pó pêssego intenso translúcido com o pincel nº 73 nas maçãs do rosto, passando-o de volta em direção à área bronzeada para uniformização. Esta técnica confere uma aparência perfeitamente corada ao rosto.

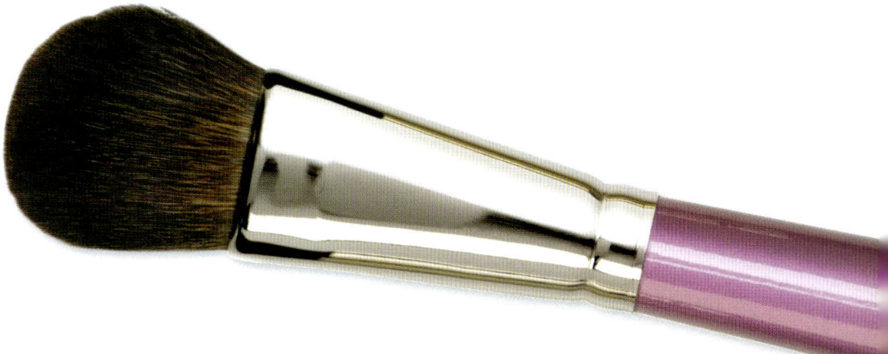

lábios

1. Neste look, a maquiagem dos lábios deve ficar quase imperceptível, pois o foco são os olhos. Para isso, é preciso primeiro passar um corretivo neles e na linha labial a fim de produzir uma base neutra perfeita para a maquiagem sutil.
2. Marque os lábios com um delineador nude claro, começando pelo V do "arco do cupido". Em seguida, passe-o em torno das curvas do arco e sobre elas.
3. Agora, passe o lápis a partir dos cantos externos até o meio dos lábios.
4. No lábio inferior, primeiro intensifique sua curva inferior. Depois, passe o lápis nos cantos externos, seguindo em direção ao meio. Aplique-o em torno dos lábios, até quase a linha invisível na borda da parte colorida deles.
5. Em seguida, preencha os lábios com o mesmo lápis para ajudar a manter a cor por mais tempo.
6. Use o pincel para lábios nº 80 a fim de harmonizar o delineador.
7. Finalize com uma camada fina de gloss pêssego translúcido para deixar a aparência dos lábios mais brilhante, carnuda e sensual. Aplique-o com o pincel para lábios nº 80 a fim de que o gloss fique ainda mais reluzente. Isso conferirá um toque natural, de cor quase imperceptível.

Acha que não há look mais maravilhoso do que esses? Confira então o que 5 minutos a mais podem fazer! No próximo capítulo, você encontrará as produções mais lindas e elegantes para as ocasiões em que você quiser – ou precisar – deixar uma marca inesquecível.

20 minutos

10 minutos, página 128

5 minutos, página 70

7

20 minutos para conseguir um resultado impressionante

Você está pronta para a perfeição? Se a resposta for sim, este é o momento para o melhor da maquiagem! E com certeza você conseguirá produzir qualquer look deste capítulo em apenas 20 minutos! Então, confira a seguir dez maquiagens atraentes que podem mudar a sua vida.

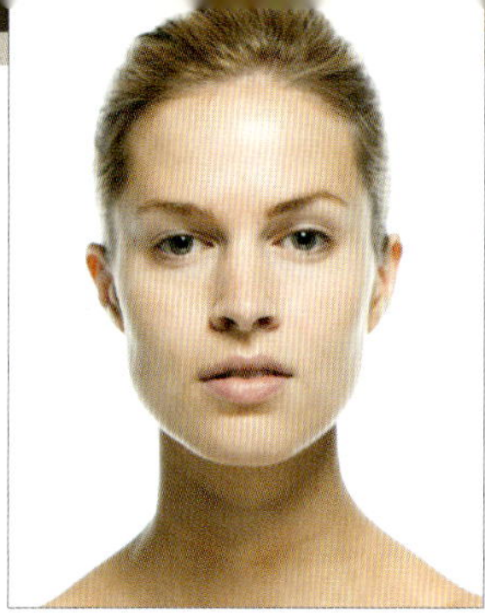

elegância discreta

Um look dramático não precisa ser escuro. Este é o exemplo perfeito de como produzir uma maquiagem para a noite sem os olhos inteiros escurecidos. O que importa é saber maquiar os lugares certos, em vez de usar cores marcantes em tudo. Combinada com lábios lindos e uma pele impecável, esta produção é pura elegância.

Confira o método abaixo:

olhos

1. Com o pincel para pó iluminador nº 22, aplique uma sombra creme a pó bege cintilante nas pálpebras (apenas da linha de cílios até a dobra dos olhos). Você passará camadas de sombra em creme e em pó para produzir pálpebras mais marcantes.
2. Com o mesmo pincel, aplique uma sombra em pó champanhe cintilante sobre a em creme aplicada nas pálpebras. Passe-a também na parte côncava dos olhos, que é a área logo abaixo do arco das sobrancelhas.
3. Agora, use o pincel nº 11 e passe uma sombra de tom intermediário opaca suavemente do canto externo da dobra dos olhos até o canto interno. Use um marrom-acinzentado opaco (uma nuance um pouco mais escura do que o tom da sua pele) para obter uma definição sutil.
4. Harmonize o tom intermediário com o pincel para mistura de sombras nº 28 a fim de que não haja contrastes destoantes.
5. Em seguida, utilize o pincel nº 30 para definir a terça parte externa das pálpebras com o tom de sombra intermediário. Harmonize-o com o pincel nº 28.

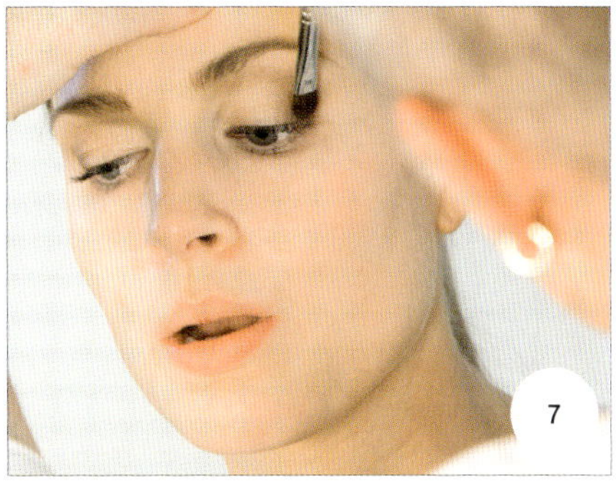

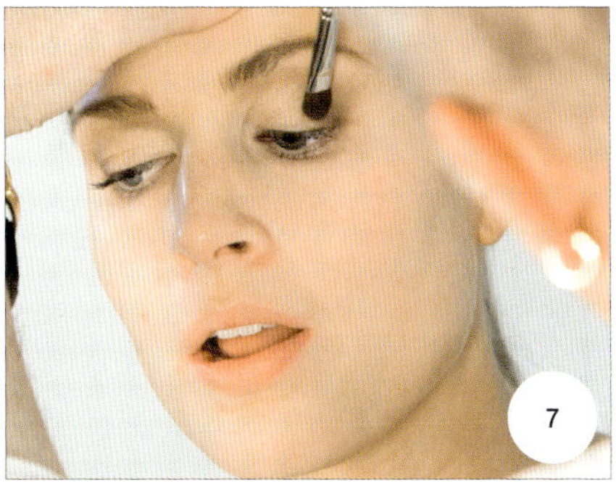

6. Curve os cílios e aplique a primeira camada de máscara nos superiores (consulte a página 42 para rever esta técnica).
7. Com o pincel para contorno nº 30, passe uma sombra bronze cintilante na terça parte externa das pálpebras e para cima, na dobra dos olhos. A aplicação dessa camada sobre o tom intermediário começa a criar a harmonização das cores.
8. Em seguida, use o pincel nº 28 para harmonizar o tom de contorno.
9. Com um delineador preto, marque a linha de cílios superior, passando-o lentamente na linha de cílios superior, do canto interno ao externo. O objetivo é criar uma linha bem fina no canto interno e gradativamente engrossá-la à medida que se aproxima do canto externo.
10. É possível passar o pincel para delineamento nº 41 sobre essa linha a fim de suavizá-la e aperfeiçoá-la.
11. Aplique uma sombra de tom intermediário com o pincel para detalhes dos olhos nº 13 em toda a linha de cílios inferior, do canto externo ao interno.

12. Com o pincel nº 18, passe a sombra preta na raiz dos cílios inferiores.
13. Em seguida, aplique o bronze cintilante com o pincel nº 13 na linha de cílios inferior, novamente do canto externo ao interno, para harmonizar os tons.
14. Aplique mais uma camada de máscara nos cílios superiores e outra nos inferiores. Após finalizar o restante da maquiagem, passe mais uma camada nos cílios superiores. Lembre-se de que é importante ter cílios sensuais neste look, portanto, não tenha medo de aplicar camadas de máscara nos cílios superiores (consulte a página 44 para rever esta técnica).
15. Para finalizar, use o delineador preto para marcar a linha d´água (a linha interna) dos cílios inferiores. Isso produzirá uma aparência um pouco mais dramática.

bochechas

1. Aplique o pó bronzeador opaco com o pincel para pó bronzeador/blush nº 73 da parte de trás das maçãs do rosto até a frente delas. Em seguida, passe o pincel de volta, em direção à orelha.
2. Agora, passe o pincel para cima e para baixo a fim de harmonizar a cor na pele. Uniformize bem, caso contrário, a aparência não ficará natural.
3. Aplique um pouco do pó nas têmporas para ajudar a moldar o rosto. Passe-o em torno das têmporas e cavidades oculares. Este passo confere uma aparência corada e reluzente ao rosto.
4. É possível usar também um pouco de pó na mandíbula, o que definirá melhor o rosto e conferirá ainda mais brilho a ele.

"Um look dramático não precisa ser escuro."

lábios

1. Para criar lábios macios, porém bem definidos, é preciso primeiro passar um corretivo neles e na linha labial, a fim de produzir uma base neutra perfeita para a maquiagem sutil.
2. Marque os lábios com um lápis delineador nude claro quase imperceptível, começando pelo V do "arco do cupido". Em seguida, passe-o em torno das curvas do arco e sobre elas.
3. Agora, passe o lápis a partir dos cantos externos até o meio dos lábios.
4. No lábio inferior, primeiro intensifique sua curva inferior. Depois, passe o lápis nos cantos externos, seguindo em direção ao meio. Aplique-o em torno dos lábios, até quase a linha invisível na borda da parte colorida deles.
5. Com o mesmo lápis, preencha metade dos lábios, em direção ao meio deles. Isso ajudará a manter a cor por mais tempo, além de deixar o delineador mais natural.
6. Use o pincel para lábios nº 80 a fim de harmonizar o delineador antes da aplicação do gloss. Isso também deixará a maquiagem mais natural.
7. Finalize com uma camada fina de gloss pêssego translúcido para deixar a aparência dos lábios mais brilhante, carnuda e sensual. Aplique-o com o pincel para lábios no 80 a fim de que o gloss fique ainda mais reluzente.

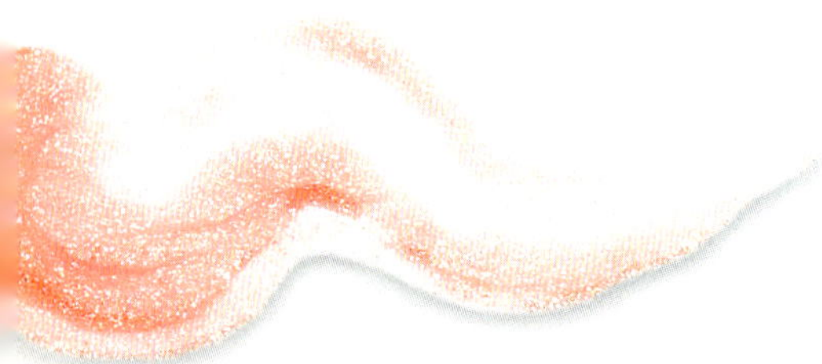

charme delicado

Um look para a noite não precisa ser dramático. Às vezes, basta saber o que você quer enfatizar. Nesta produção, o destaque são os olhos e lábios retrô glamorosos. As pálpebras apresentam uma definição sutil e uma linha de cílios definida e intensa. Os lábios são atraentes, porém sem exageros. E, claro, você mesma também pode criar uma maquiagem retrô perfeita.

Confira o método abaixo:

olhos

1. Com o pincel para pó iluminador nº 22, aplique uma sombra dourada cintilante nas pálpebras a fim de criar um brilho discreto.
2. Com o mesmo pincel, aplique uma sombra cor de pele opaca na parte côncava dos olhos, que é a área logo abaixo do arco das sobrancelhas.
3. Neste look, a aplicação do tom intermediário deve ser precisa para definir bem o formato sem escurecer as pálpebras. Como nessa maquiagem os lábios são intensos e o delineamento é dramático, as pálpebras devem ficar sutis e cintilantes. Aplique uma sombra de tom intermediário bege rosada opaca com o pincel nº 13 na dobra dos olhos. Passe-a delicadamente do canto externo da dobra ao interno, criando uma linha perfeita em toda a extensão.
4. Harmonize o tom intermediário com o pincel para mistura de sombras nº 28 a fim de que não haja contrastes destoantes. Faça-o apenas na mesma área em que o tom intermediário foi aplicado, e não para cima e para baixo, para evitar o escurecimento excessivo das pálpebras.

1

3

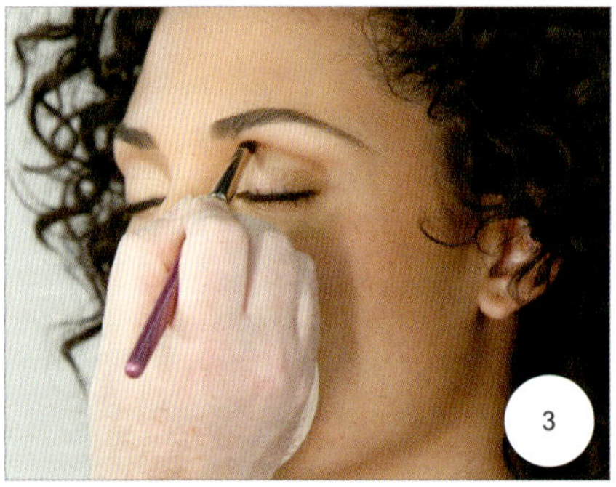
3

3

4

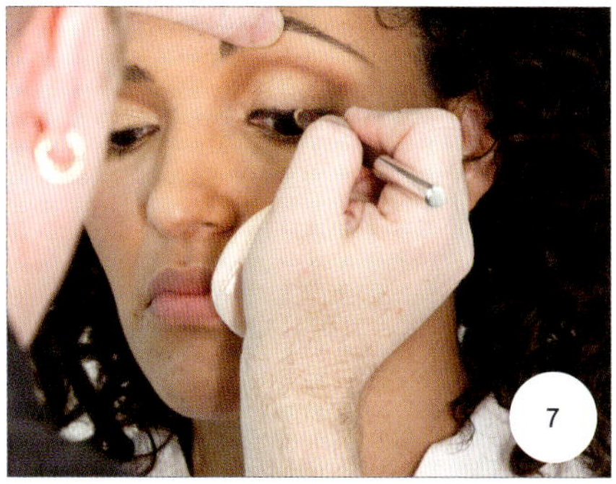

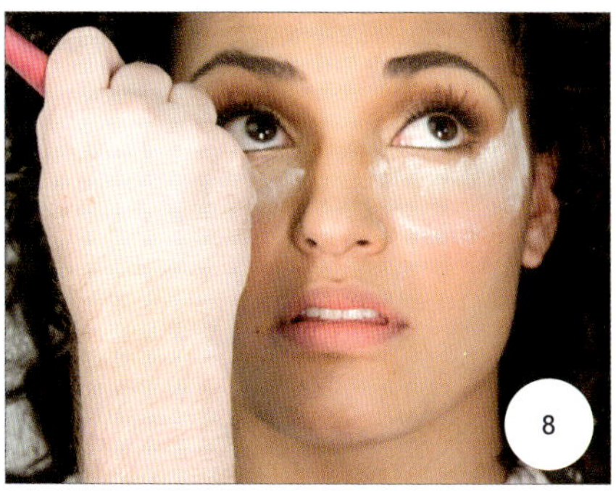

5. Agora, use o pincel nº 11 e passe o tom intermediário somente nas extremidades externas das pálpebras. Harmonize-o cuidadosamente com o pincel nº 28, mantendo a cor apenas nessas extremidades.
6. Curve os cílios e aplique a primeira camada de máscara nos superiores (consulte a página 42 para rever esta técnica).
7. Para criar o delineamento intenso nas pálpebras superiores, a maquiagem será feita em camadas, o que é inclusive preferido pelos profissionais. Primeiro, passe um lápis delineador preto de maneira padronizada, pois, caso ocorra um erro, é mais fácil removê-lo. Comece no canto interno da linha de cílios superior, aplicando-o devagar em toda a sua extensão. A linha deve ser mais fina no canto interno e gradativamente mais grossa à medida que se aproxima do canto externo, onde você poderá "dar uma puxadinha" para cima.
8. Como uma sombra muito escura será usada, aplique um pouco de pó na área sob os olhos para que este segure qualquer mancha. Quando a maquiagem estiver finalizada, escove o pó para fora, o que removerá qualquer traço indesejado de sombra da aplicação, além de deixá-la com a pele impecável.

"Às vezes, é preciso saber apenas o que você quer enfatizar."

9. Provavelmente, a linha feita a lápis não ficará perfeita, e nem precisa. Agora, você passará uma sombra preta opaca com o pincel para delineamento nº 41 sobre ela a fim de aperfeiçoar sua uniformização.
10. A linha deve estar perfeita, porém, ainda não intensa o bastante. Portanto, um delineador líquido ou em gel será usado: aplique-o com o pincel delineador nº 42 do canto interno ao externo. Como a maquiagem já está uniforme, qualquer imperfeição do delineador líquido não será perceptível. Isso não foi tão difícil, não é verdade?
11. Com o pincel para pó pequeno nº 76, escove para fora o pó aplicado sob os olhos, o que removerá qualquer mancha de sombra da aplicação.

12. Aplique a sombra de tom intermediário com o pincel para detalhes dos olhos nº 13 em toda a extensão da linha de cílios inferior, do canto interno ao externo. Isso proporcionará uma definição sutil e um toque moderno para esta aplicação clássica.
13. Realce o canto interno da linha de cílios inferior com o pincel para pó iluminador nº 14. Este passo confere um verdadeiro brilho a essa área, além de um efeito de olhos bem abertos.
14. Para finalizar, aplique mais uma camada de máscara nos cílios superiores e inferiores (consulte a página 44 para rever esta técnica).

bochechas

Como o destaque deste look são os olhos e os lábios; as maçãs do rosto ficarão sem maquiagem.

lábios

1. Nesta produção, os lábios devem ser marcantes. Para que fiquem perfeitos, é preciso prepará-los primeiro. Comece aplicando um lip balm, o que ajudará a deixá-los suaves para a maquiagem. Deixe-o agir por alguns minutos, depois encoste um lenço de papel nos lábios e remova-o para que absorva qualquer excesso, o que reduziria a duração do batom.
2. Em seguida, passe um corretivo nos lábios e em toda a linha labial.
3. Aplique um pouco de pó neles para criar a base neutra perfeita à produção de lábios dramáticos com bordas firmes.
4. Aplique um lápis delineador vinho, começando pelo V do "arco do cupido". Em seguida, passe-o em torno das curvas do arco e sobre elas.

5. Em seguida, passe o lápis a partir dos cantos externos até o meio dos lábios.
6. No lábio inferior, primeiro intensifique sua curva inferior. Depois, passe o lápis nos cantos externos, seguindo em direção ao meio. Aplique-o em torno dos lábios inteiros, até quase a linha invisível na borda da parte colorida deles.
7. Com o mesmo lápis, preencha agora os lábios. Isso criará a dimensão para os lábios marcantes. Além disso, ajudará a manter a cor por mais tempo, porque o delineador tem uma textura mais seca que o batom.
8. Use o pincel para lábios nº 80 a fim de harmonizar o delineador, deixando-o uniforme e macio.
9. Em seguida, aplique o batom marrom--avermelhado escuro nos lábios inteiros com o pincel para lábios, harmonizando-o bem sobre o delineador.
10. Encoste um lenço de papel nos lábios e remova-o para que absorva qualquer umidade do batom, enquanto a cor é mantida. Em seguida, passe outra camada de batom. A aplicação dessas três camadas (uma de delineador e duas de batom) proporciona uma cor intensa e real, além de aumentar a duração do batom.
11. Finalize com uma camada fina de gloss vinho para deixar os lábios mais brilhantes, carnudos e sensuais. Aplique-o com o pincel para lábios nº 80 a fim de que fique ainda mais reluzente.

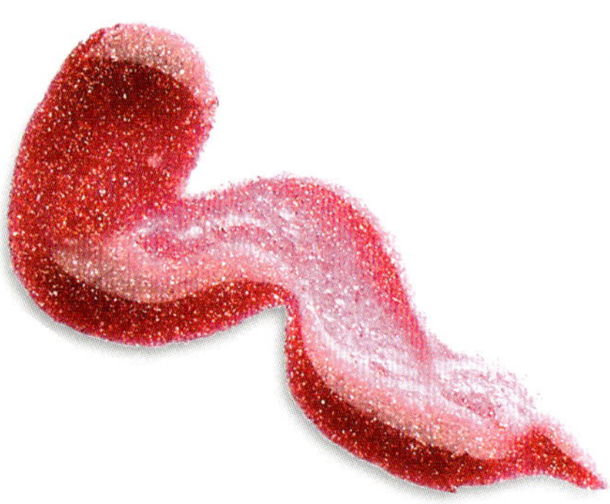

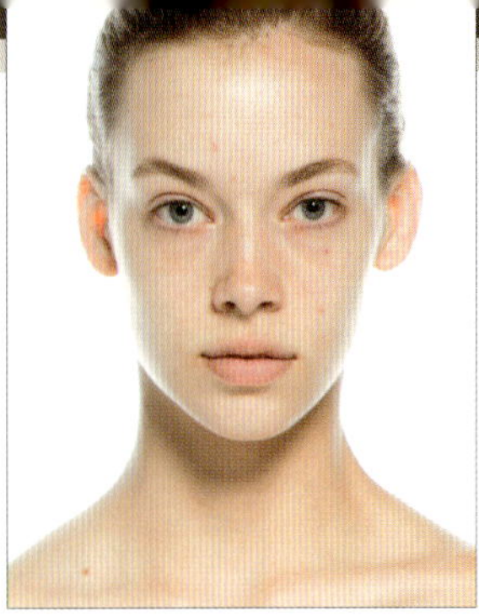

cobre versátil

Há muitas formas de ter olhos esfumados, e esta versão apresenta um toque maravilhoso. O tom de cobre realmente enfatiza os olhos azuis! Por ser sutil, é um look versátil, até mesmo para os dias em que você quer ser a rainha do drama emocional. Brinque com esta maquiagem e fique à vontade para experimentar outras cores alegres nela!

Confira o método abaixo:

olhos

1. Com o pincel para pó iluminador nº 22, aplique uma sombra champanhe cintilante nas pálpebras e na parte côncava dos olhos, que é a área logo abaixo do arco da sobrancelha. Comece com o tom champanhe para suavizar um pouco o efeito esfumado.
2. Curve os cílios e aplique a primeira camada de máscara nos superiores (consulte a página 42 para rever esta técnica).
3. Agora, use o pincel nº 11 e passe uma sombra de tom intermediário opaca suavemente do canto externo da dobra do olho até o canto interno. Use um marrom-acinzentado opaco (uma nuance um pouco mais escura do que o tom da sua pele) para obter uma definição sutil.
4. Harmonize o tom intermediário com o pincel para mistura de sombras nº 28 a fim de que não haja contrastes destoantes.

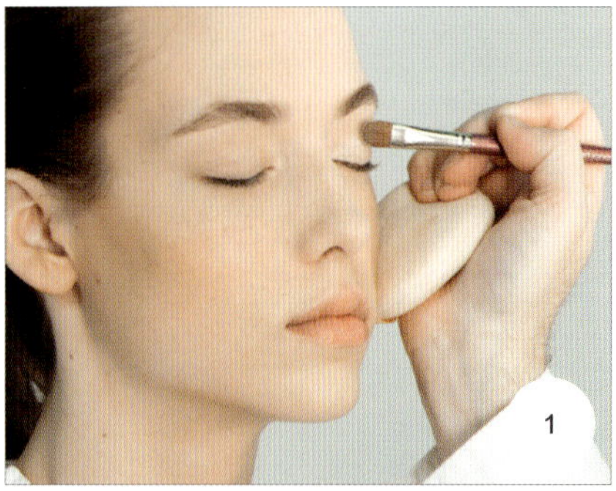

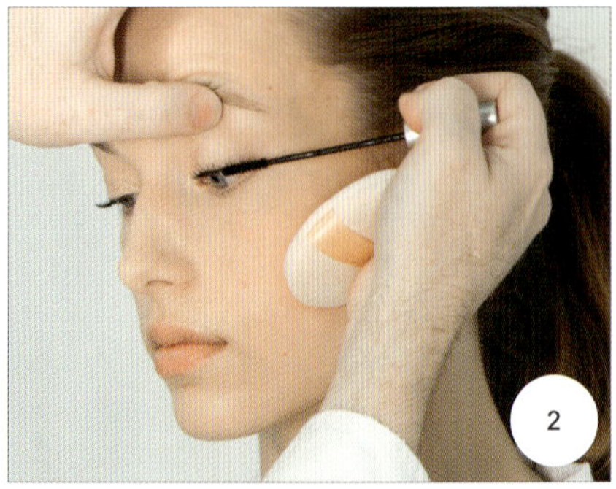

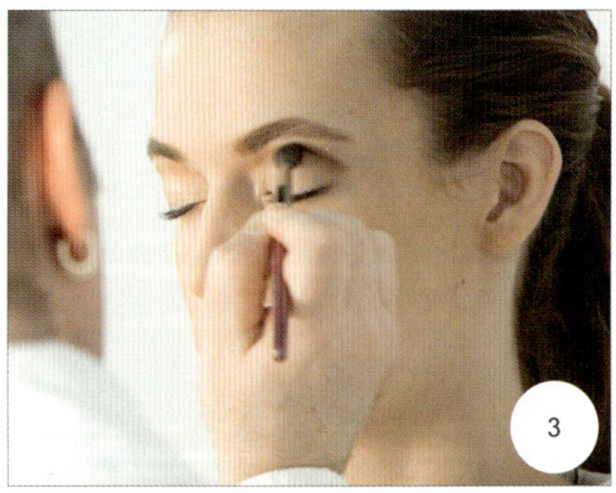

5. Em seguida, utilize o pincel para contorno nº 30 a fim de definir a terça parte externa das pálpebras com o tom de sombra intermediário. Harmonize-o com o pincel nº 28.
6. Com o pincel nº 27 para sombra, aplique uma sombra cobre cintilante e, partindo da base da linha dos cílios, passe-a sobre toda a pálpebra e para cima, na dobra dos olhos. A cor ficará mais concentrada na linha dos cílios e cada vez menos intensa à medida que se aproxima da dobra.
7. Harmonize o tom intermediário com o pincel nº 28 para que não haja contrastes destoantes.
8. Passe a sombra preta em toda a extensão da linha dos cílios com o pincel nº 18. Durante a aplicação, puxe-a um pouco para cima para uniformizar a cor.

9. Com o pincel para contorno nº 30, aplique uma sombra vinho cintilante em toda a linha dos cílios.
10. Após a aplicação das sombras, harmonize-as com o pincel para mistura de sombras nº 28 a fim de criar um degradê perfeito. Lembre-se de que o objetivo é produzir tons mais escuros na linha dos cílios e gradativamente mais claros à medida que se aproximam das sobrancelhas.
11. Em seguida, aplique a sombra de tom intermediário com o pincel para detalhes dos olhos nº 13 em toda a linha de cílios inferior, do canto externo ao interno.
12. Com o pincel nº 18, passe a sombra preta na raiz dos cílios inferiores.
13. Agora, aplique um pouco do vinho cintilante com o pincel nº 13 novamente sobre a linha de cílios inferior, do canto externo ao interno, para harmonizar as cores e intensificar o efeito esfumado.
14. Em seguida, use um delineador preto para marcar a linha d´água (a linha interna) dos cílios inferiores. Isso deixará os olhos esfumados um pouco mais dramáticos.
15. Aplique mais uma camada de máscara nos cílios superiores e outra nos inferiores. Após finalizar o restante da maquiagem, passe mais uma camada nos cílios superiores. Lembre-se de que é importante ter cílios sensuais neste look, portanto, não tenha medo de aplicar camadas de máscara nos cílios superiores (consulte a página 44 para rever esta técnica).

bochechas

1. Como os olhos são marcantes neste look, as bochechas precisam ficar suaves. Então, é necessário apenas aplicar um pouco de pó bronzeador para definição com o pincel para pó bronzeador/blush nº 73. Aplique-o da parte de trás das maçãs do rosto até a frente delas. Em seguida, passe o pincel de volta, em direção à orelha.
2. Agora, passe o pincel para cima e para baixo a fim de harmonizar a cor na pele. Uniformize bem, caso contrário, a aparência não ficará natural.
3. Aplique um pouco do pó nas têmporas para ajudar a moldar o rosto. Passe-o em torno das têmporas e cavidades oculares. Este passo confere uma aparência mais corada e iluminada ao rosto.

lábios

1. Para criar lábios macios, porém bem definidos, é preciso primeiro passar um corretivo neles e na linha labial a fim de produzir uma base neutra perfeita para a maquiagem sutil.
2. Marque os lábios com um lápis delineador rosa-claro, começando pelo V do "arco do cupido". Em seguida, passe-o em torno das curvas do arco e sobre elas.
3. Agora, passe o lápis a partir dos cantos externos até o meio dos lábios.
4. No lábio inferior, primeiro intensifique sua curva inferior. Depois, passe o lápis nos cantos externos, seguindo em direção ao meio. Aplique-o em torno dos lábios inteiros, até quase a linha invisível na borda da parte colorida deles.
5. Passe o lápis nos lábios usando o pincel específico para isso. Isso prolongará a duração da cor do lápis, além de deixar o delineador mais natural.

"É um look versátil, até mesmo para os dias em que você quer ser a rainha do drama emocional."

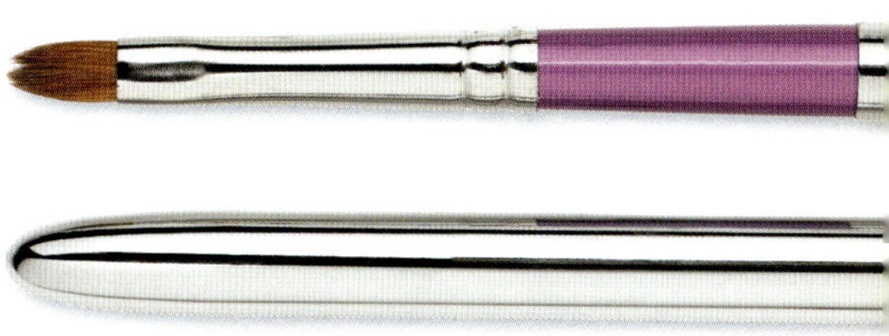

6. Use o pincel para lábios nº 80 a fim de harmonizar o delineador antes da aplicação do gloss. Isso também deixará a maquiagem mais natural.
7. Finalize com uma camada fina de gloss pink-claro para deixar a aparência dos lábios mais brilhante, carnuda e sensual. Aplique-o com o pincel para lábios nº 80 a fim de que o gloss fique ainda mais reluzente.

"Fique à vontade para experimentar outras cores alegres!"

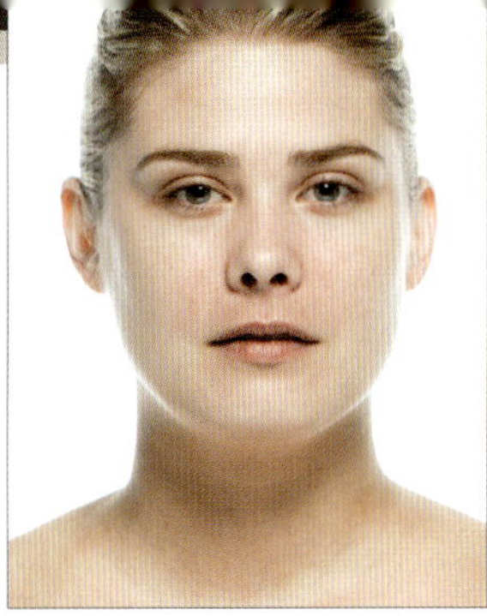

a bela da festa

Como os olhos são as janelas da alma, por que não atrair a atenção para a sua? Este é definitivamente um look vistoso. Olhos definidos, bochechas sutis e lábios brilhantes – isso se chama perfeição! É esfumado, sem ser muito escuro. Observe também o jogo de texturas, que é uma parte importante de sua produção. Experimente e seja a pessoa que todos querem conhecer em uma festa!

Confira o método abaixo:

olhos

1. Com o pincel para pó iluminador nº 22, aplique uma sombra bege opaca apenas na parte côncava dos olhos, que é a área logo abaixo do arco da sobrancelha.
2. Aplique uma sombra de tom intermediário marrom-acinzentada opaca escura com o pincel para sombra nº 27 (porque uma área grande será maquiada). Comece da base da linha de cílios superior e, em seguida, passe-a sobre toda a pálpebra, até a área abaixo da parte côncava dos olhos. Dessa forma, a cor ficará mais concentrada onde o pincel foi colocado primeiro, ou seja, na linha dos cílios.
3. Com o mesmo pincel, aplique mais sombra de tom intermediário em um formato meia-lua em toda a extensão da dobra para obter uma definição melhor.
4. Harmonize o tom intermediário com o pincel para mistura de sombras nº 28, a fim de que não haja contrastes destoantes.
5. Agora, curve os cílios e aplique a primeira camada de máscara nos superiores (consulte a página 42 para rever esta técnica).

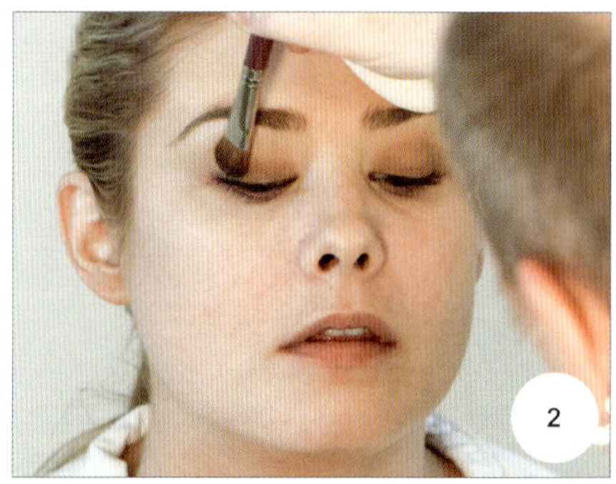

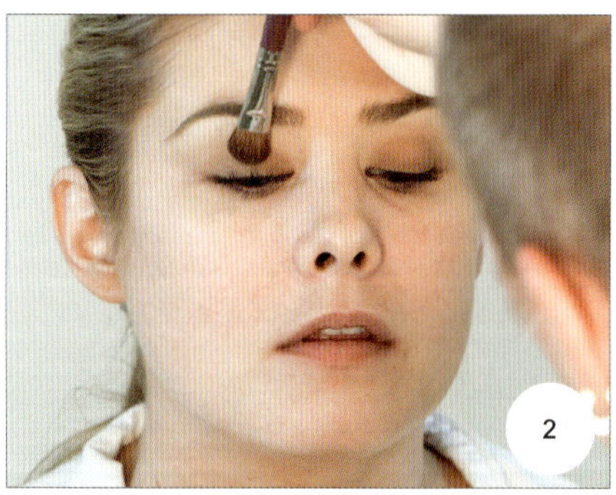

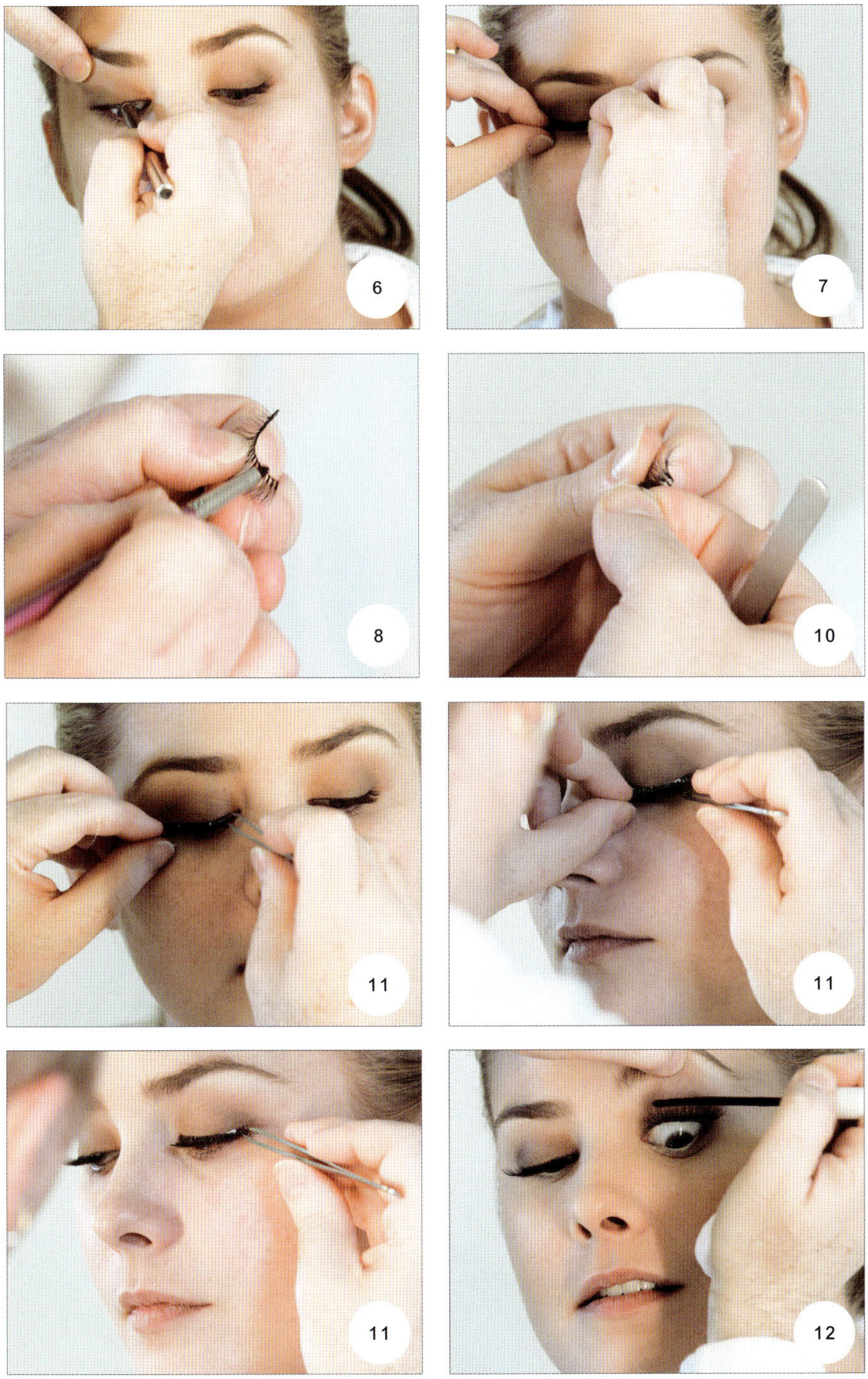

6. Agora é o momento de aplicar os cílios postiços. Primeiro, com o delineador preto, faça um traço fino na linha de cílios das pálpebras superiores: ele servirá de guia durante a aplicação e ajudará a disfarçar os vãos, caso os postiços não sejam colocados diretamente nos cílios naturais – pois assim a pele não aparecerá.
7. Meça e corte a extremidade externa dos cílios postiços para que se encaixem na largura de suas pálpebras. Normalmente, eles são mais compridos do que os naturais. A remoção do excesso os deixa mais ajustados e confortáveis de usar.
8. Pinte a base deles com um delineador líquido ou em gel preto para que sua apresentação fique perfeita após a aplicação.
9. Passe uma cola para cílios em toda a base dos postiços.
10. Deixe-a secar por um minuto para que fique apenas um pouco grudenta. Enquanto isso, curve os cílios para moldá-los melhor nas pálpebras.
11. Agora, aplique os cílios exatamente sobre a linha do delineador, empurrando-os contra a linha de cílios natural usando uma pinça.
12. Quando secarem, passe uma camada de máscara para uniformizar os cílios naturais e os postiços.

“Isso se chama perfeição!”

13. Como uma cor intensa será aplicada, passe pó na área sob os olhos com o pincel nº 76 para que este segure qualquer mancha. Quando a maquiagem estiver finalizada, escove o pó para fora, o que removerá qualquer traço indesejado de sombra da aplicação, além de deixá-la com a pele impecável.
14. Aplique uma sombra cinza-escura cintilante com o pincel para sombra nº 27, passando-a da base da linha dos cílios, e depois em toda a pálpebra, até o limite da dobra dos olhos. Isso criará uma cor mais intensa na linha dos cílios.
15. Com o mesmo pincel, aplique mais sombra cinza-escura cintilante em um formato meia-lua por toda a extensão da dobra dos olhos e nas pálpebras. Passe-a com toques leves e repetidos para obter um resultado mais marcante.
16. Use o pincel nº 28 para harmonizar o contorno e não deixar contrastes destoantes.
17. Aplique mais uma camada de sombra cinza com o pincel nº 30 diretamente na linha dos cílios.

18. Use o pincel nº 28 para harmonizar a cor.

19. Agora, com o pincel para detalhes dos olhos nº 13, passe mais sombra de tom intermediário na linha de cílios inferior, do canto externo ao interno.

20. Com o mesmo pincel, passe uma camada do tom de contorno sobre o intermediário aplicado na linha de cílios inferior. A aplicação em camadas do intermediário e do contorno produzirá um degradê de cores, tornando a definição dessa linha mais natural e uniforme.

21. Em seguida, use um delineador preto para marcar a linha d´água (a linha interna) dos cílios inferiores. Isso deixará os olhos esfumados um pouco mais dramáticos.

22. Com o pincel nº 76, escove para fora o pó aplicado sob os olhos, o que removerá qualquer mancha de sombra da aplicação.

23. Para finalizar, aplique uma camada de máscara nos cílios inferiores.

bochechas

1. Passe o pó bronzeador opaco com o pincel para pó bronzeador/blush nº 73 da parte de trás das maçãs do rosto até a frente delas. Em seguida, passe o pincel de volta, em direção às orelhas.
2. Agora, passe o pincel para cima e para baixo a fim de harmonizar a cor na pele. Uniformize bem, caso contrário, a aparência não ficará natural.
3. Aplique um pouco do pó nas têmporas para ajudar a moldar o rosto. Passe-o em torno das têmporas e cavidades oculares. Este passo confere uma aparência corada e reluzente ao rosto.
4. É possível usar também um pouco de pó na mandíbula, o que definirá melhor o rosto e conferirá ainda mais brilho a ele.

lábios

1. Finalize com uma camada de gloss pêssego translúcido perfeito para produzir lábios mais brilhantes, carnudos e sensuais. Aplique-o com o pincel para lábios nº 80 a fim de que o gloss fique ainda mais reluzente.

"Experimente e seja a pessoa que todos querem conhecer em uma festa!"

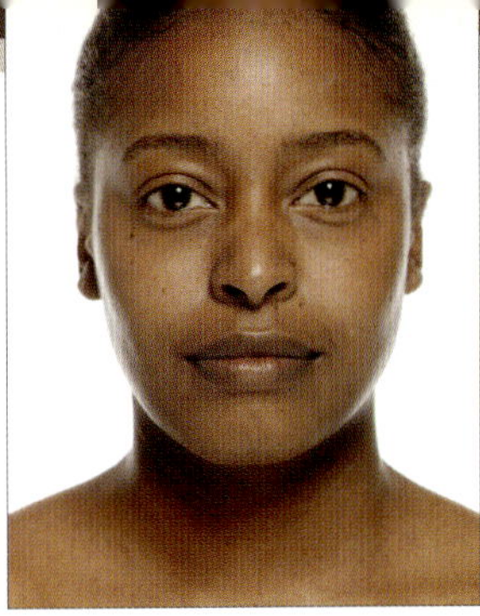

alter ego

Muitas vezes, você tem vontade de experimentar algo inédito, porém fica receosa. Este é o momento de chamar seu alter ego, aquele que nada teme. Atribua um nome a ele, produza sua maquiagem e leve-o para passear! Ele não tem medo de cores, principalmente quando são aplicadas de forma inequívoca e atraente. Você sabe o quer, então vá em frente!

Confira o método abaixo:

olhos

1. Com o pincel para pó iluminador nº 22, aplique uma sombra cor de pele opaca apenas na parte côncava dos olhos, que é a área logo abaixo do arco da sobrancelha.
2. Com o pincel para pó iluminador nº 14, passe uma sombra creme a pó verde-limão cintilante apenas na terça parte interna das pálpebras. Você aplicará camadas alternadas de creme e pó para produzir um look mais dramático.
3. Aplique uma sombra creme a pó azul cintilante com o pincel nº 22 nas duas terças partes externas das pálpebras.
4. Com o mesmo pincel, passe uma sombra em pó verde-limão cintilante diretamente sobre a maquiagem em creme aplicada.

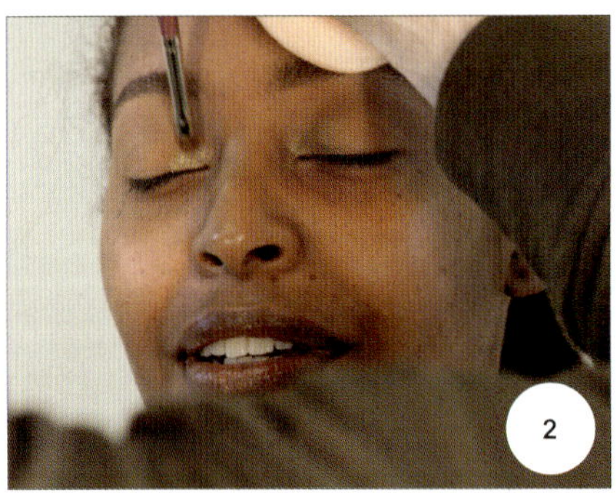

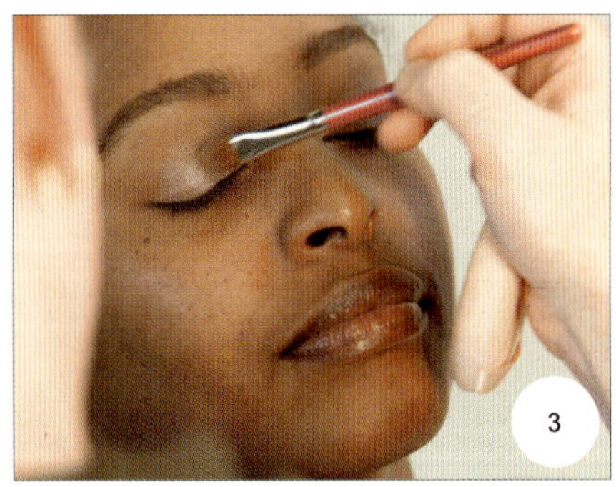

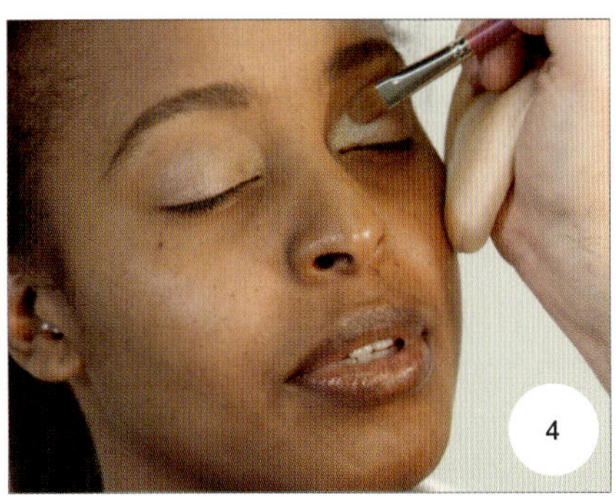

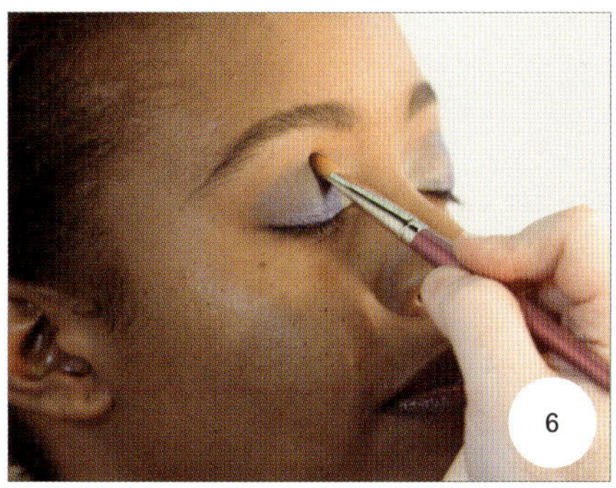

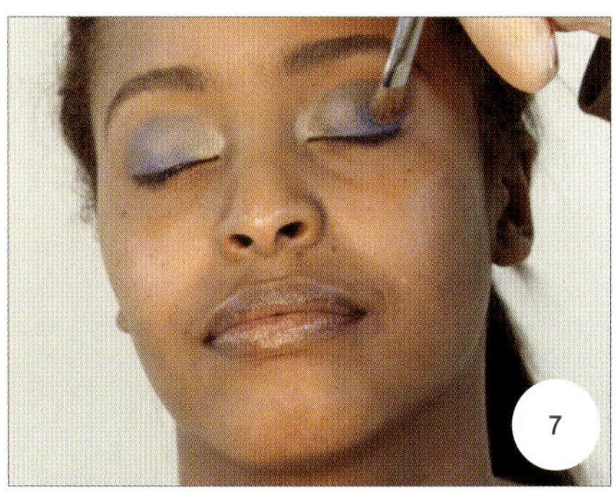

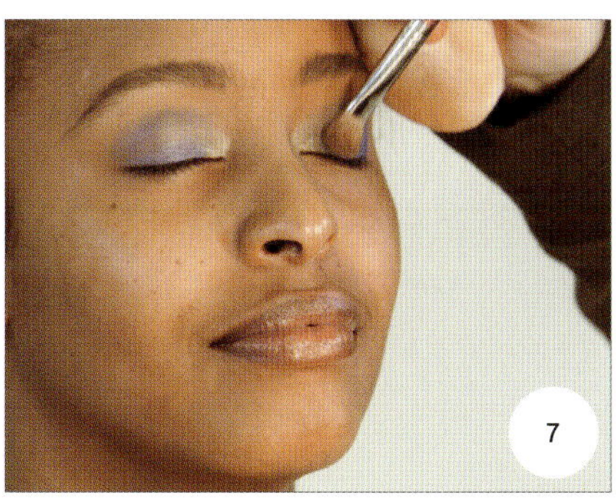

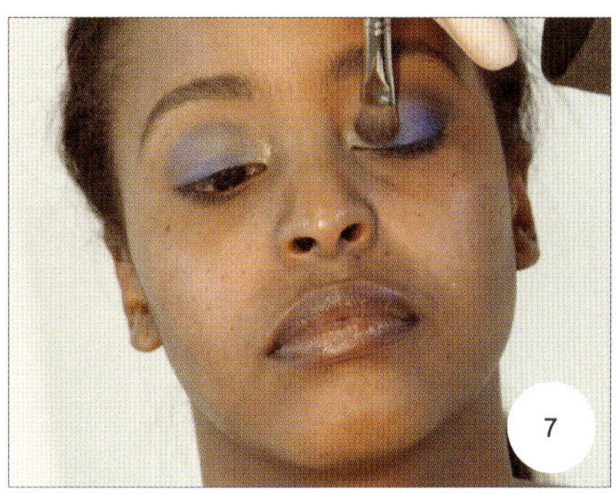

5. Ainda com o mesmo pincel, aplique mais sombra creme a pó azul-escura opaca a partir do canto externo da linha de cílios, harmonizando-a para cima.
6. Agora, produza um formato meia-lua em toda a extensão da dobra para obter uma definição melhor.
7. Passe uma sombra em pó azul-escura cintilante com o pincel para sombra nº 27 sobre a camada em creme aplicada. Comece da linha de cílios e, em seguida, aplique-a sobre as duas terças partes externas das pálpebras, até a dobra dos olhos.

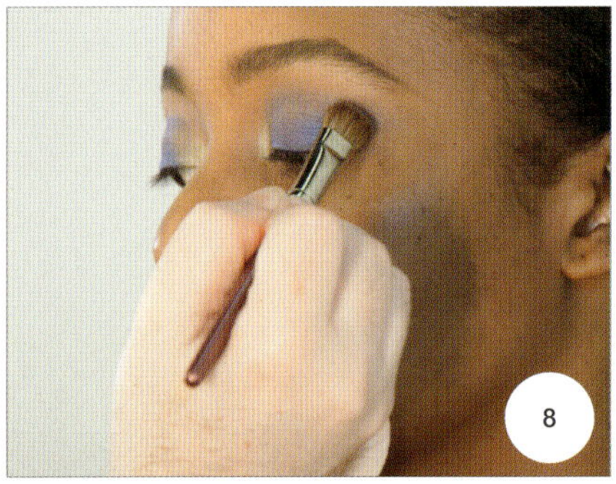

8. Agora, passe-a com toques leves e repetidos, criando um formato meia-lua, em toda a dobra dos olhos.
9. Harmonize todas as cores com o pincel para mistura de sombras nº 28 a fim de obter um degradê perfeito.
10. Com o mesmo pincel, harmonize um pouco da sombra de tom intermediário e um bege rosado opaco na terça parte interna da dobra. Isso ajudará a equilibrar todas as cores fortes.
11. Para realçar um pouco mais a linha dos cílios superior, marque-a com um delineador preto, do canto interno ao externo, mantendo-o bem próximo dessa linha. O objetivo é criar uma linha bem fina no canto interno e gradativamente engrossá-la à medida que se aproxima do canto externo.

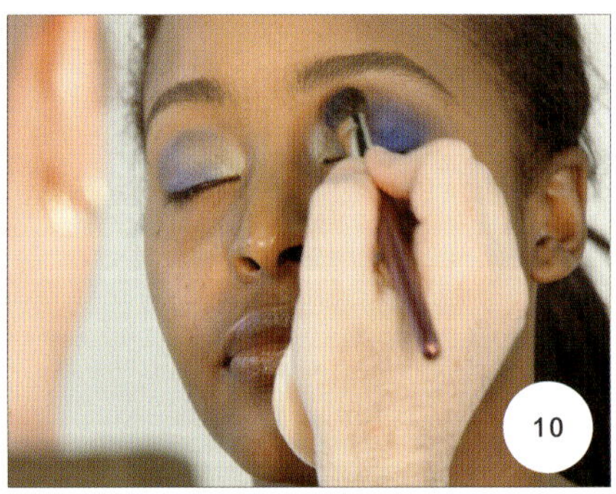

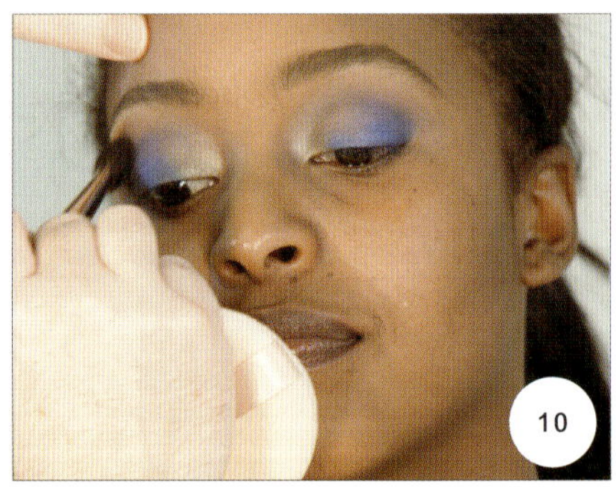

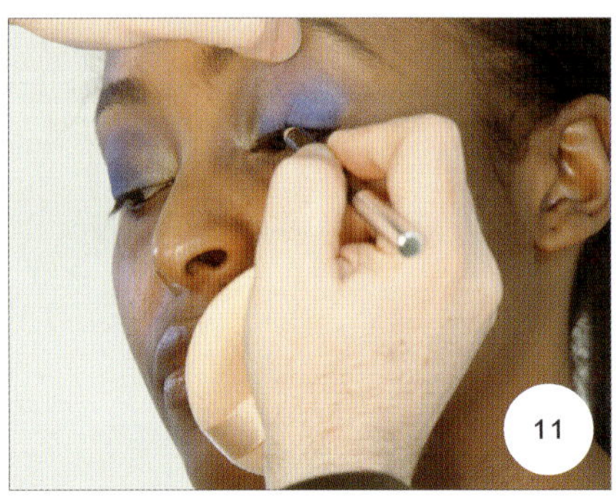

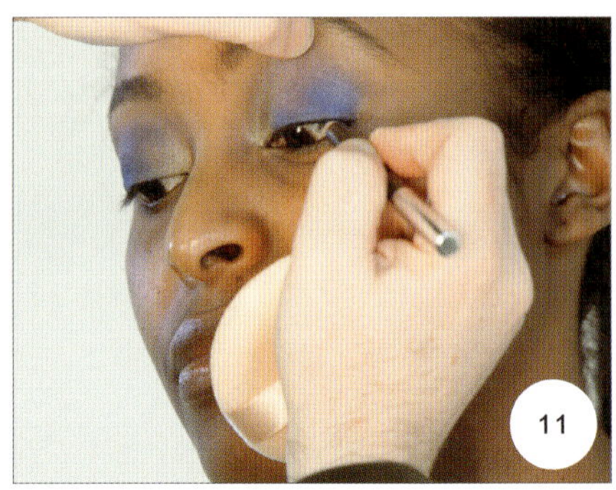

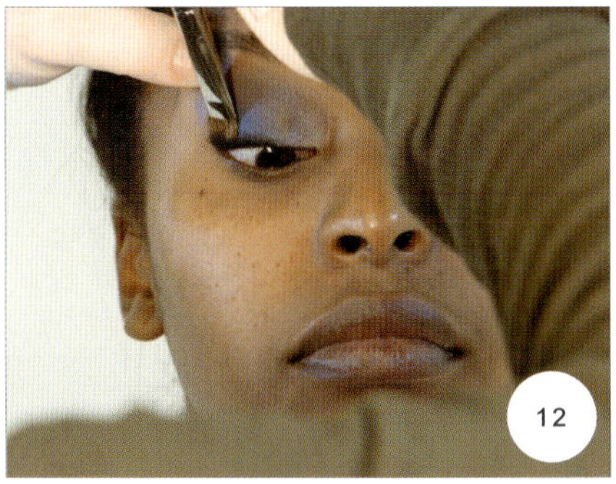

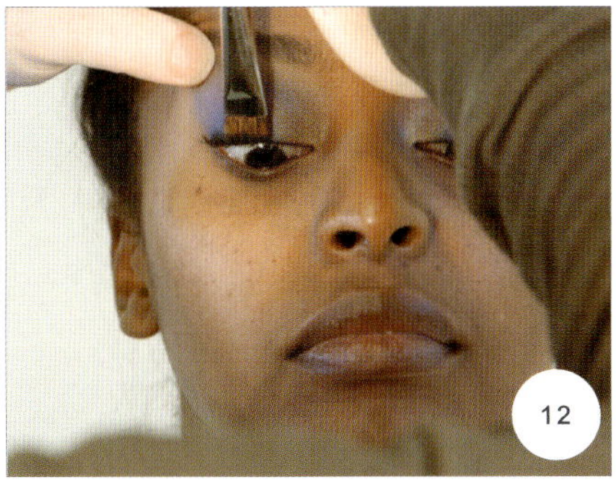

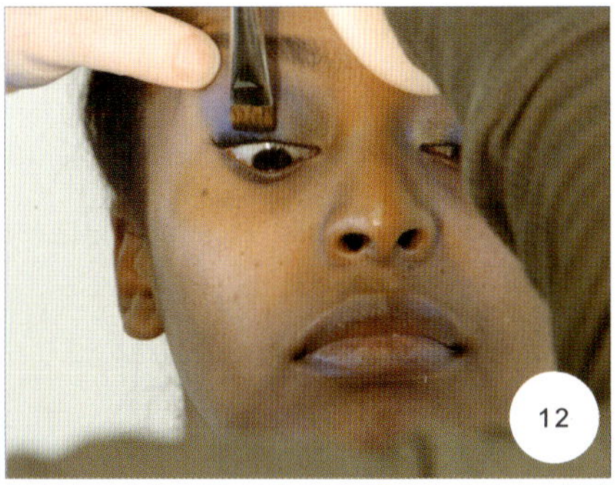

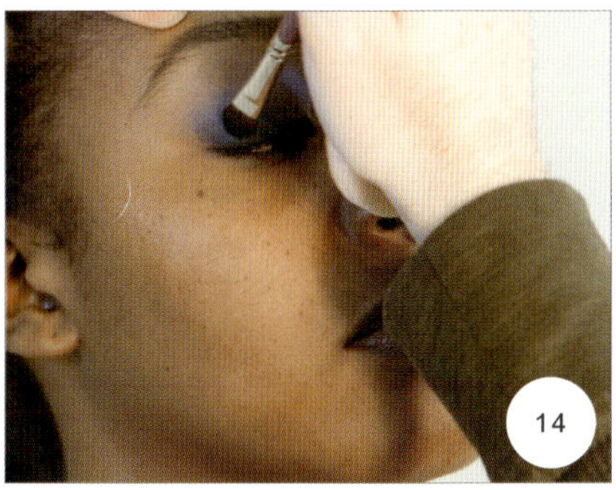

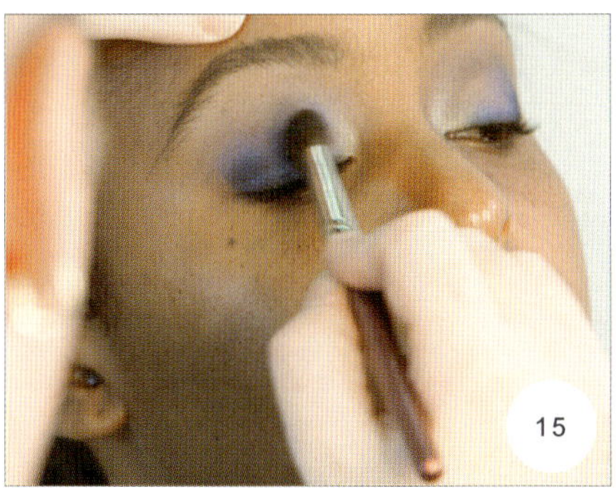

12. Para suavizar o delineador, passe um pouco de sombra preta em toda a extensão da linha de cílios superior com o pincel nº 18. Durante a aplicação, puxe-a um pouco para cima com o pincel para uniformizar a linha.
13. Curve os cílios e passe a primeira camada de máscara nos superiores (consulte a página 42 para rever esta técnica).
14. Com o pincel para sombra nº 30, aplique uma sombra preta opaca apenas no canto externo das pálpebras, diretamente na linha dos cílios, para criar uma aparência mais intensa nessas áreas.
15. Use o pincel nº 28 para harmonizar a cor.

"Você sabe o quer, então vá em frente!"

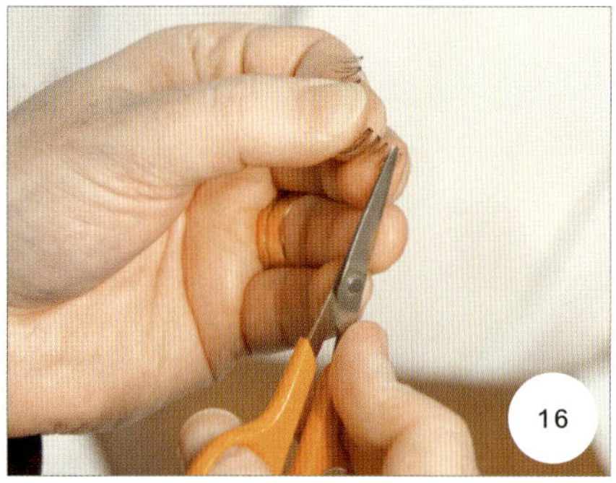

16. Agora é o momento de aplicar os cílios postiços. Meça e corte a extremidade externa deles para que se encaixem na largura de suas pálpebras. Normalmente, eles são mais compridos que os naturais. A remoção do excesso os deixa mais ajustados e confortáveis de usar.
17. Pinte a base deles com um delineador líquido ou em gel preto para que sua apresentação fique perfeita após a aplicação.
18. Passe uma cola para cílios postiços em toda a base deles.
19. Deixe-a secar por um minuto para que fique apenas um pouco grudenta. Enquanto isso, curve os cílios para moldá-los melhor nas pálpebras.
20. Agora, aplique os cílios exatamente sobre o delineador, empurrando-os contra a linha de cílios naturais usando uma pinça.
21. Realce o canto interno da linha de cílios inferior com a sombra verde-limão cintilante e o pincel para pó iluminador nº 14.
22. Agora, com o pincel para detalhes dos olhos nº 13, passe um tom intermediário bege rosado opaco na linha de cílios inferior, do canto externo ao interno.

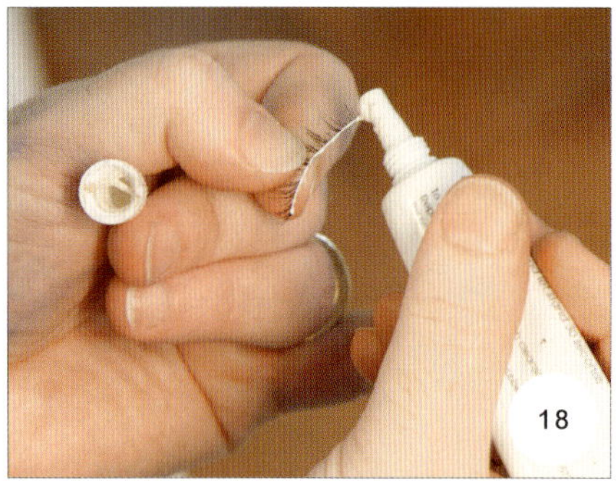

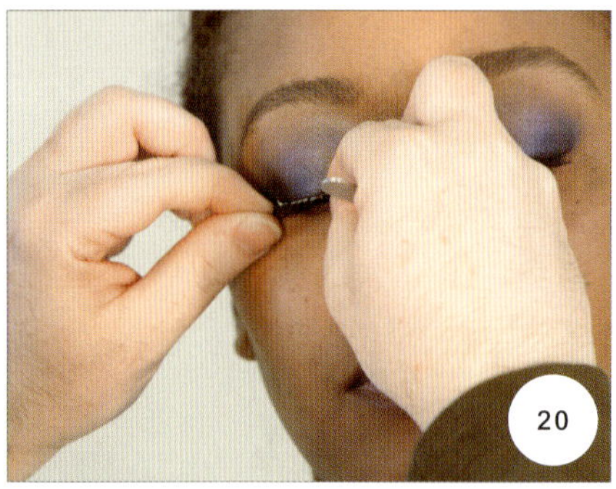

23. Com o mesmo pincel, aplique uma camada do tom de contorno azul-escuro cintilante sobre a cor intermediária aplicada na linha de cílios inferior. Essa aplicação criará um degradê de cores, tornando a definição dessa linha mais natural e uniforme.
24. Quando a cola secar, passe uma camada de máscara para uniformizar os cílios naturais e os postiços.
25. Para finalizar, aplique uma camada de máscara nos cílios inferiores.

bochechas

1. Passe o pó bronzeador opaco com o pincel para pó bronzeador/blush nº 73, da parte de trás das maçãs do rosto até a frente delas. Em seguida, passe o pincel de volta, em direção às orelhas.
2. Agora, passe o pincel para cima e para baixo a fim de harmonizar a cor na pele. Uniformize bem, caso contrário, a aparência não ficará natural.

3. Aplique um pouco do pó nas têmporas para ajudar a moldar o rosto. Passe-o em torno das têmporas e cavidades oculares. Este passo confere uma aparência corada e reluzente ao rosto.
4. É possível usar também um pouco de pó na mandíbula, o que definirá melhor o rosto e conferirá ainda mais brilho a ele.

lábios

1. Finalize com uma camada de gloss uva translúcido perfeito para produzir lábios mais brilhantes, carnudos e sensuais. Aplique-o com o pincel para lábios nº 80 a fim de que o gloss fique ainda mais reluzente.

beleza incrementada

Para maquiagens mais "apimentadas", um tom castanho-avermelhado quente ajuda a destacar a cor dos olhos. E todas as mulheres podem animar ainda mais suas vidas com este tipo de look. Experimente cores que nunca pensou em usar antes. Olhe como este tom deixou nossa modelo; agora, veja como você pode ficar!

Confira o método abaixo:

olhos

1. Aplique uma sombra de tom intermediário marrom-acinzentada escura opaca com o pincel para sombra nº 27 (porque uma área grande será maquiada). Comece da raiz da linha de cílios superior e, em seguida, passe-a sobre toda a pálpebra, até a área abaixo da parte côncava dos olhos, que é a região logo abaixo do arco das sobrancelhas. Dessa forma, a cor ficará mais concentrada onde o pincel foi colocado primeiro, ou seja, na linha dos cílios.
2. Use o pincel nº 28 para harmonizar o tom intermediário a fim de que não haja contrastes destoantes.
3. Curve os cílios e aplique a primeira camada de máscara nos superiores (consulte a página 42 para rever esta técnica).
4. Como uma cor intensa será aplicada, passe pó na área sob os olhos com o pincel nº 76 para que este segure qualquer mancha. Quando a maquiagem estiver finalizada, escove o pó para fora, o que removerá qualquer traço indesejado de sombra da aplicação, além de deixá-la com a pele impecável.

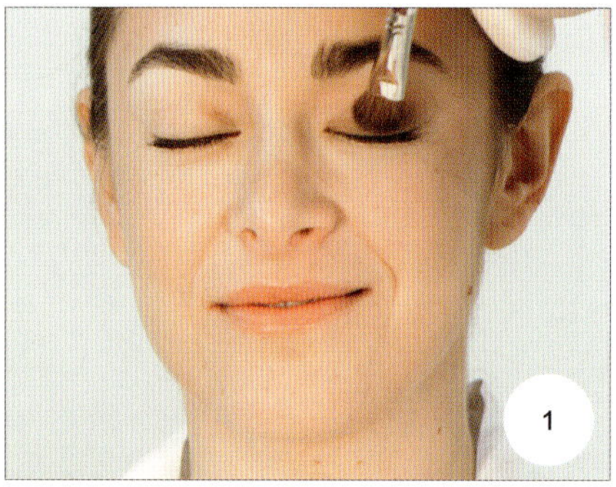

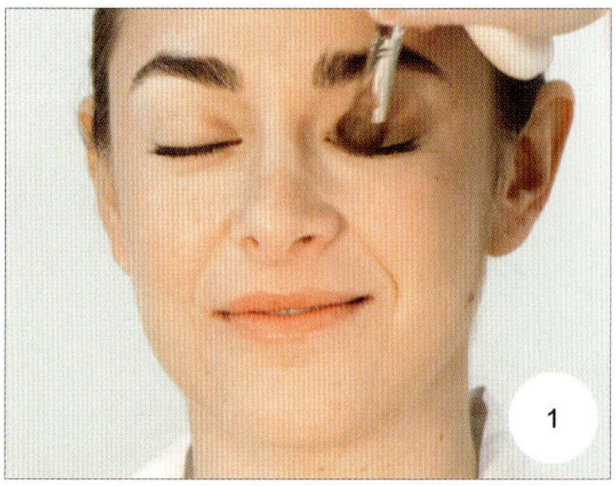

5. Com o pincel nº 27, aplique uma sombra terracota cintilante a partir da raiz da linha dos cílios, passando-a sobre toda a pálpebra e para cima, na dobra dos olhos. Isso deixará o tom mais intenso na linha dos cílios.
6. Com o mesmo pincel, aplique mais sombra terracota cintilante em um formato meia-lua em toda a extensão da dobra dos olhos e das pálpebras. Passe-a com toques leves e repetidos, para que o resultado fique mais marcante.
7. Agora, curve os cílios e aplique a primeira camada de máscara nos superiores (consulte a página 42 para rever esta técnica).

8. Com o pincel para contorno nº 30, aplique uma sombra vinho cintilante em toda a linha dos cílios.
9. Use o pincel nº 28 para harmonizar o tom de contorno.
10. Agora é o momento de aplicar os cílios postiços. Primeiro, faça um traço fino na linha de cílios das pálpebras superiores usando a sombra preta e o pincel delineador nº 18: ele servirá de guia durante a aplicação e ajudará a disfarçar os vãos, caso os postiços não sejam colocados diretamente nos cílios naturais – assim a pele não aparecerá.
11. Meça e corte a extremidade externa dos cílios postiços para que se encaixem na largura de suas pálpebras. Normalmente, eles são mais compridos do que os naturais. A remoção do excesso os deixa mais ajustados e confortáveis de usar.
12. Pinte a base deles com um delineador líquido ou em gel preto para que sua apresentação fique perfeita após a aplicação.
13. Passe uma cola para cílios postiços em toda a base deles.
14. Deixe-a secar por um minuto para que fique apenas um pouco grudenta. Enquanto isso, curve os cílios para moldá-los melhor nas pálpebras.

15. Agora, aplique os cílios exatamente sobre a linha do delineador, empurrando-os contra a linha de cílios natural usando uma pinça.
16. Quando secarem, passe uma camada de máscara para uniformizar os cílios naturais e os postiços.
17. Com o pincel nº 76, escove para fora o pó aplicado sob os olhos, o que removerá qualquer mancha de sombra da aplicação.
18. Com o pincel para pó iluminador nº 22, aplique uma sombra bege opaca apenas na parte côncava dos olhos. Isso é feito por último para criar uma borda mais definida nas pálpebras esfumadas.
19. Agora, com o pincel para detalhes dos olhos nº 13 , passe a sombra de tom intermediário na linha de cílios inferior, do canto externo ao interno.
20. Com o mesmo pincel, aplique uma camada do tom de contorno sobre o intermediário aplicado na linha de cílios inferior. A aplicação em camadas do intermediário e do contorno produzirá um degradê de cores, tornando a definição dessa linha mais natural e uniforme.
21. Para finalizar, aplique uma camada de máscara nos cílios inferiores.

"Um tom castanho-avermelhado quente ajuda a destacar a cor dos olhos."

bochechas

1. Passe o pó bronzeador opaco com o pincel para pó bronzeador/blush nº 73 da parte de trás das maçãs do rosto até a frente delas. Em seguida, espalhe o pincel de volta, em direção à orelha.
2. Agora, passe o pincel para cima e para baixo, a fim de harmonizar a cor na pele. Uniformize bem, caso contrário, a aparência não ficará natural.
3. Aplique um pouco do pó nas têmporas para ajudar a moldar o rosto. Passe-o em torno das têmporas e cavidades oculares. Este passo confere uma aparência corada e reluzente ao rosto.
4. É possível usar também um pouco de pó na mandíbula, o que definirá melhor o rosto e conferirá ainda mais brilho a ele.

1

1

lábios

1. Para criar lábios macios, porém bem definidos, é preciso começar corrigindo-os, além da linha labial. Isso criará uma base neutra perfeita para a maquiagem sutil.
2. Finalize com uma camada fina de gloss uva translúcido para deixar a aparência dos lábios mais brilhante, carnuda e sensual. Aplique-o com o pincel para lábios nº 80 a fim de que o gloss fique ainda mais reluzente.

1

1

2

2

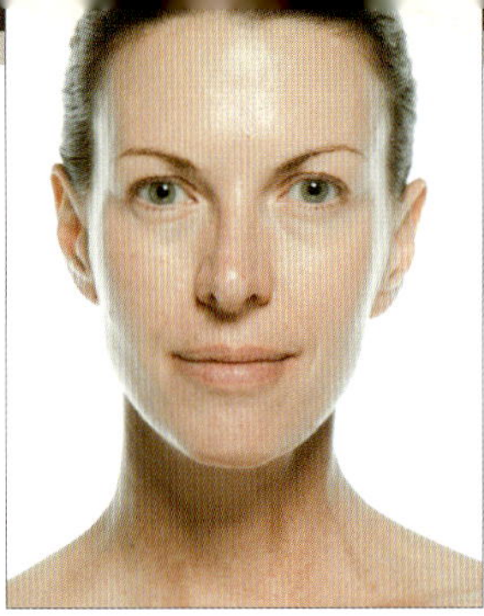

beijo de boa-noite

Para quem deseja ter lábios sensuais, estes são um verdadeiro convite para um beijo. Porém, você não desejará que ninguém os estrague! Este look é perfeito para quando quiser que os lábios sejam a sensação da noite. Esta maquiagem é excelente para combinar olhos e lábios marcantes, enquanto a boca ainda é mantida como o foco principal. Não tenha medo de brincar com cores nos lábios. A beleza não tem idade!

Confira o método abaixo:

olhos

1. Com o pincel para pó iluminador nº 22, aplique uma sombra em pó champanhe cintilante nas pálpebras e na parte côncava dos olhos, que é a área logo abaixo do arco da sobrancelha. Você passará o tom champanhe primeiro para suavizar os olhos esfumados.
2. Agora, use o pincel nº 11 e passe uma sombra de tom intermediário opaca suavemente do canto externo da dobra dos olhos até o canto interno. Use um marrom-acinzentado opaco (uma nuance um pouco mais escura do que o tom da sua pele) para obter uma definição sutil.
3. Harmonize o tom intermediário com o pincel para mistura de sombras nº 28 a fim de que não haja contrastes destoantes.

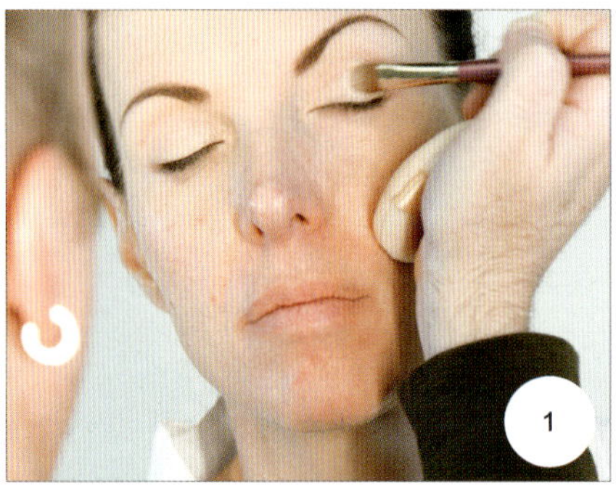

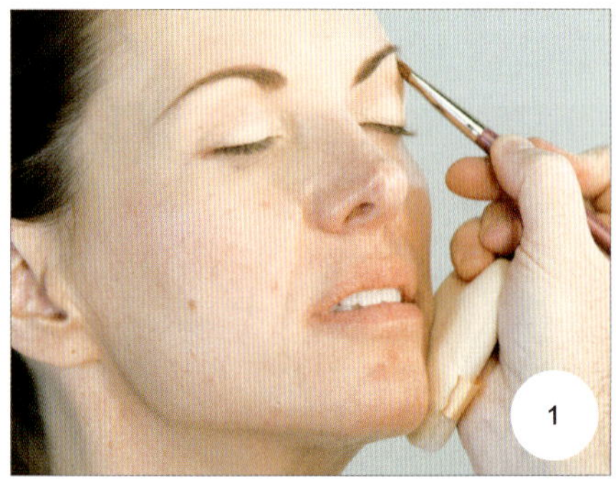

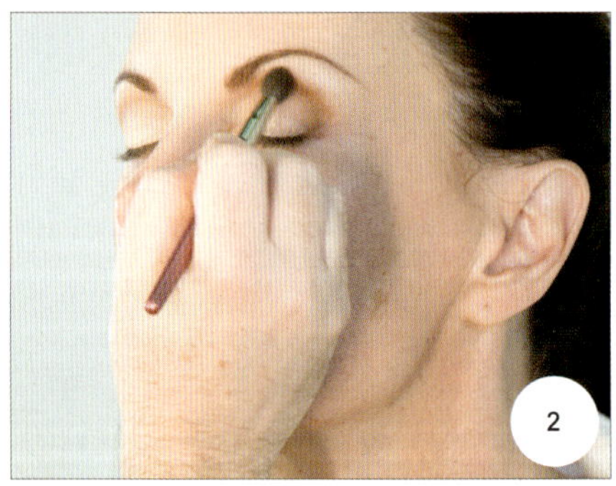

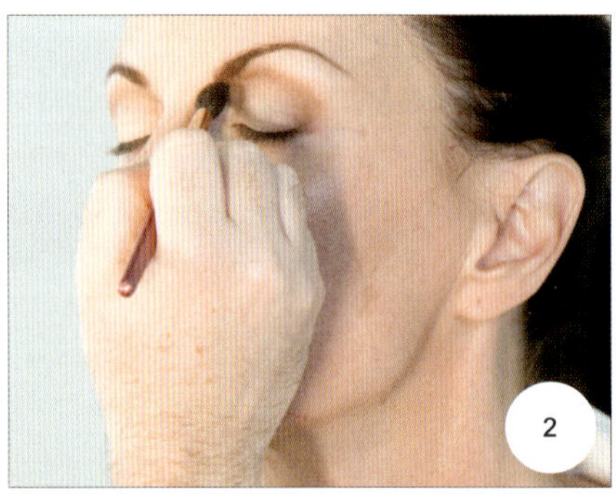

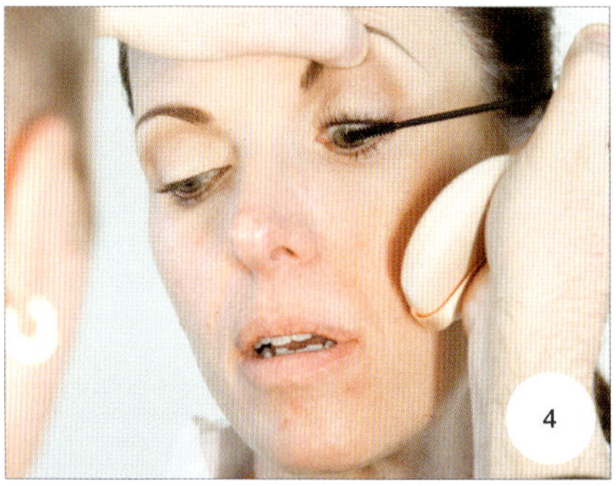

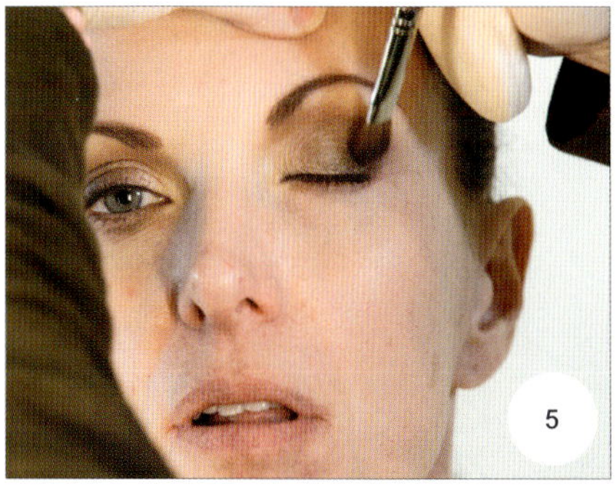

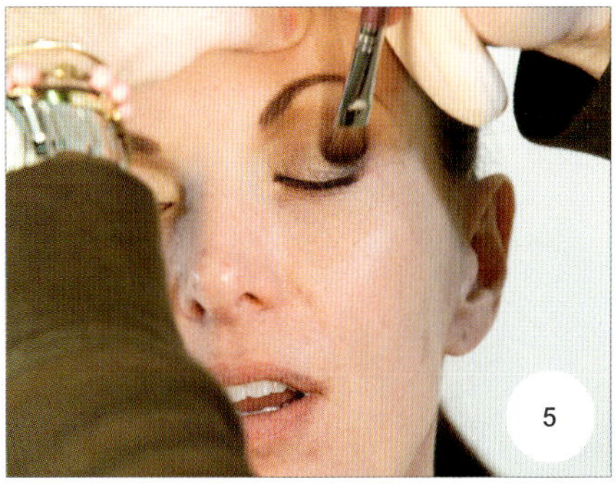

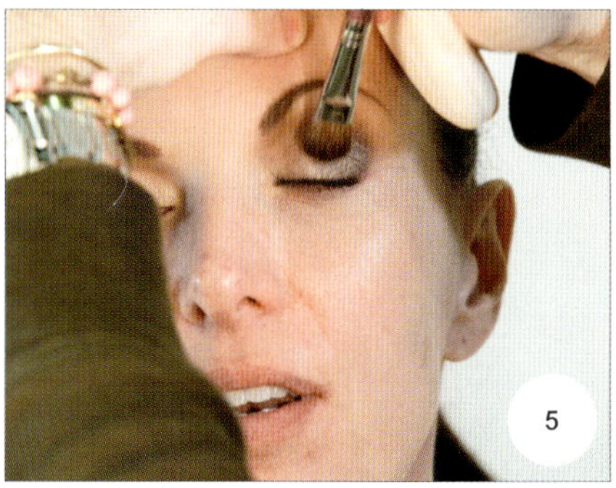

4. Curve os cílios e aplique a primeira camada de máscara nos superiores (consulte a página 42 para rever esta técnica).
5. Aplique uma sombra cinza-escura cintilante com o pincel para sombra nº 27 a partir da raiz da linha dos cílios superior e, em seguida, passe-a sobre toda a pálpebra, até o limite da dobra dos olhos. Isso deixará a cor mais intensa na linha dos cílios.
6. Harmonize o tom de contorno com o pincel nº 28 para que não haja contrastes destoantes.
7. Agora é o momento de aplicar os cílios postiços. Primeiro, com o delineador preto, faça um traço fino na linha de cílios das pálpebras superiores; ele servirá de guia durante a aplicação e ajudará a disfarçar os vãos, caso os postiços não sejam colocados diretamente nos cílios naturais – assim a pele não aparecerá.

8. Em seguida, use o pincel nº 18 para fixar o delineador com uma sombra preta opaca.
9. Meça e corte a extremidade externa dos cílios postiços para que se encaixem na largura de suas pálpebras. Normalmente, eles são mais compridos do que os naturais. A remoção do excesso os deixa mais ajustados e confortáveis de usar.
10. Pinte a base deles com um delineador líquido ou em gel preto para que sua apresentação fique perfeita após a aplicação.
11. Passe uma cola para cílios postiços em toda a base deles.
12. Deixe-a secar por um minuto para que fique apenas um pouco grudenta. Enquanto isso, curve os cílios para moldá-los melhor nas pálpebras.
13. Agora, aplique os cílios exatamente sobre o delineador, empurrando-os contra a linha de cílios natural usando uma pinça.

Continuaremos a maquiagem dos olhos depois que a cola secar.

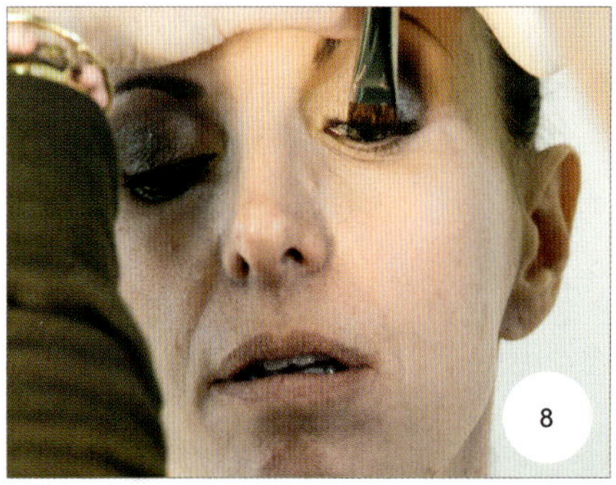

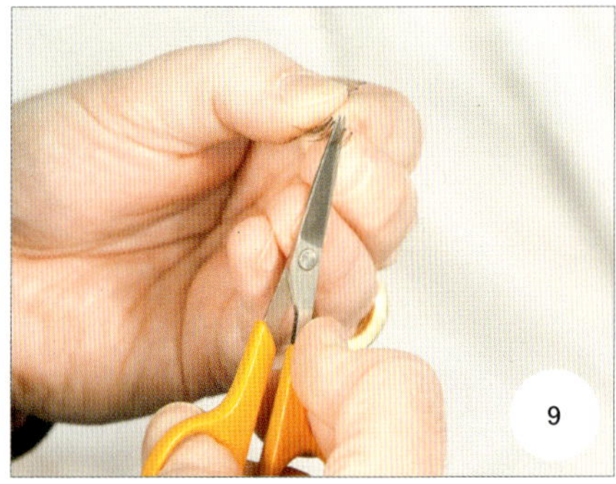

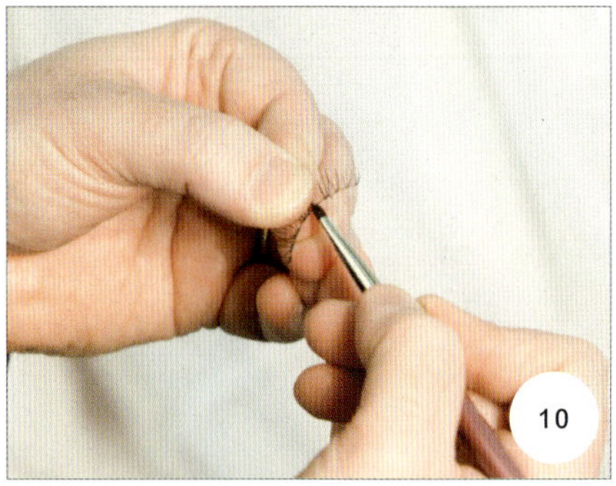

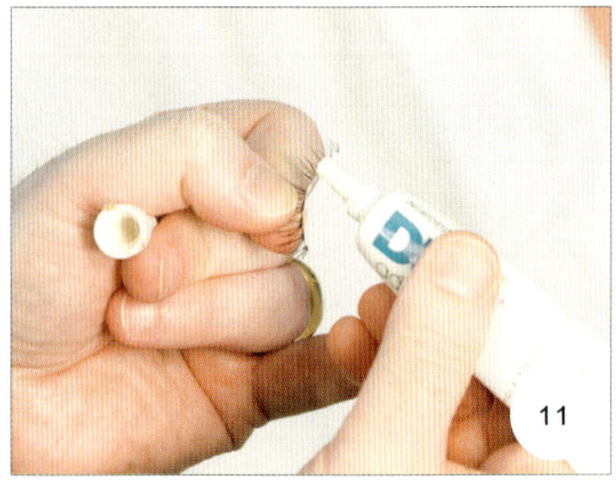

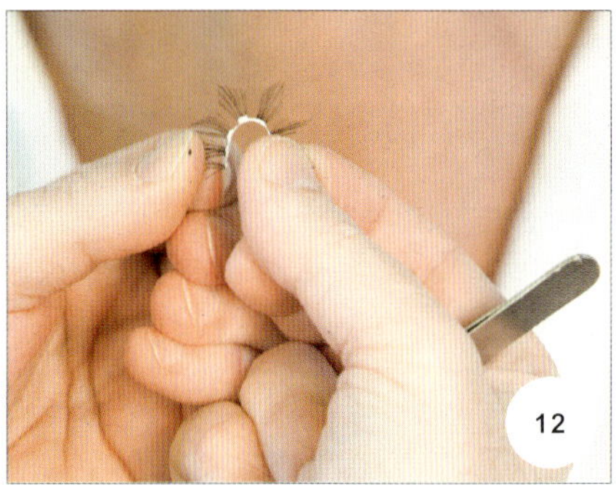

bochechas

1. Este é o momento de produzir um brilho maravilhoso! Para isso, é preciso aplicar camadas de blush e usar a quantidade perfeita de pó bronzeador. Primeiro, passe um blush creme a pó damasco intenso com o pincel para blush em creme nº 64 nas maçãs do rosto, da parte da frente para trás.
2. Em seguida, aplique um pouco de pó solto ou compacto.

Aplicaremos o pó bronzeador daqui a pouco.

olhos

Estes são os toques finais para os olhos.

14. Agora que a cola secou, aplique a primeira camada de máscara para uniformizar os cílios naturais e os postiços.
15. Com o pincel para detalhes dos olhos nº 13, aplique a sombra de tom intermediário na linha de cílios inferior, do canto externo ao interno.
16. Usando o mesmo pincel, passe uma camada de tom de contorno com o pincel nº 13 sobre o intermediário aplicado na linha de cílios inferior. A aplicação em camadas do tom de contorno sobre o intermediário cria um degradê de cores, tornando a definição da linha de cílios mais natural e uniforme.
17. Com o pincel para pó iluminador nº 14, realce o canto interno da linha de cílios inferior. Este passo confere um verdadeiro brilho a essa área, além de um efeito de olhos bem abertos.
18. Para finalizar, aplique uma camada de máscara nos cílios inferiores.

bochechas

Estes são os passos finais para as bochechas.

3. Aplique o pó bronzeador opaco com o pincel para pó bronzeador/blush nº 73 da parte de trás das maçãs do rosto até a frente delas. Em seguida, passe o pincel de volta, em direção à orelha.
4. Agora, espalhe o pincel para cima e para baixo a fim de harmonizar a cor na pele. Uniformize bem, caso contrário, a aparência não ficará natural.
5. Aplique um pouco do pó nas têmporas para ajudar a moldar o rosto. Passe-o em torno das têmporas e cavidades oculares. Este passo confere uma aparência corada e reluzente ao rosto.
6. É possível usar também um pouco de pó na mandíbula, o que definirá melhor o rosto e conferirá ainda mais brilho a ele.
7. Para criar um efeito mais corado, sorria e passe o blush em pó damasco intenso translúcido com o pincel nº 73 nas maçãs do rosto, da parte da frente para trás.

lábios

1. Neste look, os lábios são intensos e sofisticados. Como são o foco, sua aparência deve ser exuberante e macia. Para que fiquem perfeitos, é preciso prepará-los primeiro. Comece aplicando um lip balm, o que ajudará a deixá-los suaves para a maquiagem. Espere agir por alguns minutos, depois encoste um lenço de papel nos lábios e remova-o para que absorva qualquer excesso, que reduziria a duração do batom.
2. Agora, passe um corretivo nos lábios e na linha labial.
3. Marque os lábios com um lápis delineador rosa intenso, começando pelo V do "arco do cupido". Em seguida, passe-o em torno das curvas do arco e sobre elas.
4. Agora, passe o lápis a partir dos cantos externos até o meio dos lábios.
5. No lábio inferior, primeiro intensifique sua curva inferior. Depois, passe o lápis nos cantos externos, seguindo em direção ao meio. Aplique-o em torno dos lábios, até quase a linha invisível na borda da parte colorida deles.
6. Em seguida, preencha os lábios inteiros com o mesmo lápis para ajudar a manter a cor por mais tempo, pois ele tem a textura mais seca que o batom.
7. Use o pincel para lábios nº 80 a fim de harmonizar o delineador, deixando-o uniforme e macio.

"Não tenha medo de brincar com cores nos lábios."

8. Com o pincel labial, passe o batom rosa púrpura nos lábios. Harmonize-o bem sobre o delineador.

9. Encoste um lenço de papel nos lábios e remova-o para que absorva qualquer umidade do batom, enquanto a cor é mantida. Em seguida, passe outra camada de batom. A aplicação dessas três camadas (uma de delineador e duas de batom) proporciona uma cor intensa e real, além de aumentar a duração do batom.

10. Finalize com uma camada fina de gloss rosa perfeito para deixar a aparência dos lábios mais brilhante, carnuda e sensual. Aplique-o com o pincel para lábios nº 80 a fim de que o gloss fique ainda mais reluzente.

toque sedutor

Este look é a prova de que até mesmo os tons de cinza podem enfatizar o âmbar de seus olhos. Combinei sombras cinza esfumadas com tonalidades bege rosadas para que estas destacassem a intensidade da íris de seus olhos. Aqui, o nome sedutor não se refere apenas à maquiagem, mas também ao seu estado de espírito. Portanto, produza seu rosto, prepare sua mente e faça desta a ***sua*** noite!

Confira o método abaixo:

olhos

1. Com o pincel para pó iluminador nº 22, aplique uma sombra dourada cintilante apenas na parte côncava dos olhos, que é a área logo abaixo do arco da sobrancelha.
2. Curve os cílios e aplique a primeira camada de máscara nos superiores (consulte a página 42 para rever esta técnica).
3. Agora, use o pincel nº 11 e aplique suavemente a sombra de tom intermediário opaca do canto externo da dobra dos olhos até o canto interno. Para obter uma definição suave, utilize uma sombra bege rosada opaca (uma nuance um pouco mais escura que o tom de sua pele).
4. Harmonize o tom intermediário com o pincel para mistura de sombras nº 28 a fim de que não haja contrastes destoantes.

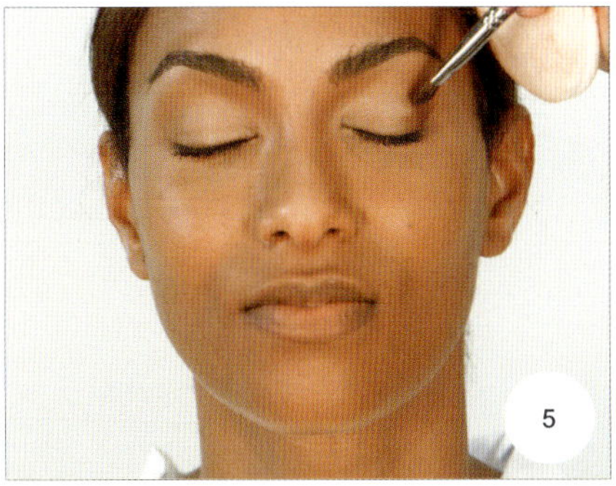

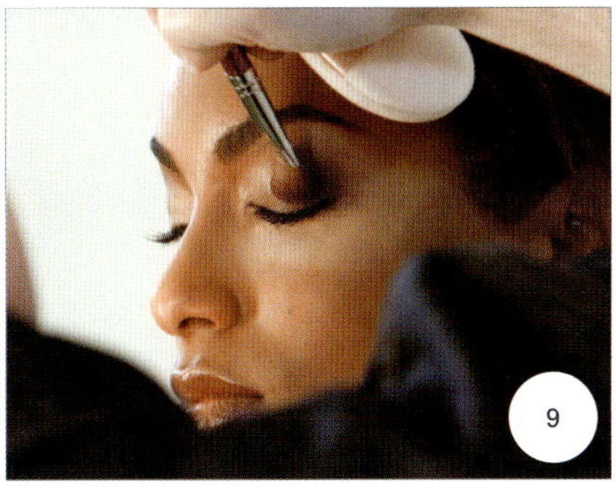

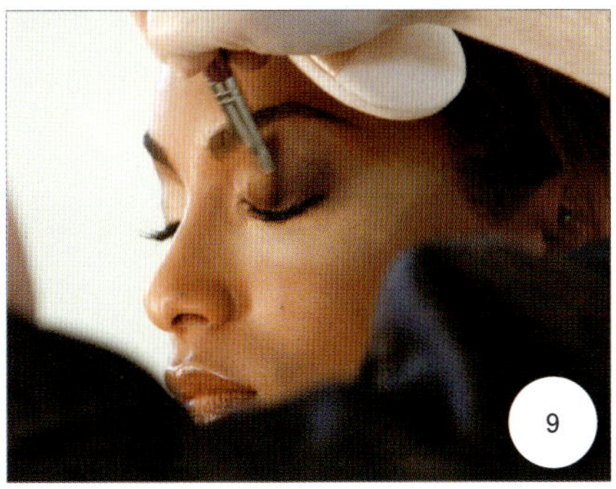

5. Com o pincel para contorno nº 30, passe um pouco de sombra de tom intermediário na terça parte externa das pálpebras. Em seguida, use o pincel nº 28 e harmonize a cor na pele.
6. Marque toda a linha de cílios superior com um lápis delineador preto. Isso ajudará a deixá-la mais intensa, o que é muito importante para este look.
7. Agora, use o pincel para detalhes dos olhos nº 13 e aplique o tom intermediário em toda a linha de cílios inferior, do canto externo ao interno.
8. Como uma cor intensa será aplicada, passe pó na área sob os olhos com o pincel nº 76 para que este segure qualquer mancha. Quando a maquiagem estiver finalizada, escove o pó para fora, o que removerá qualquer traço indesejado de sombra da aplicação, além de deixá-la com a pele impecável.
9. Aplique uma sombra cinza-escura cintilante com o pincel para sombra nº 27. Comece da raiz da linha de cílios superior e, em seguida, passe-a sobre toda a pálpebra, até o limite da dobra dos olhos. A cor ficará mais intensa na linha dos cílios e gradativamente mais clara na direção da dobra.
10. Use o pincel nº 28 para harmonizar o tom de contorno.

11. Para deixar a linha dos cílios realmente marcante, passe um pouco de sombra preta opaca com o pincel nº 18 nela. Em seguida, puxe o pincel com a cor para cima a fim de uniformizá-la. Repita este processo em toda a linha de cílios superior.
12. Com o pincel nº 27, aplique mais sombra cinza cintilante em um formato meia-lua em toda a dobra dos olhos.
13. Finalize harmonizando tudo com o pincel para mistura de sombras nº 28.

14. Agora, com um lápis delineador preto, marque a linha d´água das pálpebras superiores e inferiores. Lembre-se de que esta é a linha interna sobre a linha de cílios inferior ou sob a linha de cílios superior. Isso deixará os olhos esfumados um pouco mais dramáticos.
15. Com o pincel nº 18, passe a sombra preta diretamente na raiz dos cílios inferiores, de canto a canto.
16. Aplique mais uma camada de máscara nos cílios superiores (consulte a página 44 para rever esta técnica). Este passo deve ser anterior à remoção do pó sob os olhos, para que este possa segurar qualquer resquício escuro dos cílios proveniente da aplicação da sombra.
17. Com o pincel nº 76, escove para fora o pó aplicado sob os olhos, o que removerá qualquer mancha de sombra da aplicação.
18. Aplique máscara nos cílios inferiores.

bochechas

1. Neste look, as maçãs do rosto devem estar perfeitamente coradas. Para isso, aplique camadas de blush, começando com o creme a pó. Use o pincel nº 64 para passar um tom damasco intenso nas maçãs do rosto, da parte da frente para trás.
2. Em seguida, aplique um pouco de pó solto ou compacto.
3. Agora, para reforçar o efeito corado, sorria e passe o blush em pó damasco intenso translúcido perfeito com o pincel para pó bronzeador/blush nº 74 nas maçãs do rosto, da parte da frente para trás.

lábios

1. Finalize com uma camada fina de gloss bege-areia para deixar a aparência dos lábios mais brilhante, carnuda e sensual. Aplique-o com o pincel para lábios nº 80 a fim de que o gloss fique ainda mais reluzente.

"Sedutor não se refere apenas à maquiagem, mas também ao seu estado de espírito."

noites urbanas

Para produzir o verdadeiro look dramático para a sua noite, esta é a opção perfeita. Mais do que esfumado, seu efeito é incendiário! E tudo de que você precisa são estes olhos sedutores e bem definidos, intensos e escuros na raiz dos cílios e gradativamente mais claros para cima. Combinados com maçãs do rosto bronzeadas e lábios nude, nada a segurará! Sem dúvida, esta será a sua noite de conquistas!

Confira o método abaixo:

olhos

1. Com o pincel para pó iluminador nº 22, passe uma sombra bege opaca na parte côncava dos olhos, que é a área logo abaixo do arco das sobrancelhas.
2. Passe delicadamente uma sombra de tom intermediário opaca com o pincel nº 11 do canto externo da dobra dos olhos até o canto interno. Para obter uma definição suave, utilize uma sombra caramelo opaca (uma nuance um pouco mais escura do que o tom de sua pele). Embora você vá produzir olhos esfumados, é preciso começar com a definição da dobra dos olhos.
3. Harmonize o tom intermediário com o pincel para mistura de sombras nº 28 a fim de que não haja contrastes destoantes.
4. Agora, aplique o tom intermediário com o pincel para detalhes dos olhos nº 13 em toda a linha de cílios inferior, do canto externo ao interno.
5. Curve os cílios e aplique a primeira camada de máscara nos superiores (consulte a página 42 para rever esta técnica).
6. Neste look, a cor deve ficar mais intensa na linha dos cílios, porém ela ainda deve ser uniformizada para fora. Então, use um delineador preto para delinear toda a linha de cílios superior, de canto a canto.

7. Agora, com outro pincel nº 22, esfume o delineador. O processo de delinear e esfumar criará uma linha de cílios realmente intensa e uniforme.
8. Use o lápis de novo para delinear toda a extensão da linha de cílios inferior e, em seguida, uniformize com o pincel.
9. Como uma cor intensa será aplicada, passe pó na área sob os olhos com o pincel nº 76 para que este segure qualquer mancha. Quando a maquiagem estiver finalizada, escove o pó para fora, o que removerá qualquer traço indesejado de sombra da aplicação, além de deixá-la com a pele impecável.
10. Aplique uma sombra de tom intermediário caramelo opaco com o pincel para sombra nº 27 (porque uma área grande será maquiada). Comece na raiz da linha de cílios superior e, em seguida, passe-a em torno das pálpebras inteiras e sobre elas, até a área logo abaixo da parte côncava dos olhos. A cor ficará mais concentrada onde o pincel foi usado primeiro, ou seja, na linha dos cílios.
11. Com o mesmo pincel, aplique o tom intermediário em um formato meia-lua em toda a dobra dos olhos. Passe-a com toques leves e repetidos para obter um resultado mais marcante.
12. Em seguida, harmonize o tom intermediário com o pincel para mistura de sombras nº 28 a fim de que não haja contrastes destoantes.
13. Com o pincel para sombra nº 27, aplique uma sombra cinza-escura cintilante e, partindo da raiz da linha dos cílios, passe-a em toda a pálpebra e para cima, até a dobra dos olhos. Novamente, a cor deve ficar mais intensa na linha dos cílios e gradativamente clarear à medida que se aproxima da dobra.
14. Harmonize o tom de contorno com o pincel nº 28.

15. Utilize o pincel nº 30 para aplicar mais sombra cinza escura cintilante na metade inferior das pálpebras e criar um efeito mais marcante.
16. Harmonize-a com o pincel nº 28.
17. Agora, para deixar o look realmente intenso, aplique um pouco de sombra preta opaca na linha dos cílios com o pincel nº 18. Puxe-a levemente para cima com o pincel a fim de uniformizar toda a linha de cílios superior.
18. Finalize harmonizando tudo com o pincel para mistura de sombras nº 28.
19. Use um lápis delineador preto para marcar a linha d´água das pálpebras superior e inferior. Lembre-se de que esta é a linha interna sobre a linha de cílios inferior ou sob a linha de cílios superior. Isso deixará os olhos esfumados um pouco mais dramáticos.
20. Para uma definição mais perfeita, reforçe o realce da parte côncava dos olhos aplicando uma sombra bege opaca com o pincel nº 22. Observe que para essa maquiagem foram usados dois pincéis nº 22, um para aplicar o realce e outro para esfumar o delineador.

21. Com o pincel para pó pequeno nº 76, escove para fora o pó aplicado sob os olhos, o que removerá qualquer mancha de sombra da aplicação.
22. Aplique mais uma camada de máscara nos cílios superiores e outra nos inferiores. Após finalizar o restante da maquiagem, passe mais uma camada nos cílios superiores. Lembre-se de que é importante ter cílios sensuais neste look, portanto, não tenha medo de aplicar camadas de máscara nos cílios superiores (consulte a página 44 para rever esta técnica).
23. Para uma aplicação mais controlada, use o pincel nº 30 a fim de passar um pouco mais de sombra cinza-escura cintilante em um formato meia-lua na dobra dos olhos. O objetivo é deixar a maquiagem mais definida e uniforme.
24. Passe o pincel para mistura de sombras nº 28 a fim de refinar a harmonização das cores.

bochechas

1. Aplique o pó bronzeador opaco com o pincel para pó bronzeador/blush nº 73 da parte de trás das maçãs do rosto até a frente delas. Em seguida, passe o pincel de volta, em direção às orelhas.
2. Agora, passe o pincel para cima e para baixo a fim de harmonizar a cor na pele. Uniformize bem, caso contrário, a aparência não ficará natural.
3. Aplique um pouco do pó nas têmporas para ajudar a moldar o rosto. Passe-o em torno das têmporas e cavidades oculares. Este passo confere uma aparência corada e reluzente ao rosto.

lábios

1. Para criar lábios macios, porém bem definidos, é preciso primeiro passar um corretivo neles e na linha labial. Isso produzirá uma base neutra perfeita para a maquiagem sutil.
2. Marque os lábios com um delineador nude quase imperceptível, começando pelo V do "arco do cupido". Em seguida, passe-o em torno das curvas do arco e sobre elas.
3. Agora, passe o lápis a partir dos cantos externos até o meio dos lábios.
4. No lábio inferior, primeiro intensifique sua curva inferior. Depois, passe o lápis nos cantos externos, seguindo em direção ao meio. Aplique-o em torno dos lábios, até quase a linha invisível na borda da parte colorida deles.
5. Preencha pelo menos metade dos lábios, em direção ao meio deles. Isso confere uma aparência mais natural ao delineador, além de manter a cor por mais tempo.
6. Use o pincel para lábios nº 80 a fim de uniformizar o delineador antes da aplicação do batom. Isso deixará a maquiagem mais natural.
7. Passe o batom nude perfeito nos lábios usando o pincel específico para isso, o que permite uma aplicação melhor e ajuda a manter a cor por mais tempo. Uniformize-o muito bem sobre o delineador.
8. Finalize com uma camada fina de gloss pêssego translúcido para deixar a aparência dos lábios mais brilhante, carnuda e sensual. Aplique-o com o pincel para lábios nº 80 a fim de que o gloss fique ainda mais reluzente.

"Mais do que esfumado, seu efeito é incendiário!"

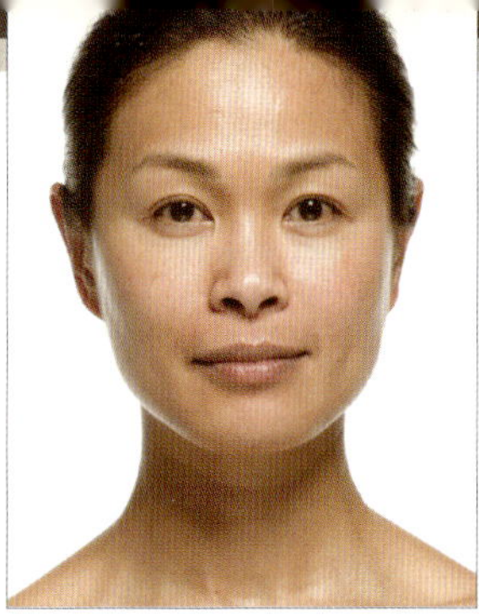

noites inesquecíveis

Às vezes, tudo o que você precisa é de um look clássico com um toque especial. Nesta maquiagem, os olhos esfumados apresentam um efeito que deixará você arrasadora na próxima balada. Adoro misturar cores e usar tons diferentes nos cílios superiores e inferiores. Contudo, lembre-se de que a cor mais escura deve sempre ser aplicada nas pálpebras superiores. Tenho certeza de que você gostará do resultado desta combinação de cores, bem como de experimentar esta técnica. Agora, aproveite a sua noite, e não se esqueça de quem a mostrou como torná-la inesquecível!

Confira o método abaixo:

olhos

1. Com o pincel para pó iluminador nº 14, passe uma sombra creme a pó bege cintilante apenas na linha dos cílios. Você aplicará camadas alternadas de creme e pó para produzir um look mais dramático.
2. Com o mesmo pincel, passe uma sombra em pó champanhe cintilante sobre a maquiagem em creme aplicada nas pálpebras.
3. Neste look, o realce nas pálpebras deve ser mais intenso do que na parte côncava dos olhos. Para isso, use o pincel nº 22 e aplique uma sombra bege opaca na parte côncava dos olhos. Como esse é um tom opaco e levemente mais escuro, ficará discreto.
4. Use o pincel nº 11 e aplique delicadamente a sombra de tom intermediário opaca a partir do canto externo da dobra dos olhos até o canto interno. Para obter uma definição suave, utilize uma sombra marrom-acinzentada escura opaca (uma nuance um pouco mais escura do que o tom de sua pele).
5. Harmonize o tom intermediário com o pincel para mistura de sombras nº 28 a fim de que não haja contrastes destoantes.
6. Agora, utilize o pincel para contorno nº 30 a fim de definir a terça parte externa das pálpebras com a sombra de tom intermediário. Em seguida, harmonize-a com o pincel nº 28.

1

3

4

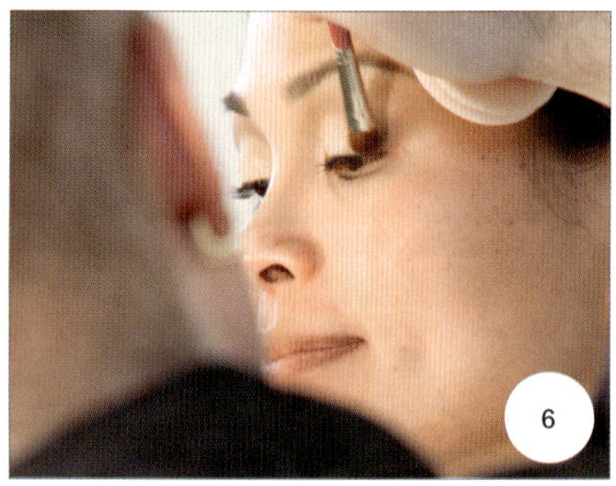
6

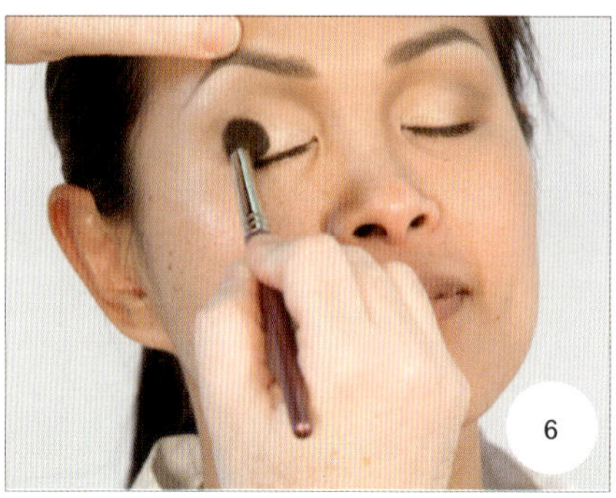
6

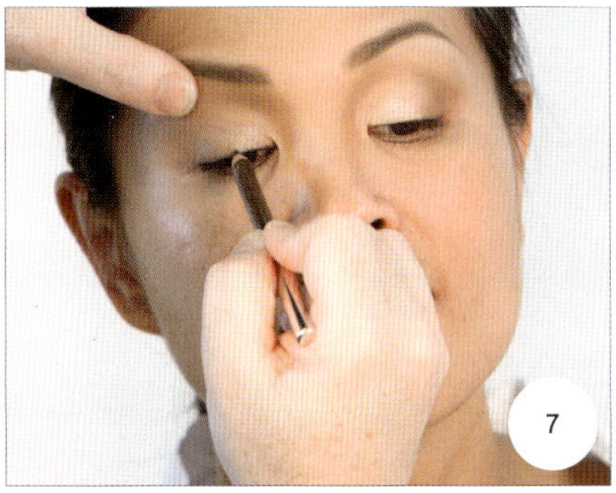

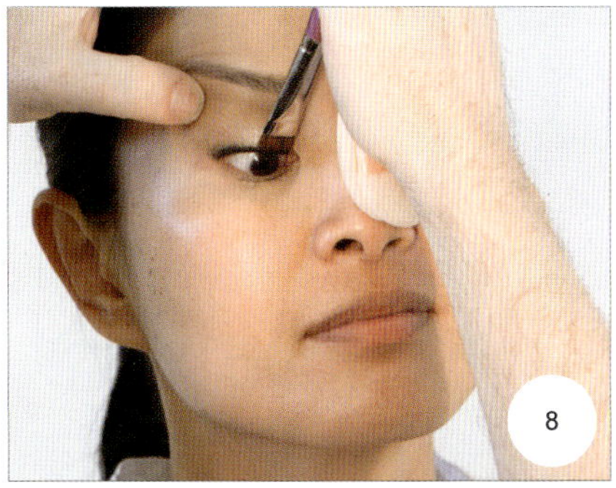

8. Para realçar a linha dos cílios, marque a linha de cílios superior com um delineador preto, do canto interno ao externo. Mantenha-o bem próximo à linha dos cílios. O objetivo é fazer uma linha bem fina no canto interno, e gradativamente engrossá-la à medida que se aproxima do canto externo.
9. Com o pincel nº 18, passe um pouco de sombra preta em toda a linha de cílios superior para suavizar o delineador. Durante a aplicação, puxe-a levemente para cima com o pincel para uniformizar a linha.
10. Agora, curve os cílios e aplique a primeira camada de máscara nos superiores (consulte a página 42 para rever esta técnica).
11. Para prevenir manchas sob a área dos olhos e manter a maquiagem impecável, é possível usar películas protetoras a fim de segurar qualquer resquício de pó.
12. Com o pincel para sombra nº 27, aplique uma sombra verde-escura cintilante com toques leves e repetidos, em um formato meia-lua, em toda a dobra dos olhos e na metade externa das pálpebras.

13. Use o pincel para mistura de sombras nº 28 a fim de harmonizar a sombra.
14. Com o pincel nº 30, passe mais sombra verde-escura cintilante, com toques leves e repetidos, na linha dos cílios. Assim, a quantidade de sombra aplicada e a sua intensidade serão maiores.
15. Novamente, harmonize a sombra com o pincel para mistura de sombras nº 28.
16. Aplique mais sombra bege opaca com o pincel para pó iluminador nº 22 nas sobrancelhas a fim de realçá-las.

"Agora, aproveite a sua noite inesquecível!"

17. Remova a película protetora e o pó contido nela.
18. Aplique a sombra de tom intermediário com o pincel para detalhes dos olhos nº 13 em toda a linha inferior dos cílios. Novamente, passe o pincel do canto externo ao interno.
19. Com o mesmo pincel, aplique uma sombra vinho-escura cintilante sobre o tom intermediário recém-aplicado, em toda a extensão da linha de cílios inferior, de canto a canto. A aplicação da camada de contorno sobre o tom intermediário criará um degradê de cores, tornando a definição dessa linha mais natural e uniforme.
20. Agora, marque a linha d´água das pálpebras inferiores com um lápis delineador vinho-escuro. Lembre-se de que essa é a linha interna sobre a linha de cílios inferior. Isso deixará a maquiagem um pouco mais dramática.
21. Aplique mais uma camada de máscara nos cílios superiores e outra nos inferiores. Após finalizar o restante da maquiagem, passe outra camada nos cílios superiores (consulte a página 44 para rever esta técnica).

bochechas

1. Agora, crie um efeito reluzente deslumbrante nas maçãs do rosto. Para isso, é preciso aplicar camadas de blush e a quantidade perfeita de pó bronzeador. Comece com o blush creme a pó. Usando o pincel nº 64, passe um blush damasco intenso nas maçãs do rosto, da parte da frente para trás.
2. Passe um pouco de pó solto ou compacto.
3. Aplique o pó bronzeador opaco com o pincel para pó bronzeador/blush nº 73, da parte de trás das maçãs do rosto até a frente delas. Em seguida, passe o pincel de volta, em direção à orelha.
4. Agora, passe o pincel para cima e para baixo a fim de harmonizar a cor na pele. Uniformize bem, caso contrário, a aparência não ficará natural.
5. Aplique um pouco do pó nas têmporas para ajudar a moldar o rosto. Passe-o em torno das têmporas e cavidades oculares. Isso deixará a aparência mais corada e brilhante, que é a proposta deste look.
6. É possível usar também um pouco de pó na mandíbula, o que definirá melhor o rosto e conferirá ainda mais brilho a ele.
7. Para exibir mais cor, sorria e passe o blush em pó damasco translúcido intenso com o pincel nº 73 nas maçãs do rosto, da parte da frente para trás.

lábios

1. Nesta produção, os lábios devem ficar macios e naturais. Para isso, primeiro passe um corretivo nos lábios e em toda a linha labial a fim de criar uma base perfeita para a maquiagem sutil.
2. Agora, delineie os lábios com um lápis labial nude marrom-acinzentado, começando pelo V do "arco do cupido". Em seguida, passe-o em torno das curvas do arco e sobre elas.
3. Agora, passe o lápis a partir dos cantos externos até o meio dos lábios.
4. No lábio inferior, primeiro intensifique sua curva inferior. Depois, passe o lápis nos cantos externos, seguindo em direção ao meio. Aplique-o em torno dos lábios, até quase a linha invisível na borda da parte colorida deles.
5. Com o mesmo lápis, preencha metade dos lábios, em direção ao meio deles. Isto ajudará a manter a cor por mais tempo, além de deixar o delineador mais natural.
6. Use o pincel para lábios nº 80 para uniformizar o delineador antes da aplicação do batom.
7. Finalize com uma camada fina de gloss bege-areia. Aplique-o com o pincel para lábios nº 80 a fim de deixar os lábios ainda mais brilhantes.

Agora, você sabe produzir maquiagens vistosas, e não apenas simples e cotidianas. E se você quisesse intensificá-las ainda mais para um evento noturno? Confira o Capítulo 8 para aprender como refinar um look básico!

10 minutos, página 304

20 minutos, página 310

5 minutos, página 300

8

tudo é importante para ficar maravilhosa

Para a maioria das mulheres, mudar o visual é como reinventar a roda, mesmo que seja para uma única noite. Porém, na verdade, apenas 5 minutos a mais de maquiagem podem ser suficientes para isso. Você se surpreenderá com o que é possível fazer em 5 minutos!

Este capítulo apresenta a produção de um look a partir de outro: começo com um simples, lindo e fácil de produzir em 5 minutos, e depois mostro como refiná-lo com 5, 10 ou 15 minutos a mais.

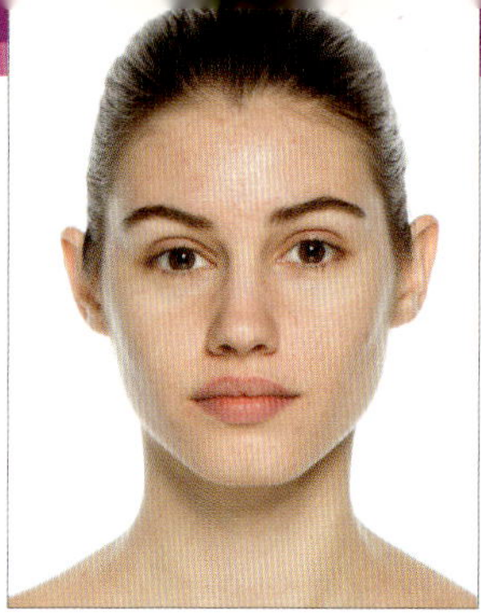

5 minutos para ficar linda

Meninas, espero que já tenha convencido vocês de que não é necessário despender horas na frente do espelho para produzir um look maravilhoso. O importante é usar os acessórios corretos, escolher os tipos e tons de maquiagem mais adequados e aplicá-los de uma forma rápida, limpa e profissional, como demonstrado no livro. Esta produção é de apenas 5 minutos. Depois, os resultados ficarão cada vez mais refinados.

olhos

1. Primeiro, com o pincel para pó iluminador nº 22, aplique uma sombra creme a pó bege cintilante somente nas pálpebras (da linha dos cílios até a dobra dos olhos). Você aplicará camadas alternadas de creme e pó para produzir um look mais dramático.
2. Com o mesmo pincel, aplique uma sombra em pó champanhe cintilante sobre a camada em creme recém-aplicada nas pálpebras, bem como na parte côncava dos olhos, que é a área logo abaixo do arco das sobrancelhas.
3. Curve os cílios e aplique a primeira camada de máscara nos superiores (consulte a página 42 para rever esta técnica).
4. Agora, aplique uma sombra de tom intermediário opaca usando o pincel nº 11, passando-a delicadamente do canto externo da dobra dos olhos até o canto interno. Para criar uma definição suave, utilize um tom marrom-acinzentado opaco (uma nuance um pouco mais escura do que o tom de sua pele).
5. Harmonize o tom intermediário na pele com o pincel para mistura de sombras nº 28 a fim de que não haja contrastes destoantes.

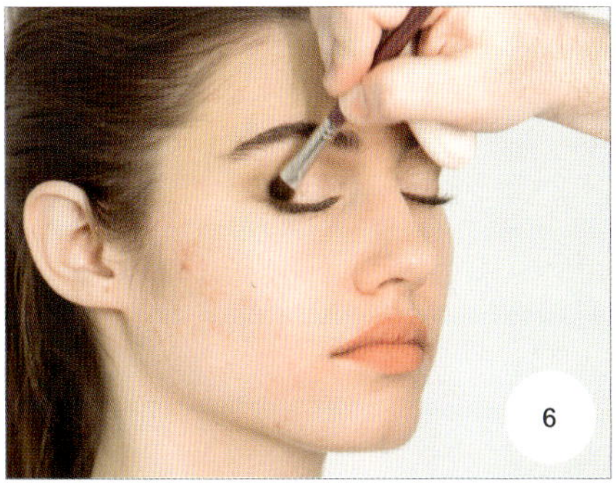

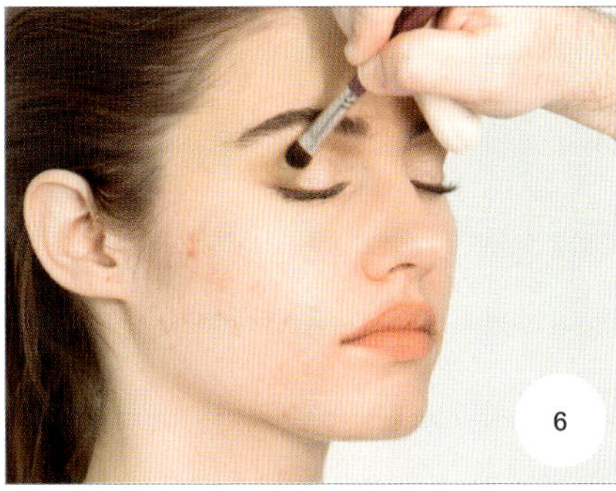

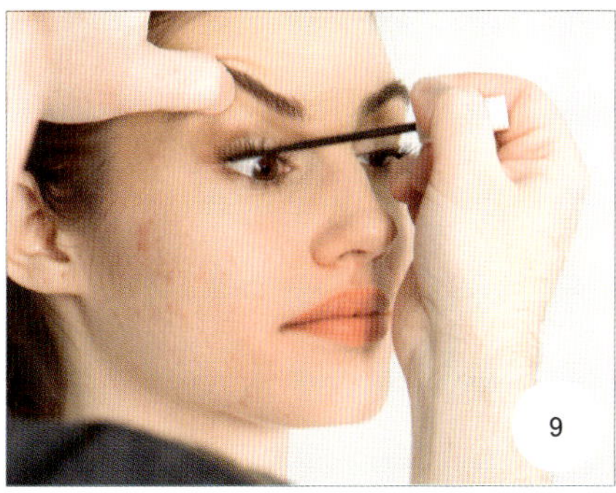

6. Utilize o pincel para contorno nº 30 para definir a terça parte externa das pálpebras com o tom de sombra intermediário. Em seguida, use o pincel para mistura de sombras nº 28 a fim de harmonizar a cor. Este é o início da definição das pálpebras.
7. Para começar a definir a linha dos cílios, empurre uma sombra preta com o pincel nº 41 na raiz.
8. Com o pincel delineador nº 18, passe um pouco de sombra preta na linha de cílios superior para enfatizar a definição. Durante a aplicação, puxe-a levemente para cima com o intuito de uniformizar a linha.
9. Aplique mais uma camada de máscara nos cílios superiores (consulte a página 44 para rever esta técnica).
10. Aplique a sombra de tom intermediário com o pincel para detalhes dos olhos nº 13 em toda a linha de cílios inferior. Passe-a do canto externo ao interno.
11. Com o pincel para pó iluminador nº 14, realce o canto interno da linha de cílios inferior. Este passo confere um verdadeiro brilho a essa área, além de um efeito de olhos bem abertos.
12. Finalize com uma camada de máscara nos cílios inferiores.

bochechas

1. Com o pincel para pó/blush nº 73, aplique o pó bronzeador opaco da parte de trás das maçãs do rosto até a frente delas. Em seguida, passe-o em direção à orelha.
2. Agora, passe o pincel para cima e para baixo a fim de harmonizar a cor na pele. Uniformize bem, ou a aparência não ficará natural.
3. Aplique um pouco do pó nas têmporas para ajudar a moldar o rosto. Passe-o em torno das têmporas e cavidades oculares. Este passo confere uma aparência corada e reluzente ao rosto.
4. É possível usar também um pouco de pó na mandíbula, o que definirá melhor o rosto e conferirá ainda mais brilho a ele.
5. Para exibir mais cor, sorria e passe o blush em pó com o pincel nº 73 nas maçãs do rosto, da parte da frente para trás.

lábios

1. Prepare os lábios para a aplicação da cor. Passe uma quantidade generosa de lip balm e depois pressione os lábios para distribuí-lo por igual. Em seguida, encoste um lenço de papel nos lábios e remova-o para que absorva qualquer excesso.
2. Finalize com uma camada de gloss pêssego translúcido perfeito para produzir lábios mais brilhantes, carnudos e sensuais. Aplique-o com o pincel para lábios nº 80 a fim de que o gloss fique ainda mais reluzente.

"Em apenas 5 minutos, você produz um look maravilhoso."

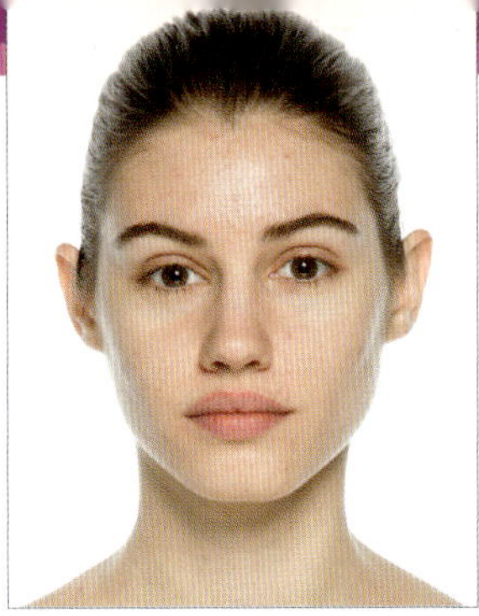

mais 5 minutos para não passar despercebida

Este é o momento de refinar o look com olhos mais dramáticos, maçãs do rosto mais coradas e lábios voluptuosos. Acredite: com mais 5 minutos, você produz esta maquiagem atraente! Simplesmente sensual!

olhos

1. Para realçar a linha dos cílios, marque a superior com um delineador preto, do canto interno ao externo. Mantenha-o bem próximo à linha. O objetivo é criar um traço bem fino no canto interno e gradativamente engrossá-lo à medida que se aproxima do canto externo.
2. Com o pincel nº 18, passe um pouco de sombra preta em toda a linha de cílios superior para suavizar o delineador. Durante a aplicação, puxe-a levemente para cima com o pincel a fim de uniformizar a linha.
3. Como uma cor intensa será aplicada, passe um pouco de pó na área sob os olhos com o pincel nº 76, para que este segure qualquer mancha. Quando a maquiagem estiver finalizada, escove o pó para fora, o que removerá qualquer traço indesejado de sombra da aplicação, além de deixá-la com a pele impecável.

4. Com o pincel para contorno nº 30, passe uma sombra marrom-escura opaca na terça parte externa das pálpebras e para cima, na dobra dos olhos. Essa camada é aplicada sobre o tom intermediário para começar a harmonização.
5. Use o pincel para mistura de sombras nº 28 a fim de harmonizar o tom de contorno.
6. Com o pincel nº 13, passe uma camada do tom de contorno sobre o intermediário em toda a linha de cílios inferior. A aplicação da camada de contorno sobre o tom intermediário criará um degradê de cores, tornando a definição dessa linha mais natural e uniforme.
7. Com o pincel para pó pequeno nº 76, escove para fora o pó aplicado sob os olhos, o que removerá qualquer mancha de sombra da aplicação.
8. Aplique mais uma camada de máscara nos cílios superiores e outra nos inferiores. Após finalizar o restante da maquiagem, passe mais uma camada nos cílios superiores. Lembre-se de que é importante ter cílios sensuais neste look, portanto, não tenha medo de aplicar camadas de máscara nos cílios superiores (consulte a página 44 para rever esta técnica).

Vamos acrescentar mais expressividade aos seus olhos mais tarde.

"Simplesmente sensual!"

lábios

1. Marque os lábios com um lápis delineador nude quase imperceptível, começando pelo V do "arco do cupido". Em seguida, passe-o em torno das curvas do arco e sobre elas.
2. Em seguida, passe o lápis a partir dos cantos externos até o meio dos lábios.
3. No lábio inferior, primeiro intensifique sua curva inferior. Depois, passe o lápis nos cantos externos, seguindo em direção ao meio. Delineie o lábio inteiro: aplique a cor até quase a linha invisível na borda da parte colorida dele.
4. Com o mesmo lápis, preencha metade dos lábios, em direção ao meio deles. Isso ajudará a manter a cor por mais tempo, além de deixar o delineador mais natural.
5. Use o pincel para lábios nº 80 a fim de harmonizar o delineador.
6. Com o pincel para lábios, preencha todo o lábio com o batom nude pêssego perfeito. Harmonize muito bem o batom sobre o delineador.

Aplicaremos uma camada de gloss nos lábios no fim da maquiagem.

bochechas

1. Para exibir mais cor, sorria e passe o blush em pó pêssego translúcido intenso com o pincel nº 73 nas maçãs do rosto, harmonizando-o de volta em direção à área bronzeada. Esta técnica confere uma aparência perfeitamente corada ao rosto.

olhos

Estes são os passos finais para os olhos.

Lembre-se sempre de que é você quem controla a intensidade da maquiagem, portanto, se quiser um look mais dramático, basta aplicar mais uma camada de cor.

9. Com o pincel para contorno nº 30, passe mais uma camada do tom de contorno na terça parte externa das pálpebras. Em seguida, harmonize-o com o pincel nº 28.
10. Com o pincel nº 13, aplique mais uma camada do tom de contorno em toda a linha de cílios inferior.

lábios

Este é o passo final para os lábios.

7. Finalize com uma camada fina de gloss pêssego translúcido perfeito para deixar a aparência dos lábios mais brilhante, carnuda e sensual. Aplique-o com o pincel para lábios nº 80 a fim de que o gloss fique ainda mais reluzente.

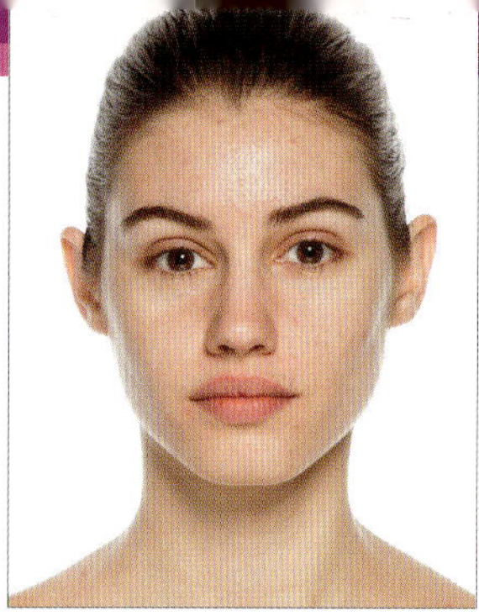

do dia para a noite

Espere um momento! Você precisa de apenas mais 10 minutos para ficar pronta para sair à noite! Confira como é fácil transformar sua maquiagem magnífica em um look que atrairá comentários como “Eu te conheço de algum lugar?”. Você já está preparada, então experimente-o!

olhos

1. Como uma cor intensa será aplicada, passe um pouco de pó na área sob os olhos com o pincel nº 76 para que este segure qualquer mancha. Quando a maquiagem estiver finalizada, escove o pó para fora, o que removerá qualquer traço indesejado de sombra da aplicação, além de deixá-la com a pele impecável.
2. Em seguida, aplique uma sombra de tom intermediário marrom-acinzentada opaca escura com o pincel para sombra nº 27 (porque uma área grande será maquiada). Comece pela raiz da linha de cílios superior, passando-a em torno das pálpebras inteiras e sobre elas, até a área logo abaixo da parte côncava dos olhos. A cor ficará mais concentrada onde o pincel foi usado primeiro, ou seja, na linha dos cílios.
3. Use o pincel nº 28 para harmonizar o tom intermediário e não deixar contrastes destoantes.

4. Com o pincel para sombra nº 27, aplique uma sombra vinho-escura cintilante. Comece da base da linha dos cílios, depois passe-a sobre toda a pálpebra até a dobra dos olhos. A cor ficará mais concentrada na linha dos cílios e cada vez menos intensa à medida que se aproxima da dobra.

5. Harmonize o tom de contorno com o pincel nº 28.

6. Para deixar a linha dos cílios mais marcante, passe um pouco de sombra preta em toda a linha de cílios superior com o pincel nº 18. Durante a aplicação, puxe-a um pouco para cima para uniformizar a cor.

7. Agora é o momento de usar o efeito mais dramático: cílios postiços. Meça e corte a extremidade externa dos cílios postiços para que se encaixem na largura de suas pálpebras. Normalmente, eles são mais compridos do que os naturais. A remoção do excesso os deixa mais ajustados e confortáveis de usar.
8. Pinte a base deles com um delineador líquido ou em gel preto para que sua apresentação fique perfeita após a aplicação.
9. Passe uma cola para cílios postiços em toda a base deles.
10. Deixe-a secar por um minuto para que fique apenas um pouco grudenta. Enquanto isso, curve os cílios para moldá-los melhor nas pálpebras.
11. Agora, aplique os cílios exatamente sobre a linha do delineador, empurrando-os contra a linha de cílios natural usando uma pinça.
12. Com o pincel nº 76, escove para fora o pó aplicado sob os olhos, o que removerá qualquer mancha de sombra da aplicação.

13. Com o pincel nº 18, passe a sombra preta na raiz da linha de cílios inferior, de canto a canto. Isso a deixará intensa, porém não produzirá uma linha grossa esfumada.
14. Agora, com um lápis delineador preto, marque a linha d´água das pálpebras superiores e inferiores. Lembre-se de que essa é a linha interna sobre a linha de cílios inferior, ou sob a linha de cílios superior. Isso deixará os olhos esfumados um pouco mais dramáticos.
15. Como a cola dos cílios postiços secou, passe uma camada de máscara nos cílios superiores para uniformizar os cílios naturais e os postiços, e também para criar uma aparência mais natural.

bochechas

1. Com o pincel para pó, aplique um pouco de pó solto, ou harmonize suas bochechas, para deixar a maquiagem mais natural. Os olhos deste look exigem que a cor aplicada anteriormente nas bochechas seja minimizada, não intensificada.

lábios

1. Para criar lábios macios e naturais, aplique um corretivo nos lábios e na linha labial. Isso proporcionará uma base neutra perfeita para a maquiagem sutil.
2. Finalize com uma camada fina de gloss bege-areia para deixar a aparência dos lábios mais brilhante, carnuda e sensual. Aplique-o com o pincel para lábios nº 80 a fim de que fique ainda mais reluzente.

Agora que você conferiu como é fácil refinar uma maquiagem mais básica, você pode transformar seu look de informal para requintado, ou do dia para uma ocasião à noite, apenas incrementando a base já produzida. Afinal, o que importa é você se sentir maravilhosa pelo que é e, querida, tenho certeza de que *você o é*. O objetivo deste livro é revelar a sua verdadeira beleza.

"Mais 10 minutos, e você estará pronta para sair à noite!"

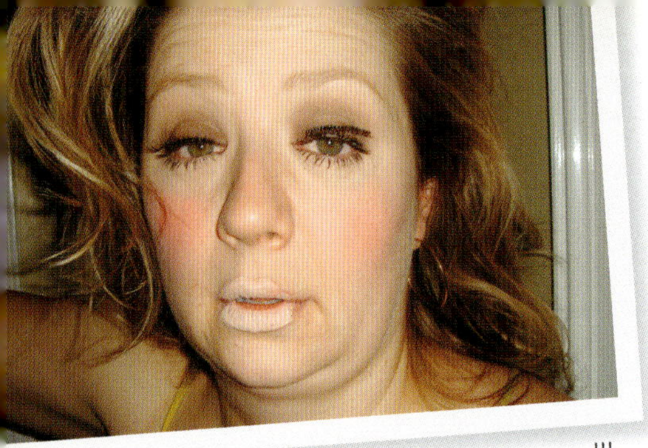

por falar em inspiração!!! Minha foto favorita!!! Isso me faz sorrir!!! Missy!!!

posfácio: quem, eu? não, você!

o amor é sempre inspirador!!! Chip!!!

Todo mundo encontra inspiração em lugares diferentes. Para mim, ela vem de pessoas, lugares e filmes. Minha primeira inspiração de beleza foi a minha avó. Ela não chegava a aplicar sua maquiagem perfeitamente, mas percebia-se como isso a transformava, por dentro e por fora. Ela não ia a lugar algum sem apresentar a sua melhor produção. Amigos com quem me diverti criando tantos looks diferentes – alguns sérios e outros não –, todos me inspiraram. Pessoas caminhando pelas ruas com visuais que as façam se sentir seguras também aguçam minha criatividade. Porque, como você sabe, a confiança é o aspecto mais importante da verdadeira beleza.

Enquanto crescia, muitos filmes estabeleceram os meus padrões de beleza ideal. Muitas das atrizes nos filmes estavam longe de ser perfeitamente belas de acordo com os modelos da sociedade e, ainda assim, todas eram lindas para mim. Descobri com o passar dos anos que "falhas" somam à beleza de alguém, não subtraem. Elas tornam a mulher deslumbrante e mostram a sua singularidade. Ao observar meu trabalho, você perceberá que para mim tudo remete à beleza. Minha maquiagem preferida do meu filme favorito é a de olhos intensos e lábios em tom natural, combinados com uma pele radiante. Essa se tornou a minha assinatura.

chamam isso de amor de filhote!!! Gigi!!!

Lugares me inspiram com sua beleza, cor, cultura, e também com seus edifícios. Amo chegar em outro país ou cidade e ver muitos visuais incríveis e as características que o tornam extraordinário – assim como os traços que fazem você ser especial. Com isso, é possível concluir que o que mais amo nos lugares são as pessoas que dão vida a eles.

Adoraria que você encontrasse o que a inspira, o que a empolga e o que a faz sorrir. O propósito deste livro não é eu dizer para você o que é belo. Não importa quem você é, onde vive, suas relações e profissão. Quero apenas que entenda que todo mundo é bonito. É só uma questão de descobrir o que a torna diferente e especial e aceitar a sua beleza.

um beijo nunca é apenas um beijo!!! Missy!!!

minha turma!!! Pam, Mayolo, Missy, David e Susie!!!

já somos modelos??? Julianne!!!

eu e o gatinho boo boo!!! Mayolo!!!

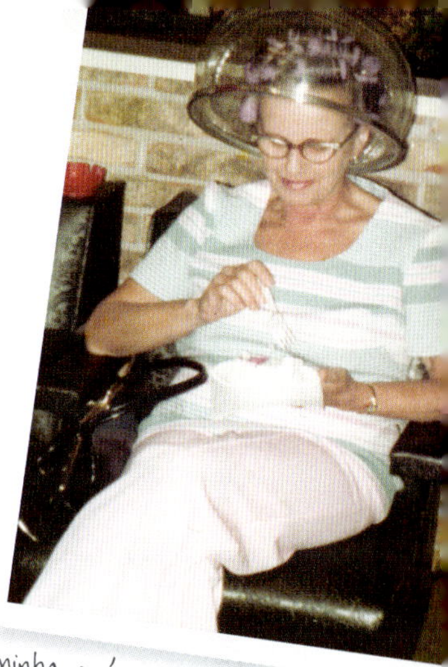

minha avó, minha primeira inspiração de beleza!!!

O que vale é a beleza interior. Nós ouvimos isso a vida inteira. Minha esperança é que este livro ajude você a encontrar e a recriar sua própria beleza, a descobrir um novo look para a balada, ou uma nova técnica que realce a sua característica favorita. Melhor ainda, que lhe permita enxergar a essência de sua beleza.

Em cada livro que escrevo, a mensagem mais importante que tento passar é: "ame quem você é hoje e em todos os dias". Não pense em quem você deveria ser ou em quem a sociedade esperava que fosse. "Ame-se." Sei que é mais fácil falar do que fazer, principalmente porque somos bombardeados com frequência por imagens de padrões impostos de beleza. Garanto que, quando você se amar, todo mundo te amará também.

Lembre-se, cada dia é uma oportunidade nova para você estar mais linda.

com carinho,

olhe, mãe, é uma câmera!!! Roger, Poppi e Randy!!!

ainda bem que existe maquiagem!!! Tracey!!!

olá, mulher linda!!! Pam!!!

Capri, Itália!!! Isso que é inspiração!!!

junte os lábios e assopre!!! Pam!!!

agradecimentos

Tantas pessoas a agradecer em tão pouco tempo!!!!

Obrigado à minha família, escolhida e de sangue, que sempre me apoiou (Missy, Mayolo, Debbie, Donna, Roger, Randy, Julianne, Pam, David, Tracey, Poppi, Michael, Christopher). E um agradecimento especial a Chip McFadin, meu amor e minha fortaleza.

Obrigado a todos da Fair Winds Press, principalmente Will Kiester, meu herói, por sempre me ajudar e me salvar. Connors, Meg Sniegoski e Daria Perreault por aguentarem minhas loucuras.

Jennifer Grady, Megan Lakanen e John Gettings, por cuidarem de todos os detalhes. E todos de lá que trabalharam em qualquer projeto meu.

Ellen Phillips, o que posso dizer ALÉM DE obrigado por me entender mesmo quando eu não me entendo – acredita que esse é nosso quinto livro juntos?

Al Zuckerman, que homem e amigo incrível, o melhor agente.

Larry Travis, por não medir esforços.

Elaine Moock e Sunni Smyth, por serem as protetoras e animadoras das minhas loucuras.

Maryanne e John McCormack, duas pessoas muito especiais que fizeram a diferença desde o início e me mostraram que o trabalho árduo e o talento podem realizar qualquer sonho.

Obrigado a todas as mulheres do mundo que me apoiaram na missão de ajudá-las a expor toda a sua beleza.

E obrigado a Deus por me dar forças e a habilidade de confiar no grande plano que o universo tem para mim.

sobre o autor

Robert Jones não começou imediatamente nesta carreira. Ele demonstrou seu talento como artista aos 6 anos de idade e foi incentivado a continuar pintando e desenhando. Participou de competições e ganhou uma bolsa de estudos para uma aclamada escola de Arte aos 11 anos. Após sete longos anos de treinamento intenso, seu interesse pela área aumentou, e ele buscou se aprofundar. Estudou em uma escola de artes plásticas, na qual se formou em teatro. E esse foi o seu primeiro contato com maquiagem, quando aplicou princípios de pintura no rosto. Como cresceu com três irmãs, Robert sempre teve oportunidade para testar seu dom natural com cabelos. Também pôde demonstrar esse talento nas apresentações da escola.

Após a gradução, seus orientadores o aconselharam a seguir seus talentos naturais. Então, ele decidiu participar de cursos e trabalhar para obter sua licença como *hair stylist*.

Após alguns anos atuando em salões, Robert novamente quis mais. Com seu lema de vida: "arrisque-se e descubra como fazer isso funcionar depois", ele teve a chance de trabalhar com modelos em uma agência. Dali, um fato levou a outro, e o resto é história. Durante mais de 20 e poucos anos na indústria de beleza, Robert viajou o mundo trabalhando com muitas pessoas notáveis. Seus looks foram publicados em inúmeras revistas, como *Allure*, *Vogue*, *Marie Claire*, *InStyle*, *Shape*, *Life and Style*, *Glamour*, *Brides* e *Elle*. Produziu maquiagens em celebridades como Cindy Crawford, Claire Danes, Selena Gomez, Eve Best (sua preferida, ele a ama), Sheryl Crow, Laura Linney, Natascha McElhone, Delta Burke, Diahann Carroll e muitas outras. Trabalhou para marcas de beleza como Mary Kay, Almay, Olay, Avon, Nexxus, Clinique, Chanel, Prescriptives e Christian Dior, e para clientes do mundo fashion como Neiman Marcus, Bergdorf Goodman, Saks Fifth Avenue e Bloomingdales, entre outros.

Robert possui uma marca própria de pincéis e acessórios de maquiagem atualmente disponíveis para compra no *site* <robertjonesbeauty.com> e, em breve, em lojas físicas. E sua escola de maquiagem *on-line*, <robertjonesbeautyacademy.com>, ajuda qualquer pessoa a realizar o sonho de se tornar um especialista em maquiagem. Este é seu quinto livro; seus quatro outros livros são os *best-sellers Makeup makeovers*, *Makeup makeovers: weddings*, *Looking younger* e *Makeup makeovers: beauty bible*.

Ele viveu na Europa e em Nova York, porém agora decidiu voltar ao Texas para morar com sua alma gêmea, Chip, e seu filhote Gigi pelo tempo que for possível, pois seu trabalho inclui viagens frequentes.